LAG Nordrhein-Westfalen 2
Voraussetzungen und Auswirkungen
landesplanerischer Funktionszuweisungen

VERÖFFENTLICHUNGEN
DER AKADEMIE FÜR RAUMFORSCHUNG UND LANDESPLANUNG

Forschungs- und Sitzungsberichte
Band 104

Voraussetzungen und Auswirkungen landesplanerischer Funktionszuweisungen

Forschungsberichte der Landesarbeitsgemeinschaft Nordrhein-Westfalen
der Akademie für Raumforschung und Landesplanung

HERMANN SCHROEDEL VERLAG KG · HANNOVER · 1975

Zu den Autoren dieses Bandes

Erich Otremba, o. Prof., Dr. rer. pol., Dr. rer. nat. h. c., 64, Direktor des Wirtschafts- und Sozialgeographischen Instituts der Universität Köln, Ordentliches Mitglied der Akademie für Raumforschung und Landesplanung.

Heinrich Lowinski, Dr. rer. pol., Dipl.-Volkswirt, 40, Ministerialrat b. Chef der Staatskanzlei des Landes Nordrhein-Westfalen, Korrespondierendes Mitglied der Akademie für Raumforschung und Landesplanung.

Winfried Dahlke, Assessor, 38, Ministerialrat beim Chef der Staatskanzlei des Landes Nordrhein-Westfalen.

Ulrich Brösse, Prof., Dr. rer. pol., Dipl.-Wirtsch.-Ing., 41, Institut für Wirtschaftswissenschaften der Rhein.-Westfäl. Technischen Hochschule Aachen, Korrespondierendes Mitglied der Akademie für Raumforschung und Landesplanung.

Günther Steffen, o. Prof., Dr. agr., 51, Direktor des Instituts für landwirtschaftliche Betriebslehre der Universität Bonn.

Hans-Rudolf Jürging, Dipl.-Ing. agr., 30, Wiss. Assistent am Institut für landwirtschaftliche Betriebslehre der Universität Bonn.

Helmut Klausch, Dr. rer. hort., Dipl.-Ing., 50, Beigeordneter des Siedlungsverbandes Ruhrkohlenbezirk.

Alfred Lehmann, Dr.-Ing., 65, bis Anfang 1975 Landesplaner der Landesplanungsgemeinschaft Rheinland in Düsseldorf, Korrespondierendes Mitglied der Akademie für Raumforschung und Landesplanung.

Viktor Freiherr v. Malchus, Dr. rer. pol., Dipl.-Volkswirt, 46, Direktor des Instituts für Landes- und Stadtentwicklungsforschung des Landes Nordrhein-Westfalen (ILS), Ordentliches Mitglied der Akademie für Raumforschung und Landesplanung.

Hans Kiemstedt, o. Prof., Dr. rer. pol., 41, Institut für Landschaftsbau und Freiraumplanung der TU Berlin, Ordentliches Mitglied der Akademie für Raumforschung und Landesplanung.

Hans-Gerhart Niemeier, Dr. jur., 67, Ministerialdirigent a. D., bis 30. 9. 1973 Leiter der Landesplanungsbehörde des Landes Nordrhein-Westfalen, Ordentliches Mitglied der Akademie für Raumforschung und Landesplanung.

Best.-Nr. 91616
ISBN 3-507-91616-9

Alle Rechte vorbehalten · Hermann Schroedel Verlag KG Hannover · 1975
Gesamtherstellung: Hahn-Druckerei, Hannover
Auslieferung durch den Verlag

INHALTSVERZEICHNIS

Seite

Erich Otremba, Köln	Vorwort	VII
Erich Otremba, Köln	Einführung	1
Heinrich Lowinski, Düsseldorf	Thesen zum Thema „Voraussetzungen und Auswirkungen landesplanerischer Funktionszuweisung" — Landesplanerische Aspekte —	7
Winfried Dahlke, Düsseldorf	Voraussetzungen und Auswirkungen landesplanerischer Funktionszuweisung — Einführung in die rechtliche Problematik —	11
Ulrich Brösse, Aachen	Das raumordnungspolitische Instrument der Vorranggebiete — Kriterien und Wirkungen —	15
Günther Steffen und Hans-Rudolf Jürging, Bonn	Agrarproduktion in Erholungsgebieten	33
Helmut Klausch, Essen	Über die Revierparke des Siedlungsverbandes Ruhrkohlenbezirk	59
Alfred Lehmann, Düsseldorf	Freizonenplanung im Gebietsentwicklungsplan — dargestellt am Beispiel des Teilabschnitts Niederrhein —	71
Viktor Frhr. von Malchus, Dortmund	Zur Erfassung der Nachfrage von Freizeit und Erholung	83
Hans Kiemstedt, Berlin	Die Landschaftsbewertung für Erholung im Sauerland — Zur Weiterentwicklung eines raumplanerischen Entscheidungsinstruments —	113
Hans-Gerhart Niemeier, Düsseldorf	Rechtliche Konsequenzen landesplanerischer Flächenzuweisungen	123

Mitglieder der Landesarbeitsgemeinschaft Nordrhein-Westfalen

Prof. Dr. Erich Otremba, Köln, Vorsitzender
Dr. Egon Riffel, Köln, Geschäftsführer
Prof. Dr. Arthur Bloch, Dortmund
Prof. Dr. Ulrich Brösse, Aachen
Ministerialrat Winfried Dahlke, Düsseldorf
Prof. Dr. Werner Ernst, Bad Godesberg
Dr.-Ing. Joachim Gadegast, Düsseldorf
Prof. Dr. Dr. Karl-Heinz Hottes, Bochum
Prof. Dr. Paul Klemmer, Bochum
Dipl.-Ing. Heinz Langer, Münster
Dr.-Ing. Alfred Lehmann, Düsseldorf
Prof. Dr. Norbert Ley, Düsseldorf
Dr. Heinrich Lowinski, Düsseldorf
Dr. Viktor Frhr. v. Malchus, Dortmund
Dr. Hans-Gerhart Niemeier, Düsseldorf
Prof. Dipl.-Ing. Karl Thomas Robaschik, Düsseldorf
Prof. Dr. Burkhardt Röper, Aachen
Prof Dr. Hans K. Schneider, Köln
Prof. Dr. Peter Schöller, Bochum
Prof. Dr. Günter Steffen, Bonn

Die Landesarbeitsgemeinschaft stellt sich als Ganzes ihre Aufgaben und Themen und diskutiert die einzelnen Beiträge mit den Autoren. Die wissenschaftliche Verantwortung für jeden Beitag trägt der Autor allein.

Vorwort

Die Landesarbeitsgemeinschaft Nordrhein-Westfalen der Akademie für Raumforschung und Landesplanung hat sich in sechs Sitzungen, verteilt auf die Jahre 1972—1974, mit der landesplanerischen Flächenzuweisung befaßt.

Die Anregung hierzu erwuchs aus den anstehenden Aufgaben der Landesplanungsbehörde, die sich mit diesen Problemen anhand des Landesentwicklungsplanes III zu beschäftigen hatte: Welche Möglichkeiten und welche Konsequenzen ergeben sich für die Behörden und für die Eigner von Grund und Boden, wenn in den Planungsvorstellungen bestimmte Flächen für den allgemeinen Bedarf der speziellen Nutzung entzogen werden sollen? Damit können dem Einzelnen oder einer Gemeinde, ja auch einer größeren Planungseinheit Nutzungsmöglichkeiten spezieller Art und somit Nutzungsgewinne entzogen oder gemindert werden, andererseits aber kann aus einer Flächenzuweisung ein möglicher Nutzen ersprießen.

Es stand also ein Problem zur Diskussion, das sich in der praktischen Arbeit täglich neu stellt, recht schwierige Entscheidungen erforderlich macht, die sorgfältig mit allen wissenschaftlichen Erkenntnissen abzusichern sind, besonders dann, wenn — was vorkommen kann — verschiedene Zielvorstellungen auf den unterschiedlichen Kompetenzebenen kollidieren. Dann ist der „Vorrang" zu eruieren und der Beweis hierfür überzeugend zu führen.

In der Diskussion wurde die Relativität des Begriffes „Vorrang" deutlich. Man wird sich dabei des kindlichen Auszählspieles bewußt, nach dem man Stein, Schere und Papier gegeneinander auszählt: Die Schere schneidet das Papier, der Stein schleift die Schere, das Papier aber deckt den Stein. Es kommt hinzu, daß die Funktionen sich an ein und demselben Standort sowohl ausschließen können, aber auch kombinierbar sind. So ist die örtliche und räumliche Kombination von Wohnen und Freizeitgestaltung nicht ungewöhnlich, die räumliche Einheit von Erholungsräumen und Grünlandwirtschaft ist gut möglich. Weniger in örtlicher Überlagerung stehen Gartenbau und Erholung, doch tritt diese Kombination im Alten Land an der Elbe unterhalb Hamburgs und um Werder bei Berlin und im Spreewald auf. Die Ackerbauwirtschaft und die Erholungswirtschaft stehen sich fremder gegenüber, in deren Polarität beggnen sich Rationalität der Arbeit und gesuchte Elemente der Erholungslandschaft: Wald, Wasser und Aussicht und des Erholungslebens: Muße und eine gewisse historische Romantik.

Industrialisierte Gebirgstäler und Waldbergländer, die der Erholungswirtschaft dienen, schließen sich keineswegs absolut aus, sondern lassen sich zumindest in einiger Großräumigkeit verbinden, und auch ausgewählte Industrien der Verarbeitenden Industrie, wie z. B. die Holzindustrie, sind selbst am Rande von Kurorten erträglich einzuordnen, wie im Schwarzwald. Der Verkehr auf Durchgangsstraßen und auf Verbindungsstraßen in der doppelten Funktion der Aufschließung und Verbindung zerreißt und öffnet den Raum zugleich.

Diese wenigen Beispiele aus den Problemkreisen des Vorranges und der Kombination der Funktionen beleuchten die Schwierigkeiten in der Objektivierung aller Fragen. Doch wurde versucht, diese Schwierigkeiten in einer rationalen Betrachtungsweise zu meistern und einer wissenschaftlichen Analyse zu unterziehen, damit nicht die subjektiven Meinungen, sondern die objektiven Argumentationen die notwendigen landesplanerischen Entscheidungsvorbereitungen stützen.

Der Aufbau des Diskussionsplanes in den Sitzungen der Landesarbeitsgemeinschaft entspricht, wenn auch nicht in aller Vollkommenheit, der Reihenfolge der hier wiedergegebenen Beiträge.

Am Anfang stehen die beiden Beiträge von H. Lowinski und W. Dahlke zur Klärung der Problemstellung. Diesen Beiträgen folgt eine Darlegung von U. Brösse über das bereitstehende und möglicherweise anzuwendende Instrumentarium zur Bestimmung von Vorranggebieten. Der Beitrag von G. Steffen beschäftigt sich mit der Problematik der Funktionszuweisung im Felde der Freizeitwirtschaft und der Landwirtschaft.

Regionale Beispiele aus dem Sachbereich der Naherholung im Gebiet von Essen von H. Klausch und in großräumiger Betrachtung des niederrheinischen Raumes von A. Lehmann zeigen die Art und Weise der Behandlung des Themas in den unterschiedlichen Aktionsbereichen. Ökonomisch betrachtet, hat auch die Freizeitwirtschaft eine Nachfrageseite und eine Angebotsseite. Der Beitrag von V. Frh. von Malchus dient der Abklärung der Probleme, die sich von der Nachfrageseite her stellen. Dem gegenüber steht der Beitrag von H. Kiemstedt, der sich mit den Fragen des Freizeitangebotes auseinanderzusetzen hatte. Als Beispielsraum wurde hierzu das Sauerland gewählt. H. Kiemstedt war Vortragsgast in der Landesarbeitsgemeinschaft, alle Mitglieder sind ihm für seine Mitarbeit dankbar.

Den Schlußbeitrag lieferte H. G. Niemeier über die rechtlichen Möglichkeiten in den gegebenen Grenzen. Mit stichhaltigen Belegen aus der Praxis des Planungsrechtes zeichnet er die Grenzen der Wirkung landesplanerischer Aktivitäten im internen Verwaltungsbereich. Die Aktualität der gesamten Diskussion in der Landesarbeitsgemeinschaft zeigt die Dynamik der Diskussion in der Landesplanungsbehörde und in der Landesarbeitsgemeinschaft.

Die wasserwirtschaftlichen Probleme, die im Landesentwicklungsplan III in Erscheinung treten, wurden in der Arbeitsgemeinschaft nicht in die Diskussion aufgenommen. Sie unterliegen der Fachplanung. Sie stehen in Abhängigkeit von der geologischen Landesnatur und den klimatischen, hydrogeologischen und hydrogeographischen Beeinflussungsbereichen und sind naturwissenschaftlich fixiert; sie können nur zur Kenntnis genommen, aber nicht diskutiert werden. In der Vorrangigkeit stehen sie an erster Stelle, doch stehen sie auch im Verbund mit den kulturräumlichen Entwicklungsprozessen, wie die Nutzungsmöglichkeiten der tiefen Grundwasserhorizonte im jetzigen Braunkohlengewinnungsgebiet und im zukünftigen Erschließungsgebiet der Braunkohle im Gebiet des Hambacher Forstes zeigen.

Möge die Zusammenstellung der Diskussionsbeiträge, die jeder für sich einen persönlichen Forschungsbeitrag darstellen, aber in der Arbeitsgemeinschaft bis zur Endformulierung diskutiert worden sind, zur Anregung dienen.

Erich Otremba

Einführung

von

Erich Otremba, Köln

Es sei erlaubt, zur Einführung einige Anmerkungen über die Erkenntnisbemühungen der Bürger in der räumlichen Dimension zu machen. Hier stehen noch viele Fragen offen und werden in der Öffentlichkeit lebhaft diskutiert. Das zeigt sich in dem Interesse an Neugliederungsfragen, in anregenden Bürgerinitiativen bei der Erstellung von Bebauungsplänen und Entwicklungsplänen sowie bei industriellen und energiewirtschaftlichen Standortplanungen. Räumliche Ordnungsvorstellungen ergeben sich auch in weltweiter Sicht bei der Diskussion des die Menschheit beängstigenden Problems der Tragfähigkeit der Erde.

In der zeitlichen Dimension verdichtet sich das Erkenntnisbemühen in drei Richtungen. Eine Blickrichtung führt in die Vergangenheit und sucht mit Hilfe der Analyse abgeschlossener oder andauernder Ereignisse und Prozesse das Weltbild in seinem Werden zu verfolgen, in seinen Phasen zu gliedern, die Höhepunkte und Tiefpunkte im räumlichen Wandel in einer kausalgenetischen Methode historisch interpretierend zu begreifen.

Eine zweite Denkrichtung ist auf die Gegenwart bezogen. In ihrer Zielvorstellung steht die aktuelle Information über das Gegenwartsgeschehen. Im wissenschaftlichen Mittelpunkt steht die Geographie als empirische Gegenwartswissenschaft. Am Forschungsobjekt Raum orientiert und den Raum zu ihrem Forschungsgegenstand erhebend, betreibt sie die Erkenntnis der räumlichen Wirkungsgefüge in vielfältigen Betrachtungssystemen, mit naturwissenschaftlichen und gesellschafts-wissenschaftlichen Aspekten. Je nach der Zielvorstellung können ökonomische, ökologische, strukturelle und funktionale Ideen Pate stehen, immer bleibt das Augenmerk auf die Einheit von Natur und Geist in der räumlichen Wirkung bewahrt. Man bemüht sich, das gegenwartsbezogene Raumdenken durch immer feinere ökologische, ökonomische und sozialstrukturelle Analysen auch auf quantitativen Wegen zu verfeinern und Modelle zur Vertiefung der Erkenntnis der Wirklichkeit und zur Erkenntnis von Leitvorstellungen zu gewinnen.

Die Gegenwartsanalyse des Raumes ist nie scharf von der Analyse der Vergangenheit zu trennen, denn nur zu einem Teil ist die Gegenwart kausal zu erfassen, zu einem recht großen Teil ist sie lediglich das Stoppbild einer langen Entwicklung, und dieses Bild braucht die rückschauend erläuternde Interpretation.

Die zweite Orientierung provoziert die dritte, die sich mit der Zukunft befaßt; jede in die Zukunft gerichtete Aktivität setzt eine Planung voraus, aber die Zukunft ist mit exakten Methoden der Wissenschaft nicht zu fassen. In der Zukunft sind Mutationen aller Art in jedem Bereich des Daseins zu erwarten, die zu erforschen wir ohnmächtig sind und immer ohnmächtiger werden, je weiter wir in die Zukunft zu schauen wünschen. Selbst die uns am sichersten scheinende Prognose der Bevölkerungsentwicklung ist recht unsicher. Wir haben uns in theoretischen Vorstellungen zu bewegen. Nur aus der alternativen Fortschreibung von Erfahrungswerten aus der Vergangenheit und der Gegenwart sind prognostische Daten zu ermitteln, die ständig kritisch zu korrigieren sind. Von der Beurteilung langfristiger Prognosen, vor allem der Katastrophe, der Voraussage des Eintritts der letzten kritischen Situation, sei hier abgesehen. Hier können Behauptungen nur anderen Behauptungen entgegengestellt werden, Beweise sind nicht zu führen, weder dafür noch dagegen. Bemerkenswert ist aber die Wirkung der futurologischen Schriften, z. B. von Denis Meadows, Erich Zahn, Hermann Kahn, Anthoni J. Wiener und anderen. Je genauer die futurologischen Expertisen sind, um so schwerer sind sie zu widerlegen. Sie nähren sich allesamt aus dem Boden des Chiliasmus der Gegenwart vor der zweiten Jahrtausendwende und aus den Erfahrungsbereichen einiger Punkte der Erdoberfläche, wo freilich durch eine überaus schnelle und übermäßig hohe Intensität des Wachstums der Kerne, Probleme und Flächenkonkurrenz und Sanierungsprobleme der Umwelt auftreten.

Um die Bedeutung dieser Probleme richtig abschätzen und beurteilen zu können, muß man sich des pars-pro-toto Denkens entledigen und sich in regionalen Differenzierungen zu denken bemühen. Es dreht sich nicht um ein Problem, das die Bevölkerung der Erde im Verhältnis zum irdischen Lebensraum betrifft, sondern um eine Konzentration von Räumen geringer Ausdehnung und um Standorte mit begrenztem Umland.

Sicherlich bietet Japan ein besonderes Beispiel für eine bedrohlich erscheinende Raumnot, wo man in Küstennähe Bergkuppen abträgt, um ebenes Gelände an der Küste für industrielle Nutzung und Baunutzung zu gewinnen. Es ist dies eine Form der Landgewinnung, wie sie in den europäischen Küstenländern seit sehr frühen Zeiten üblich ist, wo Aufschüttung und Ausräumung zum Hafenbau und zum Städtebau vorgenommen worden sind. Diesen Formen der Landgewinnung stehen die Formen der Sanierung und womöglich des Schutzes der Landoberflächen, der Vegetation und der gesamten ökologischen Systeme zur Seite. Sie sind im Falle der Außerkraftsetzung über ökologische Funktionen oder im Falle des Eintretens von Störfaktoren großflächig und weit über die Grenzen des Entstehungsbereiches hinaus wirksam.

Es kann sich um relativ kleine Flächen handeln, die wie im Gebirge mit „Bannwäldern" besetzt zu halten sind, es kann sich um große Regionen handeln, wie die Primärwaldzone der Tropen und die Randgebiete der ariden Zone, wo wegen Übernutzungen und Fehlnutzungen Schon-, Schutz- und Sanierungsaufgaben einsetzen müssen.

Besondere Gefährdungszonen sind erosionsgefährdete Flächen, wobei die Hangneigung, Veränderungen der Erosionsbasis und zerstörerische Nutzungsformen gemeinsam oder für sich zur schädigenden Wirkung beitragen können.

Es liegt im Wesen der Ballungszentren und im Wesen der Konzentration der Funktionen um die besten Standorte des Lebens der Menschen, daß Funktionskonkurrenzen auftreten. Hier nutzt es nicht sehr viel, Räume für spezifische Sanierung, Schonung und spezifische Nutzung auszuweisen, was in den bisher genannten Raumkategorien möglich war, wo man bis zum allgemeinen Nutzungsverbot, ja bis zum Betretungsverbot vorgehen konnte. Der Zaun ist das Symbol in vollaufgefüllten Kulturlandschaften, der nicht nur gemeinsame und private Nutzung, sondern auch Funktionen trennt, mögliche mehrfache Nutzung von spezifischer Nutzung scheidet. In diesem Bereich gibt es sehr viele Möglichkeiten der Ordnung, der Entscheidung, der Ausschließlichkeit, der Kombination. Es gibt viele Flächen, die von Natur aus nur einfach zu nutzen sind, es gibt ebenso viele Flächen, die sich aufgrund eines indifferenten Charakters vielfältig nutzen lassen, und es ist im Rahmen der Verfügungshoheit möglich, Nutzungsformen zu bestimmen oder auszuschließen.

Das Problem ist keineswegs neu und nur auf die Ballungen und Ballungsrandzonen im modernen Sinne beschränkt. Es gibt seit alten Zeiten den Flächenwechsel der Nutzung und zur Erholung der Bodentragfähigkeit den Nutzungswechsel, die Nutzungssonderung und die Nutzungskombination. Die komplizierteste Nutzungskombination ist die bis in die jüngste Zeit lebendig gebliebene Niederwaldwirtschaft, die auf Holznutzung, Weide und auf Getreidebau abgestellte Nutzungsgemeinschaft in den westlichen Mittelgebirgen und die cultura mixta in Italien. Wesentlich an dieser agrarischen Nutzungskombination ist überall der Rhythmus des Nutzungswechsels, der einer vorausschauenden Planung und Ordnung unterlag. Sobald aber eine wirkliche zeitlich parallel laufende Nutzungskombination anstand, ging es oft zum Schaden eines Partners aus. Einige Beispiele seien genannt: Die Nutzungskombination von herrschaftlichem Jagdwald und bäuerlich genutztem Wald funktionierte nicht; die Rodungsbauern in der Göhrde mußten weichen. Das Zusammenspiel zwischen Waldwirtschaft und städtischer Holzwirtschaft klappte nicht. Die Wälder um Nürnberg und Frankfurt litten sehr, und am Ende blieben dürre Kiefernäcker. Wald und Bauernwirtschaft sind zwar in früheren Zeiten des Futtermangels notwendig aufeinander angewiesen, aber doch unverträglich. Das Weidetier ist im Wald ein Schädling, wie das Jagdwild auf dem Acker.

Holzwirtschaft und Hüttenwesen können nur solange in Kombination stehen, solange Holz genug vorhanden ist. Alle Kombinationen bestehen, solange sich die Nutzungsformen bescheiden auswirken und sich nur in Grenzen stören. Das Wasser ist ein Allgemeingut gewesen, das Wasser diente der Energiegewinnung, der Schiffahrt, der Fischerei, dem Baden, dem Sport. Mit der Schmutzwasser liefernden Industrie und der Motorschiffahrt ist die Nutzungsgemeinschaft dahin, an deren Stelle treten Verbotsschilder für diese oder jene Nutzungsform.

Aus diesen Nöten erwachsen für die überfüllten Räume und ihre Wirkungsbereiche wo solche Konflikte zwischen den Nutzungsformen auftreten, zwei Probleme, mit denen sich die Planung auf längere Frist befaßt: die Regionalisierung der Planung, schließlich die Funktionszuweisung für eine Nutzungsform oder, wenn der Raum nicht ausreicht, für die beste Kombination der Funktionen auf der Fläche. Hierfür können in dieser Einführung nur einige grundsätzliche Aspekte genannt werden, die sich aber immer nur als Rahmenaspekte für die jeweiligen Funktionen eignen.

Sicherlich stehen die unabänderlichen natürlichen Gegebenheiten an allererster Stelle, das Wasser und die nutzbaren Bodenschätze. Sie sind absolut standortgebunden von Natur aus, man kann sie nicht verschieben und nur nutzen, wo es sie gibt. Alle anderen Nutzungsformen unterliegen den Gesetzen der relativen Vorzüglichkeit. Die jeweilige Nutzungsfläche nach den Gesichtspunkten der relativen Vorzüglichkeit auszuweisen, bedarf einer außerordentlichen Kombinationskunst und einer vorausgehenden konsequenten Technik des Ordnens und des Sortierens, vor allem aber einer langfristig wirksamen Raumordnungspolitik. Schließlich ist anzumerken, daß jede Raumordnungspolitik und ihre Folgemaßnahmen in der Funktionszuweisung einen ökonomischen Hintergrund hat. Angebot und Nachfrage sind im Gleichgewicht zu halten, und wie jeder Betrieb, so hat auch jedes Land flexibel verwendbare Landreserven zu halten, und zwar in einem ordentlichen anschaubaren Zustand, denn man wird zu bedenken haben, daß die derzeit am Wirken und Planen befindliche Generation nicht die letzte ist, die für den Raum verantwortlich ist.

Wichtig ist damit die Erkenntnis, daß eine langfristig wirksame Raumordnung sich nicht an den Wechselfällen des laufenden Jahrzehntes orientieren kann; das trifft z. B. heute weitgehend für die Beurteilung des Problems der Erhaltung landwirtschaftlicher Nutzflächen zu.

Zur Gewinnung von Grundsätzen zur Festsetzung des Vorranges wird man sich der Methoden des wechselnden Gesichtspunktes von einer Gliederungsstufe zur anderen hingeben können.

Drei Denkansätze sind diskutabel:

Man kann davon ausgehen, daß das Land vordringlich eine industriewirtschaftliche Funktion auszuüben hat und daß deren Flächenbedürfnisse an erster Stelle stehen. Diesem Prinzip folgte man konsequenterweise in der Festlegung der Ballungsgebiete und der Entwicklungsachsen im Landesentwicklungsplan II. Daß man sich in diesem Raum auch in optimal gestalteten Wohngebieten die Einordnung der Naherholung mit vorzustellen hat, ist selbstverständlich.

Ein zweiter Denkansatz stellt die Pflege des hygienischen Raumes für die menschliche Gesellschaft in den Mittelpunkt aller Überlegungen, und zwar im weitesten Sinne des Wortes. Auf dem Boden eines derart umrissenen Raumdenkens bestehen Zweifel, es herrscht noch Unwissenheit, und die Emotion bestimmt das Feld, wie die Kämpfe um die Kernkraftwerkstandorte zeigen, andererseits spürt man, wie Umfragen ergeben haben, die Mängel der Industrienähe im Umkreis von Dormagen z. B. offenbar weniger.

Als dritter Denksansatz wäre an die Bewahrung der Natur an sich zu denken. Doch ist dies wohl kein Gesichtspunkt, der für ein Industrieland Gültigkeit haben kann, es sei denn unter der Einschränkung der Fragestellung: Natur für was? Die Natur kann in vielerlei Hinsicht gesehen werden, als Naturmuseum, als Erholungsreservatgebiet, im Gesamtsystem zur Wahrung ökologischer Gleichgewichtssysteme, im Dienste der Wasserwirtschaft, der Jagdwirtschaft, als der Menschheit anvertrautes Grundgut.

Ein entscheidender Gesichtspunkt für die Beurteilung von Kombinationen ist die auf Dauer zu beobachtende Verträglichkeit der Funktionen. Wesentlich ist zu der Beurteilung dieses Problems zu jeder Zeit und an jedem Standort der Tatbestand, daß die Funktionen, flächenhaft betrachtet, immer nebeneinander ausgeübt werden, nicht in der Schichtung. Man kennt die zahlreichen Kalenderbilder aus dem engeren Ruhrgebiet, auf denen vor rauchenden Schloten und Zechentürmen die Bauern ihre reiche Ernte einbringen und ihre Kühe weiden. Am Niederrhein geht das wohl, an der Unterweser geht es offenbar nicht, und an der Unterelbe werden Prozesse um die Anlage von Dahlienbeeten neben Aluminiumwerken geführt.

Auf einer Alm im Hochgebirge wünscht man sich fremde Touristen, die die Milch der zu weidenden Kühe kaufen, andernorts verbietet man die Autowege, um die Naturschönheit einer gut bestockten Alm zu wahren.

Fragt man nach den Gründen der Festlegung von Verträglichkeiten und Unverträglichkeiten, so stößt man auf die Frage der Reichweite der zerstörerischen Wirkungen einerseits und der Reichweite pflegerischer Maßnahmen andererseits.

Hier hört die Möglichkeit, theoretische Ansätze zu verwenden, auf. Hier beginnt die örtliche Beobachtung, Beurteilung und Entscheidung.

Die Raumplanung, Raumordnung und -gestaltung sind nur in den Grundsätzen theoretisch vorzubereiten, sie haben in der letzten Entscheidung vor Ort aus der Individualität des Raumes zu erfolgen. Die Entscheidungen werden dort am leichtesten fallen, wo die Ausschließlichkeit der Nutzung naturgegeben ist, wie in allen wasservorsorglichen Fragen, sie werden auch dort leicht sein, wo ohnehin keine konkurrierende Nutzung zur Diskussion steht, wie in hohen Lagen der Mittelgebirge. Sie werden aber dort am schwierigsten sein, wo nur auf der indifferenten Fläche, im emotional aufgerührten Sozialraum, auf einer flexibel zu nutzenden Ackerebene Weißen und Zuckerrüben anzubauen sind oder ein Großflughafen anzulegen ist.

Die Räume, die eine spezifische Eignung besitzen und demzufolge auch eine spezifische Nutzungszuweisung erfahren können, haben gegenüber denjenigen Räumen, die indifferente Qualitäten haben und demzufolge sich labil in der Funktionszuweisung verhalten, ihre spezifischen Lagen. In diesen Räumen kann die Funktionszuweisung einfach oder in mehr oder weniger komplexer Kombination nach der Eignung vorgenommen werden.

Dazwischen verbleiben Flächen geringer spezifischer Eignung, die nicht unbedingt einer spezifischen Nutzung reserviert werden müssen und auch von Natur flexibel sind. Sie mögen dem jeweiligen Bedarf dienen, der Ausweitung der Entwicklungsbänder und -achsen einerseits, der Ausbreitung der Freiräume heute noch nicht erkennbarer Bedarfsformen, kurz, sie sind dem Reserveland zuzuordnen.

Bedenkt man, daß die Kulturlandschaft in Mitteleuropa seit der ersten Landnahmezeit in 50 bis 60 Generationen allmählich herangewachsen ist, nun aber erzwungen durch die plötzlichen Schübe, in allen Bereichen eine vorausschauende landesplanerische Flächenzuweisung erfolgen muß, so wird man sich im Blick auf noch nicht erkennbare Bedürfnisse der weiteren Generationen auf gehörige Reserveflächen einzustellen haben, wenn man sich nicht dem Glauben an die demnächst bevorstehende Weltkatastrophe unterwerfen will.

Thesen zum Thema „Voraussetzungen und Auswirkungen landesplanerischer Funktionszuweisung"
– Landesplanerische Aspekte –

von

Heinrich Lowinski, Düsseldorf

1. Überall auf der Welt — unabhängig von geographischen, politischen und sonstigen Bedingungen — ist die Industrialisierung von Volkswirtschaften, Gesellschaften und Räumen verbunden mit hochgradiger Arbeitsteilung und dementsprechend intensivem Leistungsaustausch zwischen funktionsdifferenzierten Teileinheiten. Das gilt in wirtschaftlicher, gesellschaftlicher und räumlicher Hinsicht.

2. Die Arbeitsteilung im Bereich der Wirtschaft als Organisationsprinzip für den Einsatz knapper Produktionsmittel (Ressourcen) wird „je nach Gesellschafts- und Wirtschaftssystem durch unterschiedliche Regelmechanismen gesteuert, die von unbeschränkter marktwirtschaftlicher Konkurrenz bis zu zentralstaatlichem Dirigismus reichen" (D. AFFELD). Ähnliches gilt auch für den Bereich gesellschaftlicher Arbeitsteilung, insbesondere hinsichtlich der Berufs- und Beschäftigungsstruktur, wenngleich hier ein weitaus komplizierterer Regelmechanismus wirksam sein dürfte.

3. Demgegenüber ist die Erscheinungsform der Arbeitsteilung im Bereich der Flächennutzung im weitesten Sinne im Prinzip zwar „uralt", sie tritt in Industriestaaten jedoch in neuen sachlichen und räumlichen Dimensionen auf.

4. Altbekannt ist räumlich-funktionale Arbeitsteilung in Form unterschiedlicher Flächenwidmung, insbesondere im Bereich der Landwirtschaft und in der gemeindlichen Siedlungsgestaltung, wobei hier der Gesichtspunkt der planvollen flächenbezogenen Funktionszuweisung aufgrund von gesellschaftlichen Erfordernissen am deutlichsten ausgeprägt ist.

5. In engem Zusammenhang damit entstand jene Art funktionsdifferenzierter Siedlungsstruktur, die eine durch Aufgaben- oder Funktionsteilung bedingte Form der Arbeitsteilung zwischen Siedlungseinheiten verschiedener Größe und Ausprägung zur Folge hat, die wir heute als zentralörtliche Gliederung, als zentralörtliches Gefüge oder als zentralörtliche Verflechtungen zu bezeichnen pflegen. Diese Form siedlungsstruktureller Arbeitsteilung hat inzwischen in das Zielsystem der Raumordnung und Landesplanung als grundlegendes siedlungsstrukturelles Gliederungsprinzip Eingang gefunden, wobei es hinsichtlich der mit der Industrialisierung verbundenen Entstehung größerer Verdichtungsräume zu modifizieren war und weiter zu modifizieren ist. In jüngster Zeit stellt sich in diesem Zusammenhang eine sehr entscheidende Frage hinsichtlich der Bindungswirkung zentralörtlicher Funktionszuweisungen. Es

fragt sich nämlich, inwieweit darf sich ein Zentraler Ort über die Tragfähigkeit hinaus entwickeln, die der ihm zugewiesenen Funktion entspricht? (Störung des zentralörtlichen Funktionsteilungs-Systems?)

6. Parallel zur funktionsdifferenzierten Siedlungsstruktur der zentralörtlichen Gliederung, vor allem in komplementärer Ergänzung zur Entstehung von Verdichtungsräumen hat sich die bis dahin im wesentlichen örtlich begrenzte räumlich-funktionale Arbeitsteilung zwischen Flächen mit unterschiedlichen Funktionen inzwischen auf überörtliche, regionale, ja überregionale Dimensionen ausgedehnt.

Soweit man hier von einem Regelmechanismus sprechen kann, läßt er sich mehr oder minder pragmatisch als quasi „naturbedingte" Bedarfsbefriedigung kennzeichnen. Am deutlichsten ist dies im Bereich der Erholung und der Wasserwirtschaft, wofür sich gerade in Nordrhein-Westfalen gute Beispiele finden (z. B. Rhein-Ruhr-Gebiet als Verdichtungsraum, Sauerland und Eifel als Gebiete mit besonderer Eignung für die regionale und überregionale Bedarfsdeckung im Bereich der Erholung und der Wasserwirtschaft).

7. In Nordrhein-Westfalen wird seit einiger Zeit der Versuch gemacht, aus dieser Entwicklung auch planerische Konsequenzen zu ziehen, um die räumlich-funktionale Arbeitsteilung in den landesplanerischen Regelmechanismus einzubeziehen. Entscheidend ist dabei die Erkenntnis, daß dieser großräumigen räumlich-funktionalen Arbeitsteilung insbesondere im Hinblick auf die sog. Freirauminfrastruktur wachsende Bedeutung zukommt. Daher ist es in Nordrhein-Westfalen erklärtes Ziel der Landesplanung, soweit es die Funktionsfähigkeit des Landes als arbeitsteilig organisierte Leistungsgemeinschaft erfordert, Gebiete mit besonderer Bedeutung für Freiraumfunktionen (anfangs sprach man noch von Vorranggebieten) in einem besonderen Landesentwicklungsplan III festzulegen.

8. Aus diesem Versuch „raum- und siedlungsstrukturelle Arbeitsteilung als komplementäre Erscheinungsformen räumlich-funktionaler Arbeitsteilung" (D. AFFELD) in ein umfassendes, in sich abgestimmtes Zielsystem der Raumordnung und Landesplanung zu integrieren, ergibt sich eine Reihe neuer, bisher ungelöster Fragen für Wissenschaft und Praxis:

    (1) Nach welchen Kriterien sind Gebiete mit besonderer Bedeutung für Freiraumfunktionen abzugrenzen?

    (2) Welche positiven und negativen Auswirkungen ergeben sich aus der Freiraumfunktion solcher Gebiete für deren Besiedlung, infrastrukturelle Erschließung und die Nutzung der nicht besiedelten Freiflächen (z. B. Landschaftsplanung)?

    (3) Wie ist die Komplementärfunktion solcher Gebiete ökonomisch und gesellschaftlich-ökologisch (Vitalsituation) als Leistung zu bewerten?

    (4) Ist ein leistungsbezogener Kosten- und Ertragsausgleich zwischen Räumen mit unterschiedlicher vorherrschender Zweckbestimmung — z. B. zwischen Verdichtungsgebieten und Gebieten mit besonderer Bedeutung für Freiraumfunktionen im Bereich der Erholung — erforderlich?

    (5) Müssen nicht altvertraute Betrachtungsweisen über die Bewertung eines gegebenen oder anzustrebenden Leistungsstandes von Räumen grundlegend dahingehend modifiziert werden, daß einmal nicht überall dieselben Kriterien (z. B. das

Bruttosozialprodukt pro Einwohner, der Industriebesatz o. ä.) unterschiedslos als Durchschnitts-/Maßstab zugrundegelegt werden, und daß zum anderen zusätzliche „Wohlfahrts"-Kriterien entwickelt werden, durch die auch die Leistung von Gebieten für Freiraumfunktionen gebührend erfaßt und berücksichtigt werden?

(6) Oder kann man gar die behaupteten neuen sachlichen und räumlichen Dimensionen des „uralten" Prinzips räumlich-funktionaler Arbeitsteilung als eine unbegründete Fiktion planungsbesessener Technokraten entzaubern und als problemlos entlarven?

Voraussetzungen und Auswirkungen landesplanerischer Funktionszuweisung
– Einführung in die rechtliche Problematik –

von

Winfried Dahlke, Düsseldorf

Landesplanerische Funktionszuweisung dient ihrem Wesen nach regelmäßig dazu, eine funktionale und strukturelle Arbeitsteilung zwischen den verschiedenen Teilräumen des Gesamtraumes herbeizuführen. In der landesplanerischen Terminologie gesprochen heißt dies: Mit ihrem Rechtsinstrumentarium, das es ihr erlaubt, raumordnerische Grundsätze und Ziele festzulegen, weist die Landesplanung einem Teilraum diese, dem anderen Teil jene Aufgaben und Funktionen innerhalb der gesamträumlichen Ordnung zu.

Die Rechtsfrage, die sich in diesem Zusammenhang stellt, lautet: In welcher Weise und mit welcher Wirkung können solche Funktionszuweisungen getroffen werden und wie konkret dürfen oder müssen landesplanerische Festlegungen sein?

Auf Grund ihrer geschichtlichen Entwicklung und gesetzlichen Ausgestaltung läßt sich Landesplanung als die übergeordnete, überörtliche und zusammenfassende Raumplanung definieren (vgl. z. B. § 1 Abs. 1 LaPlaG NW im Anschluß an das Bundesverfassungsgericht in seinem Baurechtsgutachten (BVerfGE 3, 407 (425) aus dem Jahre 1954; ferner das Bundesverwaltungsgericht in dem sog. Krabbenkamp-Urteil BVerwGE 6, 342 ff.). Hieraus wird überwiegend gefolgert, Grundsätze und Ziele der Raumordnung und Landesplanung seien nur dann rechtmäßig aufgestellt, wenn sie überörtliche, nämlich regionale Interessen verfolgten und der Ordnung des Gesamtraumes dienten (z. B. OVG Lüneburg in DÖV 1969, 642 im Anschluß an BVerwGE 6, 342). Dieser Grundsatz der Überörtlichkeit schließt aber nach herrschender Meinung nicht aus, daß es der Landesplanung — insbesondere in Gestalt der Regionalplanung — unter bestimmten Voraussetzungen auch möglich ist, exklusive Festlegungen für einzelne, ganz bestimmte und namentlich genannte Gemeinden zu treffen (vgl. OVG Lüneburg in DVBl 1968, 388). Hierher gehören z. B. Aussagen über

— die anzustrebende Gemeindegröße (höchstzulässige Einwohnerzahl, Aufnahmefähigkeit),

— die Funktion einer Gemeinde im Planungsgebiet (zentraler Ort, Entwicklungsschwerpunkt, Industriestandort, Wohngemeinde, Agrargemeinde, Fremdenverkehrsort),

— Größe und Lage von Siedlungsbereichen (Angabe der Siedlungsdichte, Festlegung der geographischen Richtung der weiteren Siedlungsentwicklung oder von Standorten für besondere öffentliche Einrichtungen).

Solche Zielsetzungen richten sich zwar an eine ganz bestimmte Gemeinde, sind aber dennoch überörtlich, weil sie sich aus dem größeren räumlichen oder sozio-ökonomischen Zusammenhang ergeben, in den die jeweilige Gemeinde gestellt ist. Das Selbstverwaltungsrecht, das sich ausdrücklich nur auf die Regelung aller „Angelegenheiten der örtlichen Gemeinschaft" (Art. 28 GG) bezieht, wird also nicht tangiert.

Faktisch hat aber trotz ihres überörtlichen Bezuges die Mehrzahl der Ziele der Raumordnung und Landesplanung regelmäßig zugleich unmittelbare und teilweise weitgehende Auswirkungen auf die örtliche Planung. Das gilt insbesondere bei einer Kumulation landesplanerischer Festlegungen für einen bestimmten Raum. Fast überwiegend enthalten landesplanerische Pläne gleichzeitig mehrere Aussagen für eine bestimmte Gemeinde (z. B. über ihre Funktion, über ihre Lage im Gesamtraum, über ihre Siedlungsdichte, über ihre Bevölkerungsentwicklung und Aufnahmefähigkeit, über ihre Standortqualität). Hier hat die Rechtsprechung (vgl. z. B. OVG Lüneburg a.a.O.) der Landesplanung folgende Beschränkung auferlegt: Die Gemeinde muß die Möglichkeit haben, die für sie geltenden Ziele der Raumordnung und Landesplanung weiter zu konkretisieren, der ihr landesplanerisch gesetzte Rahmen muß also noch ausfüllungsfähig sein. Das Planungsermessen der Gemeinde darf nicht völlig eingeschränkt werden. Es muß ihr zumindest ein Rest an Entscheidungsspielraum verbleiben, der es ihr ermöglicht — wenn auch in den vorgegebenen Grenzen — sich eigenverantwortlich zu entwickeln. Der Gemeinde muß noch genügend Raum für eigene planerische Entscheidungen und somit die Möglichkeit einer eigenen städtebaulichen Gestaltung verbleiben. Eine parzellenscharfe Darstellung ist der Landesplanung daher grundsätzlich fremd. Andererseits müssen gerade zum Schutze der gemeindlichen Planungshoheit die Ziele der Raumordnung und Landesplanung hinreichend konkretisiert (d. h. klar, verständlich und eindeutig) sein.

Ein besonderes Rechtsproblem der Funktionszuweisung wird an dem Beispiel der Entwicklungsachsen deutlich. Ihr landesplanerischer Grundgedanke liegt darin, die Entwicklung des Raumes auf den Bereich der Entwicklungsachsen zu konzentrieren. Die an diesen Achsen liegenden Gemeinden sollen verstärkt und bevorzugt entwickelt werden. Das hat aber zwangsläufig zur Folge, daß die zwischen den Entwicklungsachsen liegenden Räume weniger stark entwickelt werden oder gar in ihrer derzeitigen Struktur weitgehend erhalten bleiben, weil sich nur so die gewünschte Konzentration der Kräfte und Mittel erreichen läßt. Außerdem werden die an den Entwicklungsachsen gelegenen Orte unter sich noch unterschiedlich behandelt, indem sie in verschiedene Stufen oder Kategorien untergliedert werden.

Rechtlich stellt sich hier die Frage, ob solche landesplanerischen Festlegungen mit dem Gleichheitsgrundsatz vereinbar sind oder ob eine derart unterschiedliche Behandlung durch die Landesplanung bereits gegen Art. 3 des Grundgesetzes verstößt. Diese Frage ist zu verneinen, da die unterschiedlichen landesplanerischen Aussagen und die dadurch beabsichtigte und im Ergebnis auch bewirkte unterschiedliche Entwicklung der Teilräume sachlich hinreichend motiviert sind. Eine sinnvolle Gesamtentwicklung ist eben nur durch eine Funktions- und Arbeitsteilung erreichbar, wobei ein für die unterschiedliche Beurteilung und Behandlung besonders geeignetes Kriterium die verkehrliche und gesamträumliche Lage ist. Der Gleichheitsgrundsatz gebietet aber nur, wirklich Gleiches gleich zu behandeln, und erlaubt es sehr wohl, unterschiedliche Tatbestände auch verschieden zu regeln. In seinem Kern stellt der Gleichheitsgrundsatz nur ein Willkürverbot dar.

Eine mit Rücksicht auf den Gesamtraum begründete Darstellung von Entwicklungsachsen ist daher unter dem Gesichtspunkt des Gleichheitsgrundsatzes unbedenklich. Zu beachten ist lediglich, daß innerhalb dieses Systems bei gleichen Voraussetzungen die Entwicklungsachsen und Entwicklungsschwerpunkte gleichstufig festgesetzt werden. Aber auch hier ist der Gleichheitsgrundsatz erst dann tangiert, wenn das Willkürverbot verletzt wird.

Eine weitere Frage, die sich hier anschließt, lautet: Kann eine Gemeinde, die zwischen zwei Entwicklungsachsen liegt und nicht Entwicklungsschwerpunkt und auch nicht zentraler Ort ist, aus landesplanerischen Erwägungen auf eine eigene Entwicklung beschränkt werden?

Aus der Sicht der Raumordnung und Landesplanung ist diese Frage einfach zu beantworten. Nach dem Grundsatz der Arbeits- und Funktionsteilung ist es ja gerade Zweck der Darstellung von Entwicklungsachsen und Entwicklungsschwerpunkten, den zwischen den Achsen gelegenen Raum nicht oder zumindest nicht so stark weiterzuentwickeln wie die Entwicklungsschwerpunkte.

Diesen Standpunkt hat auch die Rechtsprechung in einem Einzelfall vertreten (OVG Lüneburg in DÖV a.a.O.). Bei Anwendung der dort entwickelten Grundsätze kann eine Gemeinde, die nicht an einer Entwicklungsachse, sondern in dem Raum zwischen zwei Achsen liegt, zu Recht durch landesplanerische Festlegung darauf beschränkt werden, sich nur zögernd und in gewissem Umfange weiterzuentwickeln, nämlich nur in dem Maße, wie es erforderlich ist, um den örtlichen Wohnbedarf zu decken. Eine solche Gemeinde kann zugleich daran gehindert werden, ihre derzeitige Struktur wesentlich zu ändern, sei es durch Ausweisung größerer Wohnbauflächen, die nicht durch den örtlichen Bedarf gefordert werden, sei es gar durch Ausweisung neuer Gewerbegebiete. Die Grenze für diese Beschränkung liegt in der Eigenentwicklung und in dem Eigenbedarf der Gemeinde. So sind ihr von der Landesplanung zumindest die Wohnsiedlungsbereiche zuzubilligen, die sie infoge ihrer natürlichen Bevölkerungszunahme für ihre Entwicklung bedarf.

Eine weitere Grenze der Beschränkung ist ferner dann überschritten, wenn durch die landesplanerischen Ziele eine bereits eingetretene eigengesetzliche Entwicklung gefährdet würde. Eine solche Ausnahmesituation ist beispielsweise dann gegeben, wenn die Ausweisung eines Gewerbegebietes oder die Errichtung eines einzelnen Gewerbebetriebes von der Landesplanung in der Vergangenheit bereits hingenommen, geduldet oder gar gefördert wurde.

Zusammenfassend läßt sich also festhalten: Soweit sich die Weiterentwicklung der Gemeinde aus ihrer bereits vorhandenen Struktur ergibt, muß ihr auch die Landesplanung Rechnung tragen. Eine solche Entwicklung kann mit Mitteln der Landesplanung nicht verhindert werden.

Eine landesplanerische Funktionszuweisung ist ferner dann rechtlich problematisch, wenn sie im Ergebnis Planung zu Gunsten eines einzelnen darstellt. Solche Schwierigkeiten treten insbesondere dann auf, wenn es im Rahmen einer Industrieansiedlung gilt, einen landesplanerischen Plan neu aufzustellen oder zu ändern, um so die Realisierung des (strukturpolitisch erwünschten) Ansiedlungsvorhabens zu ermöglichen. Rechtlich stellt sich hier die Frage, ob eine solche Planaufstellung oder Planänderung dem Wesen und dem Auftrag der Landesplanung entspricht, die ja eine übergeordnete und zusammenfassende Planung sein soll. Es erscheint fraglich, ob diese Voraussetzungen dann noch erüllt sind, wenn ein landesplanerischer Plan lediglich wegen der Ansiedlung eines einzelnen Industriebetriebes aufgestellt oder geändert wird. Eine solche Planung, die ausschließlich einen Einzelfall regelt, dient möglicherweise nicht mehr der Ordnung des Raumes.

Ein weiteres Rechtsproblem, das insbesondere in letzter Zeit — in Nordrhein-Westfalen z. B. bei der Verabschiedung des Landesentwicklungsgesetzes (Landesentwicklungsprogramm) und bei der Vorbereitung des Landesentwicklungsplans III — mehrfach aktuelle Bedeutung erlangte, ist die Frage des sog. Planungsausgleichs. Wie können die Nachteile, die einem Raum durch eine bestimmte landesplanerische Funktionszuweisung (z. B. Ausweisung als Erholungsgebiet oder als Gebiet mit sonstiger Freiraumfunktion) entstehen, kompensiert werden? Hier sind rechtlich vertretbare und praktisch anwendbare Lösungen noch nicht in Sicht. Insbesondere enthalten die Landesplanungsgesetze durchweg keine einschlägigen Regelungen. Häufig wird zur Lösung auf den kommunalen Finanzausgleich verwiesen: Den betroffenen Gemeinden sei unter dem Gesichtspunkt der „Aufopferung" (z. B. wegen Verzichts auf Industrieansiedlung) ein besonderer Ausgleich zuzubilligen. Bisher ist jedoch ein solcher „Sonderausgleich" nicht praktiziert worden. In der Tat dürfte es auch schwer sein, geeignete Kriterien für die „Einnahmeverluste" zu finden. Dennoch scheint der kommunale Finanzausgleich zumindest die Möglichkeit eines Lösungsversuches anzudeuten. Das Problem könnte schließlich durch gezielte Änderungen des Steuerrechts (insbesondere im Bereich der Gewerbesteuer) weiter entschärft werden.

Die Frage, ob ein einzelner, insbesondere ein betroffener Grundstückseigentümer, dem durch eine landesplanerische Funktionszuweisung Nachteile, in erster Linie Vermögensnachteile, entstanden sind, eine Entschädigung verlangen kann, ist dagegen in den Landesplanungsgesetzen durchweg geregelt. Als Grundsatz ist hier festzuhalten: Die landesplanerischen Festlegungen sind regelmäßig nicht allgemeinverbindlich, sondern lediglich behördenverbindlich; sie binden regelmäßig (noch) nicht den einzelnen Bürger, sondern nur die öffentlichen Planungsträger, insbesondere die Gemeinden als Träger der Bauleitplanung. Dem einzelnen Bürger gegenüber werden die landesplanerischen Festlegungen dagegen erst nach ihrer Transformation durch die Bauleitplanung wirksam. Daher ist die Frage nach seiner Entschädigung weniger ein Problem des Landesplanungsrechts; es ist vielmehr ein im Bundesbaugesetz geregeltes Problem des Bauplanungsrechts.

Das raumordnungspolitische Instrument der Vorranggebiete
– Kriterien und Wirkungen[1] –

von

Ulrich Brösse, Aachen

I. Problemstellung

Raumordnungspolitik besteht in der bewußten Handhabung geeigneter Instrumente durch den Staat oder dem Staat nahestehender Institutionen, um eine zielbezogene Gestaltung, Entwicklung und Nutzung von Räumen oder Regionen zu erreichen[2]). Vorranggebiete stellen ein mögliches Instrument dar, um den Zielen der Raumordnungspolitik näherzukommen oder sie zu erreichen[3]).

Gestaltung, Entwicklung und Nutzung von Räumen sind unter anderem mit dem Problem konfrontiert,

— daß sich bestimmte Gestaltungen, Entwicklungen und Nutzungen in einem Raum gegenseitig beeinträchtigen oder gar ausschließen können und

— daß eine Funktionsteilung zwischen den Räumen zu gesamträumlichen Vorteilen führen kann, denen gegebenenfalls wirtschaftliche Nachteile einzelner Regionen oder Personen gegenüberstehen.

Die Notwendigkeit einer räumlichen Differenzierung nach Funktionen sowie die Vorteile räumlicher Arbeitsteilung sind seit langem bekannt und haben konkrete Ausprägungen in der Bauleitplanung und der Landesplanung gefunden. Bekanntlich regelt die Bauleitplanung bauliche und sonstige Nutzungen des Grund und Bodens unter städtebaulichen und landesplanerischen Entwicklungszielen für den Bereich einer Gemeinde. Die Landesplanung von Nordrhein-Westfalen kennt Gebietsentwicklungspläne als übergemeindliche Pläne, nach denen sich die künftige Struktur der Region und die geordnete Nutzung des Bodens in den Grundzügen richten sollen[4]). Im einzelnen werden an Funktionen unterschieden: Siedlungsbereiche in Form von Wohnsiedlungsbereichen und Gewerbe- und Industrieansiedlungsbereichen, landwirtschaftliche, forst-

---

[1]) Ich danke Herrn Dr. Lowinski für eine kritische Durchsicht des Manuskripts. Ebenfalls danke ich meinem Mitarbeiter, Herrn Dipl.-Ing., Dipl.-Wirtschaftsingenieur E. Rump, für kritische Anregungen und Diskussionen.
[2]) Vgl. U. Brösse: Raumordnungspolitik, Berlin, New York 1975, S. 5f.
[3]) Vgl. zu den übrigen Instrumenten U. Brösse: Raumordnungspolitik, a.a.O., S. 57ff.
[4]) Vgl. § 15, Abs. 1 Landesplanungsgesetz NRW.

wirtschaftliche und Erholungsbereiche, Bereiche für die Wasserwirtschaft, für den Abbau von Bodenschätzen, für Aufschüttungen und als Bereiche für Naturschutz, Pflege und Schutz der Landschaft. Ferner müssen Gebietsentwicklungspläne Standorte und Bereiche für besondere öffentliche Einrichtungen für Ver- und Entsorgungsanlagen, das Verkehrsnetz, Flughäfen, Leitungsbänder und sonstige Bereiche enthalten[5]).

Die Gebietsentwicklungspläne und schon gar nicht die Bauleitpläne berücksichtigen aber, daß heute im großräumigen, überregionalen Maßstab Ansprüche insbesondere an die sogenannten Freiräume gestellt werden, die zu Konflikten mit anderen Ansprüchen führen können und die sinnvollerweise ebenfalls unter dem Aspekt räumlicher Arbeits- und Funktionsteilung gesehen werden müssen. Zu denken ist vor allem an die raumrelevanten Funktionen der Erholung, des Ressourcenschutzes einschließlich des Umweltschutzes, der Wasserversorgung und der Verteidigung. Aber auch die Inanspruchnahme der Freiräume durch umweltbelastende Industrien ist hier zu nennen; denn diese finden bei wachsendem Umweltbewußtsein der Menschen und entsprechenden gesetzlichen Vorschriften kaum noch geeignete Standorte in der Nähe von Siedlungen oder von sonstwie beanspruchten Gebieten, so daß für sie größere Flächen nebst Sicherheitsabständen notwendig sind. Ähnlich wie für die Einführung der Bauleitplanung auf Gemeindeebene die Einsicht maßgeblich war, daß mit zunehmender Industrialisierung der drohenden baulichen Unordnung nur durch eine vorausschauende städtebauliche Gesamtplanung begegnet werden kann, muß sich heute die Kenntnis durchsetzen, daß mit zunehmender Beanspruchung der Freiräume nur eine vorausschauende Rahmenplanung für diese Räume ihre Existenz und Funktionsfähigkeit sichern kann. Dazu soll das Instrument der Vorranggebiete dienen.

Eine arbeitsteilige Raumgliederung setzt die Notwendigkeit voraus, „mehr als bisher ein auf das gesamte Landesgebiet bezogenes leistungsgemeinschaftliches Bewußtsein zu entwickeln"[6]). Umgekehrt schärft die Sichtbarmachung räumlicher Arbeitsteilung durch Vorranggebiete aber auch dieses Bewußtsein, Teil des Ganzen zu sein. Dadurch werden die Menschen und Träger der Raumordnungspolitik darauf hingewiesen, daß nicht überall alle Funktionen erreichbar sind oder erreicht werden müssen. Es erfolgt eine Ablenkung von dem falschen „Regionalismus" (LOWINSKI), wonach Gemeinden den wirtschaftlichen Entwicklungsstand anderer Gemeinden zum Maßstab nehmen und wirtschaftlich schwache und zurückgebliebene Regionen die Anpassung an die fortschrittlicheren Regionen suchen, ohne ihre funktionsspezifischen Aufgaben zu sehen.

Das setzt einen aufgabengerechten Ertragsausgleich in Form eines räumlichen Finanzausgleichs zwischen den Gebieten, die für die Volkswirtschaft besondere Aufgaben übernehmen, und der übrigen Volkswirtschaft voraus. Er ist eine wesentliche Bedingung für die integrierende Wirkung der Vorranggebiete und für ihre Wirksamkeit überhaupt. Das Problem der Vorranggebiete hat also schwergewichtig eine finanzpolitische Seite, über deren Lösung bislang noch sehr wenig bekannt ist. Dieses finanzpolitische Problem wird an dieser Stelle nicht weiter verfolgt, sondern muß einer gesonderten Untersuchung vorbehalten bleiben. Im folgenden geht es vor allem um das Konzept der Vorranggebiete, seine Kriterien und die allgemeine Wirkungsproblematik.

---

[5]) Vgl. § 2, Abs. 5, 3. Durchführungsverordnung zum Landesplanungsgesetz von NRW vom 20. Februar 1973, GVNW S. 230.

[6]) H. LOWINSKI: Probleme der räumlich-funktionalen Arbeitsteilung, dargestellt am Beispiel des Landesentwicklungsplanes III „Vorranggebiete für Freiraumfunktionen". In: Funktion und Nutzung des Freiraums, Münster 1973, S. 75.

II. Kriterien zur Bestimmung von Vorranggebieten und Definition

Im Lande Nordrhein-Westfalen ist das Instrument der Vorranggebiete durch das Landesentwicklungsprogramm[7]) vorgesehen. Sie werden nach § 22 als „Gebiete mit besonderer Bedeutung für Freiraumfunktionen" bezeichnet. „Insbesondere" sollen Wasserschutzgebiete, Waldgebiete sowie Naturparke und Erholungsgebiete im Rahmen einer räumlich funktionalen Arbeitsteilung innerhalb des Landes in Frage kommen.

Speziell aus der besonderen Situation Nordrhein-Westfalens erweist sich das Prinzip der räumlich-funktionalen Arbeitsteilung als besonders geeignet; denn das Land enthält unter anderem einen Verdichtungsraum, die Rhein-Ruhr-Ballung, in der $2/3$ aller Einwohner auf einem knappen Fünftel der Fläche des Landes leben. Dieser Verdichtungsraum braucht „unbedingt ergänzende Freiräume unter anderem als ‚Vorranggebiete' der Erholung und der Wasserwirtschaft. Man muß, und das ist eine eindeutige Forderung, erkennen, daß solche ergänzenden Freiräume nur noch begrenzt verfügbar sind für andere Intensivnutzung der Besiedlung und Wirtschaft. Umgekehrt ist die angestrebte Entwicklung der ländlichen Zonen nicht möglich ohne Beachtung der von den Verdichtungsräumen und den übrigen Entwicklungsschwerpunkten und Gemeinden mit zentralörtlicher Bedeutung wahrzunehmenden Produktions-, Dienstleistungs- und Versorgungsfunktionen"[8]).

Das Bundesraumordnungsprogramm kennt ebenfalls das Instrument der Vorranggebiete. Unter der Zielsetzung der Erhaltung, Verbesserung oder Schaffung einer Funktionsvielfalt, die den „räumlichen Gegebenheiten und Entwicklungszielen" entspricht, sollen Vorranggebiete in Betracht kommen für

— Gebiete mit besonders günstigen Vorraussetzungen für die land- und forstwirtschaftliche Produktion,
— Gebiete für Freizeit und Erholung,
— Gebiete zur Sicherung der Wasserversorgung und
— Gebiete mit besonderen ökologischen Ausgleichsfunktionen,
— Gebiete, die für die Gewinnung von Rohstoffen und Mineralvorkommen von besonderer Bedeutung sind[9]).

Die wenigen gesetzlichen oder vergleichbaren Vorschriften über Vorranggebiete lassen erkennen, daß es bislang keine allgemein akzeptierten Kriterien zu ihrer Bestimmung gibt. Auch die spärliche Literatur ist diesem Problem bislang nicht nachgegangen. Es stellt sich deshalb die Frage nach einer sinnvollen Auswahl von Kriterien für die Festlegung von Vorranggebieten.

Wie bei der Problemstellung deutlich wurde und wie der Name „Vorrang"gebiete erkennen läßt, handelt es sich um Gebiete mit mehreren Nutzungen nebeneinander. Dadurch unterscheiden sie sich weitgehend von den Flächenfestlegungen im Rahmen der Bauleitplanung und auch der Gebietsentwicklungsplanung. Nutzungskonflikte und Vorteile einer räumlichen Arbeitsteilung können es erforderlich machen, daß *einer* Funktion ein gewisser Vorzug eingeräumt wird, diese Funktion eben „vorrangig" zu schüt-

---

[7]) Gesetz zur Landesentwicklung (Landesentwicklungsprogramm) vom 19. 3. 1974, GVNW. 29. 3. 1974, S. 96.
[8]) H. Lowinski: Probleme der räumlich funktionalen Arbeitsteilung, a.a.O., S. 73.
[9]) Vgl. Raumordnungsprogramm für die großräumige Entwicklung des Bundesgebietes (Bundesraumordnungsprogramm), Februar 1975, Absch. 2.3.

zen ist. Eine solche Funktion (z. B. die Wasserversorgung) wird dominante Funktion. Dominante Funktionen können durch die Planung festgelegt werden (z. B. Gebiete zur Ansiedlung umweltgefährdender Industrien) oder bis zu einem gewissen Grade „natürlich" bedingt sein in dem Sinne, daß bei ihrer Sicherung und Erhaltung andere Funktionen zumindest teilweise ausgeschlossen werden müssen (z. B. bei Wasserschutzgebieten). Ein erstes Kriterium für ein Vorranggebiet ist demnach, daß sich eine dominante Funktion neben anderen Funktionen zur Vermeidung von Nutzungskonflikten aus den natürlichen Gegebenheiten herleiten läßt oder daß sie planerisch sinnvollerweise festlegbar ist.

Zur Abhebung der Vorranggebiete von der Bauleitplanung und Gebietsentwicklungsplanung wurde darauf hingewiesen, daß sie vor allem größere Freiräume ordnen sollen. Als zweites Kriterium läßt sich deshalb die Freiraumfunktion oder ein größerer, zusammenhängender Flächenbedarf feststellen.

Eng mit dieser Freiraumfunktion oder dem größeren Flächenbedarf zusammen hängt die Tatsache, daß solche Gebiete von überlokaler und überregionaler Bedeutung sind. Für Nutzungen, die nur innerhalb eines Ortes oder Teilraumes von Bedeutung sind, stehen andere Instrumente (z. B. Bauleitplanung) zur Verfügung. Als drittes Kriterium kann daher formuliert werden, daß Vorranggebiete von überlokaler und überregionaler Bedeutung sein müssen. Anders ausgedrückt heißt das, daß für Vorranggebiete ein überlokaler und überregionaler Bedarf vorliegen muß.

Da Vorteile der räumlichen Arbeitsteilung genutzt werden sollen, müssen Vorranggebiete besondere Standort- und Lagevorteile ausschöpfen, die, bezogen auf den Gesamtraum, fühlbar begrenzt oder relativ selten sind. Zwar könnte theoretisch jeder Teilraum z. B. Trinkwasser für seinen eigenen Verbrauch selbst herstellen. Der technische und finanzielle Aufwand wäre aber vor allem in den Verdichtungsräumen oft erheblich. Ökonomisch sinnvoller ist daher eine räumlich-funktionale Arbeitsteilung, indem diejenigen Gebiete, die die günstigsten geologischen und klimatischen Voraussetzungen haben, diese ausnutzen und an Trinkwassermangel leidende Räume versorgen. Es ergibt sich somit ein drittes Kriterium: Vorranggebiete nutzen die Vorteile räumlicher Arbeitsteilung durch Ausschöpfung besonderer begrenzter und seltener Standort- und Lagevorteile.

Aufgrund dieser Ausführungen werden Vorranggebiete folgendermaßen definiert: Vorranggebiete sind in der Regel Gebiete mit Freiraumfunktionen oder größerem Flächenbedarf, die aufgrund besonderer Standort- und Lagevorteile eine dominante Funktion neben anderen Funktionen für den Gesamtraum übernehmen, insofern auch einen überlokalen und überregionalen Bedarf erfüllen, und deren Funktionsfähigkeit dieser Aufgabenbestimmung entsprechend durch die Raumordnungspolitik gesichert und entwickelt werden muß[10]).

Werden diese Kriterien auf die möglichen Raumfunktionen angewendet, so ergibt sich folgende Übersicht:

---

[10]) Etwas allgemeiner definiert AFFELD ein Vorranggebiet als „einen Teilraum in einem arbeitsteilig organisierten Gesamtraum, der vorrangig eine oder mehrere Raumfunktionen zu erfüllen hat und dessen Funktionsfähigkeit entsprechend dieser Zweckbestimmung zu erhalten bzw. zu entwickeln ist". D. AFFELD: Raum- und siedlungsstrukturelle Arbeitsteilung als Grundprinzipien zur Verteilung des raumwirksamen Entwicklungspotentials. In: structur 9/1972, S. 200.

Übersicht über die Anwendung der vier Kriterien auf die Raumfunktionen zur Bestimmung von Vorranggebieten

Kriterien Raum- funktion	dominante Funktion planerisch sinnvoll herzuleiten o. festzulegen 1	Freiraum-funktion o. größerer Flächenbedarf 2	überlokaler und über-regionaler Bedarf 3	besondere begrenzte und seltene Standort- und Lagevorteile 4	als Vorranggebiete geeignet 5
Wohnsiedlungen	–	–	–	–	–
Gewerbe u. Industrie umweltfreundlich	–	–	+	–	–
Industrie umweltbelastend	+	+	+	+	+
Versorgungsanlagen (außer umweltbelastenden Großanlagen)	–	–	+	–	–
Landwirtschaft	+	+	+	±	bedingt
Forstwirtschaft	+	+	+	±	bedingt
Erholung	+	+	+	+	+
Wasserversorgung	+	+	+	+	+
Abbau von Bodenschätzen	+	+	+	+	+
Naturschutz und Landespflege	+	+	+	+	+
Verkehrsbänder	bedingt	±	+	–	als Vorrang-achsen geeignet
Leitungsbänder	bedingt	±	+	–	als Vorrang-achsen geeignet
Flugplätze	+	+	+	+	+
Landesverteidigung	+	+	+	+	+

± = Kriterium kann erfüllt oder auch nicht erfüllt sein. Eine differenzierte Betrachtung ist erforderlich.
+ = Kriterium erfüllt bzw. als Vorranggebiet geeignet. Für Spalte 3 heißt +, daß der überlokale Bedarf grundsätzlich möglich ist. Der konkrete Einzelfall ist jedoch speziell zu überprüfen.
– = Kriterium nicht erfüllt bzw. als Vorranggebiet nicht geeignet.

Die Übersicht läßt erkennen, daß aufgrund der Erfüllung aller Kriterien Vorranggebiete empfehlenswert sind für

— umweltbelastende Industrien,

— Erholung,

— Wasserversorgung,

— Abbau von Bodenschätzen,

— Naturschutz und Landespflege,

— Flugplätze,

— Landesverteidigung.

Problematisch, da ein Kriterium auch nicht erfüllt sein kann bzw. seine Erfüllung zweifelhaft ist, wäre die Festlegung von Vorranggebieten für die Land- und Forstwirtschaft. Die Bereiche der Land- und Forstwirtschaft müssen differenzierter betrachtet werden, um die Erfüllung der Kriterien eindeutig feststellen zu können. Es ist notwendig, die landwirtschaftlichen Böden nach weiteren Kriterien (z. B. Fruchtbarkeit, Klima, Produktivität) zu unterscheiden, um z. B. klarer Lagevorteile feststellen zu können. Diesem Problemkreis wird hier nicht weiter nachgegangen[11].

III. Wirkungen auf Ordnung und Gliederung (Organisation) des Raumes

1. Die Bedeutung des Zielsystems der Raumordnungspolitik

Eine funktionsräumliche Gliederung einer Volkswirtschaft führt zu einer bestimmten räumlichen Ordnung. Eine Ordnung ist notwendig; denn ohne Ordnung herrscht Chaos, in dem vielleicht für den Menschen wichtige Funktionen keine Berücksichtigung erfahren. Die ordnende Wirkung haben die Vorranggebiete mit anderen Mitteln der Raumordnungspolitik gemeinsam[12]. Entscheidend für die Richtung und Berechtigung dieser Ordnung ist das Zielsystem der Raumordnungspolitik; denn das zu verwirklichen ist Zweck der Verwendung von Vorranggebieten. Die Begründung für die Verwendung von Vorranggebieten ist also in ihrer Eignung zur Schaffung einer Raumstruktur zu suchen, die den raumordnungspolitischen Zielen entspricht. Es ist deshalb notwendig zu untersuchen, ob und in welcher Weise Vorranggebiete auf das raumordnungspolitische Zielsystem wirken.

Allgemein gilt, daß klare und sichere raumordnungspolitische Ziele auch klare und sichere Abgrenzung für Vorranggebiete schaffen können. Umgekehrt muß Unsicherheit bei den Zielen zu Unsicherheit und Unklarheit bei Vorrangfunktionszuweisungen führen.

---

[11]) Vgl. hierzu näher G. REINKEN: Landwirtschaftliche Vorranggebiete. Manuskript für den Arbeitskreis Landwirtschaft der Akademie für Raumforschung und Landesplanung, Bonn o. J. — Siehe auch den Beitrag von STEFFEN und JÜRGING in diesem Band.

[12]) Z. B. mit zentralen Orten, Entwicklungszentren und Entwicklungsachsen, Entwicklungspolen. Vgl. zu diesen Kategorien der Raumordnungspolitik U. BRÖSSE: Raumordnungspolitik, a.a.O., S. 63ff.

Als Zielsystem wird ein System zugrunde gelegt, daß an anderer Stelle erarbeitet wurde[13]). Aus diesem Zielsystem werden zur Beurteilung der Wirkungen 10 der 11 Oberziele wegen ihrer funktionsräumlichen Bedeutung herausgegriffen. Sie eignen sich für Zwecke dieser Fragestellung besonders gut, weil sie teilweise auf den raumrelevanten Daseinsgrundfunktionen des Menschen basieren und insofern dem Konzept der Funktionsräumlichkeit der Vorranggebiete entsprechen.

2. Wirkungen auf eine ausgewogene Entwicklung und Verteilung der Wohnbevölkerung

Versteht man die ausgewogene Entwicklung und Verteilung im Sinne einer tendenziellen Entlastung sehr starker Verdichtungen durch gleichmäßigere Verteilung von mäßigen Verdichtungen über den Gesamtraum, so dürfte das Mittel der Vorranggebiete dazu wenig geeignet sein. Dazu können besser die Mittel der zentralen Orte und Entwicklungsschwerpunkte und Entwicklungsachsen beitragen.

Diese Mittel sind zwar auch schon als Ausdruck räumlicher Funktionsteilung interpretiert worden, nämlich als Mittel siedlungsstruktureller Arbeitsteilung[14]). Eine solche Auffassung ist begründbar. Entwicklungsschwerpunkte, Entwicklungszentren und Entwicklungsachsen sind jedoch Raumkategorien, in denen eine Vielzahl von Funktionen (z. B. Wohnen, Arbeiten, Erholen, Freizeit, Versorgung) nebeneinander besteht und für die es schwer wird, eine Funktion oder wenige Funktionen als vorrangig herauszustellen. Außerdem ist das Siedlungsstrukturproblem zu vielschichtig, um auf eine relativ einfache Formel räumlicher Arbeitsteilung zurückgeführt werden zu können. Deshalb und wegen der im engeren Sinne nur mittelbaren Verknüpfung des Siedlungsstrukturproblems mit dem der räumlich-funktionalen Arbeitsteilung wird hier die Ansicht vertreten, daß beide nicht miteinander verknüpft werden sollten. Damit bleiben auch die Mittel der zentralen Orte, Entwicklungsschwerpunkte und Entwicklungsachsen mit ihrer eigenständigen Problematik aus dem Problemkreis der Vorranggebiete ausgeklammert.

3. Wirkungen auf den Schutz der natürlichen Ressourcen sowie auf den sparsamen Umgang mit natürlichen Ressourcen

Vorranggebiete sind besonders gut geeignet, eine Schutzwirkung zu entfalten. Durch Erklärung eines Gebietes zum Vorranggebiet kann natürlichen Ressourcen wie Rohstoffen, Wasser, Luft, Pflanzen- und Tierwelt ein nahezu 100%iger Schutz zuteil werden. Auch zur Beseitigung bereits eingetretener Schäden eignet sich das Mittel der Vorranggebiete. Durch geeignete Ausgestaltung des Vorranggebiets läßt sich ebenfalls ein sparsamer Umgang mit den natürlichen Ressourcen erreichen.

---

[13]) Vgl. U. Brösse: Zusammenfassung der kritischen Analysen der gegenwärtigen Raumordnungspolitik unter besonderer Berücksichtigung der Zielkonflikte in der Raumordnungspolitik sowie zwischen Raumordnungspolitik und anderen Politikbereichen. Manuskript. Gutachten für die Kommission für wirtschaftlichen und sozialen Wandel, Aachen, September 1974.
[14]) Vgl. D. Affeld: Raum- und siedlungsstrukturelle Arbeitsteilung als Grundprinzipien zur Verteilung des raumwirksamen Entwicklungspotentials, S. 199.

Die natürlichen Ressourcen des Freiraumes werden durch vermehrte Be- und Überbauung immer stärker bedroht. Gleichzeitig steigt die Nachfrage der Menschen nach diesen Ressourcen infolge verlängerter Freizeit, größerer Mobilität und Verknappung dieser Ressourcen in den Siedlungszentren. Das hat zur Folge, daß mit steigenden Grenznutzen bei der Anstrebung dieses Zieles durch Vorranggebiete zu rechnen ist.

4. Wirkungen auf den Schutz und die Nutzung der Kulturgüter

Im Gegensatz zu den natürlichen Ressourcen finden sich die Kulturgüter meist nicht flächenhaft oder als Freiraum vor. Insofern ist ein wichtiges Kriterium nicht erfüllt. Es sind deshalb andere Instrumente der Bauleitplanung oder der Gebietsentwicklungsplanung anzuwenden oder zu entwickeln (z. B. zum Schutz historisch wertvoller Stadtteile oder von Denkmälern wie der Rheinufer-Passage Eltville-Niederwalluf).

5. Wirkungen auf das Ziel zufriedenstellender Arbeits- und Beschäftigungsmöglichkeiten sowie zufriedenstellender Einkommenserzielungsmöglichkeiten

Das Ziel sollte primär durch andere Organisationsmittel wie vor allem Entwicklungszentren und Entwicklungsachsen und gegebenenfalls Entwicklungspole angestrebt werden. Daneben oder in Verbindung mit ihnen sind jedoch Vorrangebiete für stark emittierende Industrien und gegebenenfalls für die Land- und Forstwirtschaft geeignet, dieses Ziel zu erreichen.

Vorranggebiete für stark emittierende Industrien sind sinnvoll, weil die Reichweite der Belästigungen und die notwendigen Abstandsflächen eine weiträumigere Planung als die übliche Standortplanung von Arbeitsstätten erfordern.

Als besonderes Problem stellt sich das nach Vorranggebieten für die Landwirtschaft. Sie sind im Entwurf des Bundesraumordnungsprogamms vorgesehen. Die Möglichkeit ihrer Abgrenzung wird allerdings skeptisch beurteilt, weil sie „nach sachlich hinreichend gesicherten und einheitlich anwendbaren Kriterien nicht möglich ist. Das ist einerseits auf die Besonderheit der landwirtschaftlichen Produktionsbedingungen und damit aus gesamtwirtschaftlicher Sicht verbundenen Schwierigkeiten für die Formulierung mittel- und langfristiger agarpolitischer Ziele zurückzuführen. Andererseits erschwert die Verquickung von Produktionsfunktionen und Wohlfahrtsfunktionen der Landwirtschaft eine Trennung und Bewertung des „spezifischen Nutzens" einer bestimmten Flächennutzung und des „allgemeinen oder sozialen Nutzens" je Flächeneinheit"[15]).

Da gute natürliche Voraussetzungen für die landwirtschaftliche Produktion nicht überall in der Bundesrepublik vorhanden sind, könnte es sinnvoll sein, im Rahmen einer räumlich-funktionalen Arbeitsteilung Räume, die eine hohe landwirtschaftliche Produktivität erwarten lassen, als landwirtschaftliche Vorranggebiete auszuweisen. In diesen Räumen müßte dann unter anderem die landwirtschaftliche Betriebsstruktur so entwickelt werden, daß die Landwirtschaft auch längerfristig konkurrenzfähig ist.

---

[15]) H. LOWINSKI: Probleme der räumlich-funktionalen Arbeitsteilung, a.a.O., S. 79.

Nicht ertragreiche Böden müßten im Laufe der Zeit aus der Produktion genommen und, soweit es geht, anderweitig genutzt werden. Die Verteilung der guten und schlechten Böden in der Bundesrepublik ist aber so, daß die fruchtbarsten Böden vor allem in der Nähe der Verdichtungsgebiete liegen, während die Grenzertragsböden, die $1/3$ der Fläche des Bundesgebietes ausmachen, in stadtfernen Gegenden liegen[16]. Die Wahrscheinlichkeit, daß der Bevölkerung in diesen Gegenden im Rahmen einer räumlich-funktionalen Arbeitsteilung ein sicheres Einkommen auf der Grundlage anderer räumlicher Nutzungen ermöglicht wird, ist in vielen Fällen gering. Ein weiteres Abwandern der Bevölkerung, soweit ihr Einkommen von der Landwirtschaft abhängig ist, ist zu vermuten. Außerdem wird vorerst von der Agrarpolitik nicht zu erwarten sein, daß sie langfristig festlegt, welcher Anteil an Nahrungsmitteln im eigenen Land produziert werden soll.

Noch nicht ausdiskutiert ist die Frage, ob Vorranggebiete für die Landwirtschaft großräumig, d. h. dem hier vertretenen Konzept der Vorranggebiete entsprechend, festgelegt werden können und sollen oder aber kleinräumig. Für die kleinräumige Lösung plädiert REINKEN, wenn er schreibt, daß sich die Ausweisung auf jene Gebiete beschränken sollte, „die sich aufgrund von Boden, Klima, Standort und Infrastruktur besonders für eine intensive landwirtschaftliche Nutzung eignen und eine gesunde Agrarstruktur aufweisen. Es ist zu erwägen, ob sich sogar die Ausweisung nur auf jene Gebiete erstreckt, in denen intensive, umweltbelastende Tierhaltung und Gartenbau als geschlossenes Anbaugebiet vorhanden sind"[17]. Allerdings bleibt dann die Frage, ob für die kleinräumige Festlegung von Gebieten, z. B. für hochwertige Gewächshauskulturen, das Instrument der Vorranggebiete angemessen ist, ob nicht vielmehr die Bauleitplanung oder aber eine weiter entwickelte Gebietsentwicklungsplanung sinnvoller ist; denn welche anderen Nutzungen bleiben sonst noch in einem solchen kleineren landwirtschaftlichen Vorranggebiet zu beachten.

6. Wirkungen auf das Ziel zufriedenstellender Wohnmöglichkeiten in einer zufriedenstellenden Wohnumwelt

Vorranggebiete für Wohnen genügen den eingangs festgelegten Kriterien nicht und scheiden deshalb aus. Positive Wirkungen auf diese Zielsetzung gehen dagegen unmittelbar von den Entwicklungszentren und -achsen bzw. den zentralen Orten aus. Indirekt können aber auch die Vorranggebiete die Wohnfunktion tangieren. Bei der Größe der Vorranggebiete und ihrer Lage zu den Wohngebieten kann es zu Nachfrageunterschieden kommen. Wohnsiedlungen und Wohnungen in der Nähe von Vorranggebieten, insbesondere für Erholung, aber auch für andere Funktionen erhalten einen erheblichen Lagevorteil, der die Wohnqualität ganz wesentlich im positiven Sinne zu beeinflussen vermag.

7. Wirkungen auf das Ziel zufriedenstellender Versorgung mit Gütern und Diensten sowie zufriedenstellender Entsorgung

Das für die Versorgung vor allem mit Gütern des tertiären Sektors am besten geeignete räumliche Organisationssystem ist immer noch das der Schwerpunktbildung durch zentrale Orte und gegebenenfalls durch Entwicklungsschwerpunkte. Im einzelnen

---

[16] Vgl. H. RÖHM: Landesplanung und Landwirtschaft. In: Umwelthygiene, Landesplanung und Landschaftsschutz, Karlsruhe 1973, S. 134 u. 147.
[17] G. REINKEN: Landwirtschaftliche Vorranggebiete, a.a.O., S. 6.

wäre zu untersuchen, ob Vorranggebiete für bestimmte Versorgungseinrichtungen in regionalem Maßstab sinnvoll sein können. Die erwähnte 3. Durchführungsverordnung zum nordrhein-westfälischen Landesplanungsgesetz erwähnt „Bereiche und Standorte für besondere öffentliche Einrichtungen" wie Einrichtungen des Hochschulwesens, des allgemeinen Schul- und Krankenhauswesens von regionaler Bedeutung. Wegen der regionalen Bedeutung kann eine Ausweisung im Rahmen der Regionalplanung notwendig sein. Dazu wird aber meist das System der zentralen Orte einen geeigneteren Organisationsrahmen abgeben als das Instrument der Vorranggebiete.

Eine wichtige Ausnahme besteht bei der Versorgung mit natürlichen Ressourcen, insbesondere bei der Wasserversorgung. Hierfür sind, wie bereits dargelegt, die Vorranggebiete gut geeignet.

8. Wirkungen auf das Ziel zufriedenstellender Bildungs-, Ausbildungs-, Weiterbildungs- und Umschulungsmöglichkeiten

Auch zur Erreichung dieses Zieles sind andere Organisationsmittel einzusetzen. Von Vorranggebieten sind keine positiven Wirkungen zu erwarten.

9. Wirkungen auf das Ziel zufriedenstellender Erholungs- und Freizeitmöglichkeiten

Wie sich bereits aufgrund der festgelegten Abgrenzungskriterien ergab, sind Vorranggebiete in besonderem Maße geeignet, größere zusammenhängende Flächen für Erholung und Freizeit zu sichern und zu entwickeln. Bestimmte Erholungsbereiche wie Sportplätze, Freibäder, Segelfluggelände, Trimm-Dich-Pfade und ähnliches erfordern meist keinen sehr großen Platzbedarf, so daß ihre Ausweisung gesondert durch Bauleitplanung und gegebenenfalls Gebietsentwicklungsplanung möglich ist. Ihre Ausweisung braucht nicht nach den Kriterien für Vorranggebiete zu erfolgen.

Dementsprechend soll der Landesentwicklungsplan III von Nordrhein-Westfalen derartige Bereiche als Erholungs- und Freizeitschwerpunkte innerhalb von Vorranggebieten für die Erholung darstellen und die Konkretisierung der nachgeordneten Raumplanung überlassen.

10. Zufriedenstellende Verkehrs- und Kommunikationsmöglichkeiten

Der Verkehr ist von Natur aus achsenbezogen und nicht so sehr breit in die Fläche gehend. Die Verkehrsfunktionen sind vor allem wegen ihrer negativen Nebeneffekte der Emissionen stark dominant, schließen also andere Funktionen aus. Um Konflikte zu vermeiden, wäre es deshalb wünschenswert, geeignete Gebiete für den Verkehr freizuhalten. Das zwänge auch zu einer vorausschauenden und umsichtigen Verkehrsplanung. Problematisch wird allerdings sein, eine langfristig vorausschauende Planung als Vorsorgeplanung praktisch zu realisieren. Sie setzt verkehrspolitische Ziele voraus, die mit der Raumordnung abgestimmt und die verbindlich sind. Das System der Entwicklungsachsen in der BRD könnte ein geeignetes Raster für freizuhaltende Gebiete abgeben.

Die Notwendigkeit von Vorrangachsen für den Verkehr kann sich auch durch die Festlegung anderer Vorranggebiete ergeben; denn die verkehrsmäßige Verbindung der Vorranggebiete muß hergestellt werden, um die räumliche Arbeitsteilung funktionsfähig zu machen. Gegegebenenfalls muß die Festlegung und Zuordnung von Vorranggebieten auch unter Verkehrsaspekten erfolgen, um z. B. eine möglichst gleichmäßige Verkehrsbelastung zu erhalten.

*11. Wirkungen auf befriedigende Verteidigungsmöglichkeiten
gegen menschliche und natürliche Gewalten*

Die Ausweisung von Hochwasserschutzgebieten oder erosionsgefährdeten Gebieten als Vorranggebiete scheint möglich und sinnvoll. Es handelt sich meist um dominante Funktionen, die andere Funktionen weitgehend ausschließen. Die Bereiche sind meist von der Natur vorgegeben. Auch für die militärische Verteidigung können Vorranggebiete, z. B. für Truppenübungsplätze, wirkungsvoll planerisch verwendet werden. Ihr Beitrag zur Zielerreichung ist positiv zu bewerten.

IV. Wirkungen auf das Wirtschaftswachstum und den wirtschaftlichen Wohlstand

Ein Vorteil volkswirtschaftlicher Arbeitsteilung besteht in höherer Produktivität und größerem Wirtschaftswachstum. Es liegt nahe zu vermuten, diese Wirkung auch durch räumliche Arbeits- und Funktionsteilung zu erzielen, wenn die verschiedenen Teilräume für die Übernahme bestimmter Funktionen unterschiedlich gut geeignet sind. Theoretisch werden Vorranggebiete daher auch mit komparativen Kostenvorteilen begründet[18].

Volkswirtschaftliche Vorteile werden jedoch nicht unmittelbar sichtbar und fühlbar, wenn die Leistungen von Vorranggebieten diesen Räumen nicht finanziell entgolten werden. In dem Falle werden die Vorranggebiete selbst vielmehr Einschränkungen an wirtschaftlichem Wohlstand und Wirtschaftswachstum hinnehmen müssen. Das erscheint wahrscheinlich, wenn man bedenkt, daß die Schaffung von Arbeitsplätzen, insbesondere im industriellen Bereich, in Vorranggebieten für Erholung, Wasserversorgung, Verteidigung, Umweltschutz und eventuell Landwirtschaft erheblich behindert werden kann. Der materielle wirtschaftliche Wohlstand wird aber gerade durch das Vorhandensein solcher Arbeitsplätze entscheidend bestimmt.

Es wäre illusorisch zu glauben, durch die Schaffung von Vorranggebieten brauche das wirtschaftliche Wachstum dieser Gebiete nicht beeinträchtigt zu werden. Wenn die Formulierung im Bundesraumordnungsprogramm: „Die Berücksichtigung der besonderen Funktion der Vorranggebiete soll nicht dazu führen, daß die wirtschaftliche Entwicklung dieser Räume und das Einkommensniveau der hier lebenden Bevölkerung beein-

---

[18] Vgl. D. AFFELD: Raum- und siedlungsstrukturelle Arbeitsteilung als Grundprinzipien zur Verteilung des raumwirksamen Entwicklungspotentials, a.a.O., S. 199.

trächtigt werden"[19]) heißen soll, daß Vorranggebiete nur so ausgelegt werden dürfen, daß wirtschaftliche Beeinträchtigungen der Bewohner nicht entstehen, so bedeutet das eine Verkennung der Aufgabe und der Wirkungen von Vorranggebieten. Das Bundesraumordnungsprogramm muß deshalb so interpretiert werden, daß die Leistungen der Vorranggebiete auch wirtschaftlich bewertet und berücksichtigt werden *sollen*.

Neben der Frage nach den unmittelbaren wirtschaftlichen Wirkungen auf die Vorranggebiete selbst stellt sich die Frage, ob die räumliche Arbeitsteilung für den Gesamtraum tatsächlich einen Produktivitäts- und Wachstumseffekt hat. Die unterschiedliche Eignung von Räumen ist nicht leicht nachzuweisen. Offensichtlich sind landschaftlich schöne und reizvolle Regionen mit gutem Klima als Erholungsgebiete besonders gut geeignet. Wahrscheinlich könnten sie aber auch als Wohngebiete sehr attraktiv sein. Sehr gute landwirtschaftliche Böden sprechen zunächst für eine Vorrangfunktion für die Landwirtschaft. Meist bieten solche mehr oder weniger ebenen Flächen aber auch besonders gute Standortvoraussetzungen für Gewerbe und Industrie. Gegebenenfalls kann eine solche Region auch als Wasserschutzgebiet wichtig sein. Gebiete, die wegen ihres Pflanzen- oder Tierbestandes geschützt werden müßten, werden oft für andere Nutzungsarten vorrangig begehrt, für die sie ebenfalls gut geeignet sind (z. B. Hochmoore für die Bewaldung mit Fichten zur Gewinnung von Nutzholz). Schon leichter läßt sich für Gebiete die Nichteignung für bestimmte Funktionen nachweisen. So wird man in gebirgigen Gegenden Industrie und Gewerbe nicht wirtschaftlich ansiedeln können. Verdichtungen eignen sich weniger zu „naturnaher" Erholung, wohl allerdings zu „kulturnaher" Erholung.

Unter einem engeren ökonomischen Wohlstands- und Wachstumsaspekt gesehen, muß es wohl ohne detailliertere Untersuchungen offen bleiben, ob Vorranggebiete der Volkswirtschaft insgesamt einen Produktivitäts- und Wachstumsfortschritt bringen. Da sie jedoch Güter und Leistungen bereitstellen, die zunehmend knapper und begehrter werden und ohne die irgenwann einmal auch kein wirtschaftliches Wachstum mehr möglich ist, ist es einfach eine volkswirtschaftliche Notwendigkeit, auch solche Güter zu produzieren und langfristig bereitzustellen und zu sichern. Dafür stellen die Vorranggebiete ein geeignetes Instrument dar.

Das gegenwärtige Rechnungssystem zur Erfassung volkswirtschaftlichen Wachstums und Wohlstands über das Bruttosozialprodukt ist allerdings nicht geeignet, die tatsächlichen Beiträge der Vorranggebiete für die Volkswirtschaft zu erfassen und sichtbar zu machen. Insofern mangelt es an der meßbaren Vergleichsmöglichkeit zwischen den Wirkungen der Vorranggebiete und dem Wirtschaftswachstum. Die Wirkungen der Vorranggebiete auf das Wirtschaftswachstum des Gesamtraumes sind also vor allem darin zu sehen, daß sie längerfristig wirtschaftliches Wachstum und wirtschaftlichen Wohlstand sichern.

Die Tatsache, daß mit Sozialproduktswerten die volkswirtschaftliche Leistung der Vorranggebiete für den Gesamtraum nicht zu fassen ist, macht Untersuchungen mit dem Ziel erforderlich, die Beiträge und Leistungen der Vorranggebiete für die übrigen Räume zu erfassen und gegebenenfalls zu quantifizieren und sie mit ihren „Einnahmen", die sie dafür erhalten, und „Aufwendungen" zu vergleichen, um dann Rückschlüsse auf einen geeigneten räumlichen Finanzausgleich ziehen zu können. Entsprechende weiterführende Forschungen sind notwendig.

---

[19]) Bundesraumordnungsprogramm Abschnitt 2.3.

V. Das Problem der Monostruktur und der Beschränkung von Vorrangfunktionen ausschließlich auf Vorranggebiete

Die Festlegung dominanter Funktionen, verbunden mit einer entsprechenden Zurückdrängung anderer Funktionen, kann dazu führen, daß Vorranggebiete den Charakter von monostrukturierten Räumen erhalten mit allen planerischen Nachteilen einer „Verödung" und ökonomischen Nachteilen der einseitigen Abhängigkeit von einem oder wenigen Wirtschaftszweigen. Dieser Gefahr ist einmal dadurch zu begegnen, daß Vorranggebiete nur als das verstanden werden, was damit gemeint ist, nämlich die vorrangige Funktion lediglich in dem Maße zu berücksichtigen, daß der Raum die an ihn gestellten Aufgaben erfüllen kann. Eine gewisse Einseitigkeit, z. B. in Erholungsgebieten ein hoher Beschäftigungsanteil im Fremdenverkehrsgewerbe, läßt sich dabei nicht vermeiden. Das kann und darf jedoch nicht den Ausschluß aller anderen Funktionen bedeuten. Vorteilhaft wäre es, Betriebe in Vorranggebieten anzusiedeln, die eine gegenüber der durch die Vorrangfunktion bedingten Wirtschaftstätigkeit gegenläufige jahreszeitliche Wirtschaftstätigkeit oder eine ergänzende Wirtschaftstätigkeit aufweisen.

Zum anderen verlieren die negativen Effekte der Monostruktur an Gewicht, wenn die Leistungen der Vorranggebiete wirtschaftlich angemessen im Rahmen der Gesamtleistung der Volkswirtschaft entgolten werden, wenn es also zu einem adäquaten räumlichen Finanzausgleich kommt.

Die Spezialisierung einzelner Räume auf die Erfüllung vorrangiger Funktionen darf nicht zur Folge haben, daß diese Funktionen in anderen Teilen der Volkswirtschaft unberücksichtigt bleiben oder gar ausgeschlossen werden. Naturschutz-, Landschaftsschutz- und Wasserschutzgesetze sind nach wie vor für den Gesamtraum gültig. Vorranggebiete für die Erholung entbinden die Teilräume nicht von der Pflicht, erst einmal selbst ausreichend Naherholungsgebiete auszuweisen. Auch neue umweltbeeinträchtigende Industrieansiedlungen dürfen nicht grundsätzlich an „Vorranggebiete für stark emittierende Industrien" verwiesen werden. Man sollte zunächst untersuchen, ob nicht durch zusätzliche technische Umweltschutzeinrichtungen ein „normaler" Standort zu finden ist. Im Raum außerhalb der Vorranggebiete sollten nach wie vor alle Nutzungen möglich sein; denn normalerweise muß jeder Teilraum versuchen, für alle Raumansprüche selbst Flächen bereitzustellen.

VI. Ordnungspolitische Wirkungen

Sollen Vorranggebiete wirksam sein, muß die Sicherung der Vorrangfunktionen auch rechtlich zwingend verankert sein. Das hat erhebliche rechtliche Konsequenzen[20] und ordnungspolitische Wirkungen zur Folge. Ordnungspolitisch gesehen führen Vorranggebiete zur Einschränkung der Entscheidungsfreiheit von Bürgern und Gebietskörperschaften; denn die Festlegung beeinflußt die Entscheidungsfreiheit privater und öffentlicher Unternehmen und Haushalte bei der Standortwahl und bei anderen raumrelevanten Vorgängen. Allerdings sind ähnliche Wirkungen von der Bauleitplanung und der Gebietsentwicklungsplanung sowie von weiteren planungsrelevanten Gesetzen (z. B. Umweltschutz, Naturschutz) bekannt und ordnungspolitisch grundsätzlich zu akzeptieren.

---
[20] Vgl. dazu den Beitrag von H.-G. NIEMEIER in diesem Band.

Zu prüfen wäre, ob Vorranggebiete etwa im marktwirtschaftlichen Bereich zu Wettbewerbsverzerrungen und monopolistischen Elementen im Wettbewerb um Standorte führen werden. Das könnte dann der Fall sein, wenn die Zahl möglicher Standorte erheblich eingeschränkt würde. Vorranggebiete für Erholung, Freizeit, Ressourcenschutz sowie eventuell Landwirtschaft und Verteidigung werden jedoch kaum die Standortmöglichkeiten privater Unternehmen und Haushalte in ordnungspolitisch bedenklicher Weise begrenzen. Anders wird es bei Standorten für stark emittierende Industrien sein. Hier dürfte die Zahl möglicher Standorte in absehbarer Zeit überhaupt relativ klein sein, so daß Vorranggebiete für umweltgefährdende Industrien sogar ein wünschenswertes Ordnungsinstrument darstellen. Sie hätten nämlich den Vorteil größerer Markttransparenz; denn beim gegenwärtigen Vorgang der Standortsuche stoßen die Unternehmen immer wieder auf schwere, oft nicht vorhersehbare Widerstände. Vorranggebiete können hier klare Verhältnisse schaffen. Ähnlich werden die privaten Haushalte bei der Wohnungssuche und Wohnungswahl immer wieder dadurch überrascht, daß stark beeinträchtigende Funktionen den Wohnwert negativ beeinflussen. Auch hier könnten Vorranggebiete die Transparenz erhöhen und für klarere Verhältnisse sorgen[21]).

Vom Standpunkt der Gebietskörperschaften aus bedeuten Vorranggebiete allerdings erhebliche Beschränkungen in der persönlichen Initiative und Entfaltungsfreiheit der betroffenen Gemeinden und Regionen. Da es sich um einen Teil des öffentlichen Sektors handelt, werden hier jedoch keine wirtschaftsordnungspolitischen Probleme berührt. In erster Linie dürften die Schwierigkeiten durch die angemessene Anerkennung der erbrachten Leistungen und ihre entsprechende ökonomische Berücksichtigung durch Ausgleichzahlungen auszuräumen sein.

VII. Wirkungen auf die Flächenbeanspruchung

Vorranggebiete beanspruchen in der Regel größere Flächen einer Volkswirtschaft. Denkbar wäre eine weitgehende Verplanung des Gesamtraumes für vorrangige Nutzungen. Da die Verfügbarkeit von Freiräumen vor allem in der Nähe der großen Siedlungsräume immer geringer wird, sind gegen eine stärkere Festlegung von Vorranggebieten für Erholung, Landschafts- und Naturschutz kaum Bedenken zu erheben. Dagegen sollte man bei der Planung von Schutzzonen für Flughäfen und Industrie sparsam sein. Bevor großzügige Schutzzonen für Umweltverschmutzer ausgewiesen werden, sollte überlegt werden, ob nicht durch zusätzliche technische Maßnahmen mit einem geringeren Platzbedarf auszukommen ist.

Erhebliche Schwierigkeiten bereiten noch die wissenschaftlichen und methodischen Erfassungen des zukünftig notwendigen Flächenbedarfs für Vorranggebiete[22]).

---

[21]) Das über die engeren marktwirtschaftlichen Vorgänge hinausgehende allgemeine ordnungspolitische Problem der Einengung der Entscheidungsfreiheit der Bürger durch Planung stellt ein grundsätzliches Problem dar, das hier nicht zu behandeln ist.

[22]) Eine Möglichkeit zur Ermittlung der Verfügbarkeit der Freiflächen für verschiedene Nutzungen wäre die Flächenbilanzmethode, wie sie dargestellt wird bei A. STREMPLAT: Die Flächenbilanz als neues Hilfsmittel für die Regionalplanung, Gießen 1973. — Vgl. auch das ausführliche Verfahren für den Planungsablauf bei der Landschaftsplanung bei U. ROTH: Planung und Städtebau, 4. Aufl., Zürich 1973, S. 138 ff.

Die Entwicklung der gegenwärtigen Flächennutzung zeigt, daß die Landansprüche stärker wachsen als die Bevölkerungszahl, da eine Überproportionalität der Landnutzungsbedürfnisse besteht. „Das läßt sich für die direkte Nutzung an der Zunahme der Bebauungsfläche je Einwohner zeigen. Aber auch bei den Fällen indirekter Flächennutzung, z. B. durch Wasser- und Energieverbrauch oder Erholungssuche, liegt Überproportionalität vor. Damit würde die Landbeanspruchung auch bei Stagnation der Bevölkerungszahl zunehmen. Für die Landentwicklung besteht die Aufgabe, die zweckmäßige, wenn nicht optimale Verteilung der Landnutzungsformen herzustellen"[23]).

Zweckmäßig dürfte es sein, zunächst innerhalb der Teilräume und Regionen bzw. auf örtlicher Ebene für alle Freiflächen beanspruchende Nutzungen Flächen auszuweisen. Für den Flächenbedarf, der innerhalb eines Teilraumes nicht mit vertretbarem Aufwand gedeckt werden kann, ist gesamträumlich im Rahmen einer räumlich-funktionalen Arbeitsteilung ein Ausgleich zu suchen. Der Ausgleich könnte durch diejenigen Teilräume erbracht werden, die die besten natürlichen und standortmäßigen Voraussetzungen zur Deckung des Defizits besitzen. Dieses Verfahren hätte den Vorteil, daß zuerst innerhalb des engeren Teilraums eine Bereitstellung notwendiger Flächen versucht werden müßte und daß durch das dezentrale Vorgehen die Gefahr verringert wird, daß der Teilraum auf Kosten des Ganzen plant oder umgekehrt.

Diese Art der Vorgehensweise wäre für stark emittierende Unternehmen und Großflughäfen geeignet, da ihr Flächenbedarf in etwa noch zu ermitteln ist. Auch noch relativ einfach ist es, die Größe von Vorranggebieten für die Trinkwasserversorgung zu bestimmen. Die Größe des derzeitigen Verbrauchs ist meßbar und daher bekannt, die ungefähre Ergiebigkeit eines Gebietes läßt sich aus Erfahrungswerten ermitteln. Falls die Entwicklung des Verbrauchs in etwa abzuschätzen ist, läßt sich der erforderliche Umfang eines Vorranggebietes errechnen.

Um den Bedarf an Flächen für Erholungs- und Freizeitzwecke zu ermitteln, verfügen die Regionalplanung und auch Landesplanung bislang kaum über gesicherte Daten[24]). Verfahren zur Bedarfsermittlung müssen erst noch entwickelt werden[25]). Man ist daher darauf angewiesen, den Bedarf für Vorranggebiete zu schätzen und Vorranggebiete dort auszuweisen, wo bereits von selbst eine Art der räumlich-funktionalen Arbeitsteilung stattfindet und Vorranggebiete dort einzurichten, wo Gebiete für die Übernahme bestimmter Funktionen ganz besonders gute Voraussetzungen besitzen.

---

[23]) H. SPITZER: Die Entwicklung der Flächennutzung. In: Funktion und Nutzung des Freiraumes, Münster 1973, S. 120.
[24]) „Für eine solche Problemstellung sind die meisten der von der empirischen Sozialforschung zum Freizeitverhalten der Bevölkerung ermittelten Daten und Fakten (z. B. soziale Präferenzstruktur, Teilnehmerquoten usw.) nicht relevant. Sie sind brauchbar als Variablen in Erklärungsmodellen des Ist-Zustandes und in Entscheidungsmodellen für die kurz- bis mittelfristige Investitionsplanung. Als planerische Prämissen zur Sicherung der längerfristigen Flächenansprüche jedoch sind sie nicht zu akzeptieren". H. KIEMSTEDT und M. THOM: Überlegungen zur Flächenbilanzierung für die Naherholung. Diskussionsbeitrag für den Arbeitskreis „Ausgeglichene Funktionsräume" der Akademie für Raumforschung und Landesplanung, Berlin 1974.
[25]) Grundlagen für die Ermittlung des Flächenbedarfs von Freiraumnutzungen wurden in den folgenden beiden Abhandlungen erarbeitet: U. HÖPPING MOSTERIN: Die Ermittlung des Flächenbedarfs für verschiedene Typen von Erholungs-, Freizeit- und Naturschutzgebieten, Münster 1973; W. KÖHL: Standortgefüge und Flächenbedarf von Freizeitanlagen. In: Schriftenreihe des Instituts für Städtebau und Landesplanung der Universität Karlsruhe, Bd. 4, 2. Aufl. Karlsruhe 1974.

VIII. Wirkungen bezüglich einer Vorsorgeplanung

Die Festlegung von Vorranggebieten trägt grundsätzlich langfristige Züge; denn alle sonstigen Planungsmaßnahmen, insbesondere solche der Privaten, müssen sich darauf einstellen. Dauernde Veränderungen von Vorranggebieten sind deshalb kaum tragbar. Außerdem können bestimmte natürliche Eignungen eines Raumes, wenn sie erst einmal zerstört sind, nicht oder nur unter erheblichen Aufwendungen wieder hergestellt werden. Für manche Funktionen wird es in der Bundesrepublik Deutschland immer schwieriger, überhaupt noch geeignete Gebiete zu finden (z. B. für Großflughäfen oder stark emittierende Industrien). Und schließlich sind für die meisten Funktionen Reserveflächen bereitzuhalten, die bei zusätzlichem Bedarf, eventuell durch Flächenumwidmungen, herangezogen werden können. Es ist deshalb notwendig, vorsorglich Raum für Funktionen bereitzustellen, und zwar nicht nur für Engpaßfunktionen, sondern grundsätzlich für alle Funktionen. Vorranggebiete können als „vorsorgliche Vorranggebiete" diese Aufgabe übernehmen.

IX. Anpassungen aufgrund veränderter Zielsetzungen

Landesplanerische Pläne richten sich nach den jeweils übergeordneten Zielen der Raumordnungspolitik. Eine Änderung dieser Ziele kann daher auch eine Änderung raumordnerischer Pläne notwendig machen. Die Ziele, die in den Vorranggebieten konkretisiert werden, hängen von den Daten und Prognosen ab, die durch die Forschung für diese Bereiche bereitgestellt werden. Da sich die Forschung auf diesem Gebiet erst in einer Anfangsphase befindet, andererseits zum Schutz der bedrohten Ressourcen eine Ausweisung von Vorranggebieten dringend erscheint, ist im nachhinein durchaus damit zu rechnen, daß sich durch die nachträglichen Erfahrungen der Umfang der Vorranggebiete ändern kann.

Unsicherheit besteht sowohl über die notwendige Größe von Vorranggebieten als auch über die Art der Vorrangfunktionen selbst, die Änderungen unterworfen sein kann. So könnten durch neue agrarpolitische Ziele Vorranggebiete für die landwirtschaftliche Nutzung auszuweisen sein und sich daraus dann für bestimmte Bereiche neue oder andere vorrangige Nutzungen ergeben. Eine solche Entscheidung ist vor allem dann problematisch, wenn sich von privater und staatlicher Seite getätigte Investitionen durch eine derartige Entwicklung als Fehlinvestitionen erweisen. Das Problem der Schaffung von Vorranggebieten ist deshalb als zeitliches, dynamisches Problem zu sehen und zu lösen.

X. Sonstige mögliche Wirkungen

Räumliche Arbeitsteilung bedeutet räumliche Trennung und bedingt deshalb in der Regel Transportwege für die erzeugten Güter und Fahrtzeiten zur Wahrnehmung der vorrangigen Nutzungen. Grundsätzlich können die Raumüberwindungskosten und sonstigen Nachteile im Verhältnis zu den Vorteilen der Arbeitsteilung erheblich sein, wenn man z. B. an die Vor- und Nachteile städtischer Funktionsteilung (Trennung von Arbeiten, Wohnen, Einkaufen und Erholen) denkt. Da Vorranggebiete jedoch unter anderem durch größere zusammenhängende Freiraumflächen gekennzeichnet sind, liegt die Problematik hier anders. Die Frage der Wege wird von Fall zu Fall gesondert überprüft werden müssen.

Vorranggebiete können weiter zu Bevölkerungsverlagerungen führen. So können Vorranggebiete für die Erholung für ältere aus dem Arbeitsleben ausscheidende Menschen, die einen Altersruhesitz suchen, eine hohe Attraktivität erlangen. Die Folge wäre eine wie in einigen Erholungsgebieten schon zu beobachtende (z. B. in einzelnen Gebieten Oberbayerns) Zuwanderung, die zu einer „Kopflastigkeit" der Alterspyramide führt. Der Trend könnte noch verstärkt werden durch eine Abwanderung jüngerer Leute, denen die beruflichen Möglichkeiten in spezialisierten Vorranggebieten nicht ausreichen.

Besondere Problem können sich dort ergeben, wo zwei Vorranggebiete aneinanderstoßen. Hier besteht die Gefahr, daß negative Wirkungen, die durch die Schaffung von Vorranggebieten vermieden werden sollen, doch eintreten. Generell ließe sich diese Wirkungsproblematik durch die Einhaltung bestimmter Abstände lösen. De facto wird man die Schwierigkeiten wohl von Fall zu Fall gesondert lösen müssen.

Agrarproduktion in Erholungsgebieten

von

Günther Steffen und Hans-Rudolf Jürging, Bonn

I. Aufgabe der Arbeit

Die Arbeitsteilung im Bereich der Volkswirtschaft ist ein Gestaltungsprinzip, das mit zu einer sinnvollen Verwendung knapper Produktionsmittel beiträgt. Auch die Landwirtschaft macht sich bei der Flächennutzung und der Tierproduktion die Vorteile einer räumlich funktionalen Arbeitsteilung zunutze. Ebenso kommt es zu einer Arbeitsteilung zwischen Siedlungseinheiten verschiedener Größe und Gestaltung im Rahmen der zentralörtlichen Verflechtung. Mit dem Entstehen von Verdichtungsgebieten und dem Aufbau des Verkehrswesens erweitert sich eine örtlich begrenzte Arbeitsteilung zwischen verschiedenen Flächen auf überörtliche Dimensionen (2)*).

Speziell die *überörtliche Arbeitsteilung* soll hier weiter verfolgt werden, da sie die überregionalen Beziehungen zwischen Erholungs- und Wassereinzugsgebiete einerseits und die Wohngebiete in Ballungszentren andererseits anspricht. Im Landesentwicklungsplan III des Landes Nordrhein-Westfalen wird dieses Funktionsprinzip zur Grundlage der Gestaltung der Flächennutzung gemacht, und Vorranggebiete werden für die Freiraumstruktur, also für Erhol- und Wassereinzugsgebiete, festgelegt.

Die *Notwendigkeit* hierzu ergibt sich, weil der Lebens- und Erholungsraum in den Verdichtungsgebieten mit Fortschreiten des wirtschaftlichen Wachstums eine einschneidende Verringerung erfährt, die dazu führt, daß bestimmte Funktionen von einzelnen Standorten nicht mehr angeboten werden können. Ein überregionaler Funktionsaustausch ist notwendig, um die Bewohner von Verdichtungsgebieten zu versorgen.

Bei der Ermittlung der Freiraumflächen ergibt sich eine Reihe von *Fragen,* von denen folgende besondere Bedeutung besitzen:

1. Ermittlung der *Nachfrage* nach Freiräumen für Erholung unter Berücksichtigung einer unterschiedlichen Art der Erholung. In enger Verbindung damit steht das Erfassen der Angebotsmengen, die im Rahmen marktwirtschaftlicher oder planwirtschaftlicher Ordnung zur Bedürfnisbefriedigung benötigt werden.
2. Kriterien und Methoden für die *Abgrenzung* von Erholungs- und Wassereinzugsgebieten (19).
3. Positive und negative *Auswirkungen* auf die Entwicklung von Regionen mit Freiraumfunktionen.

Der Beitrag konzentriert sich auf den dritten Problemkreis. Er soll mit dazu beitragen, Vorstellungen darüber zu entwickeln, welche neuen Probleme sich aus einer landesplanerischen Funktionszuweisung für ländliche Räume ergeben, um daraus Ansatzpunkte für eine Raumgestaltung zu schaffen, die in bestimmten Bereichen vergleichbare Lebensbedingungen in Verdichtungs- und Verdünnungsgebieten schafft.

---
*) Die Zahlen in Klammern verweisen auf die Literatur am Schluß dieses Beitrages.

II. Durchführung der Arbeit

Um die Notwendigkeit des überörtlichen Funktionsausgleiches für die Erholung zwischen dünn- und dichtbesiedelten Räumen herauszustellen, wird zu Beginn die *Flächenbilanz* der landwirtschaftlichen Nutzfläche einiger Verdichtungsgebiete näher erläutert.

Die Kennzeichnung der Erholungsgebiete beginnt mit einer Darstellung der *Struktur* der wirtschaftlichen *Nutzung*. Sie verschafft einen Überblick über die Relation zwischen Wald, landwirtschaftlich genutzter Fläche sowie bebauten Flächen.

Zur Erklärung der Leistungsfähigkeit der flächengebundenen Agrarproduktion wird die *Bodenqualität* herangezogen. Mit Hilfe von Schätzfunktionen auf der Basis der Bodenklimazahl läßt sich die Ertragsfähigkeit berechnen, die ihrerseits die grobe Abgrenzung von Bodenwertklassen ermöglicht und ein Urteil darüber erlaubt, ob und in welchem Umfange Flächen mit hoher oder niedriger Leistungsfähigkeit als Erholungsgebiete ausgewiesen sind.

Parallel dazu erfolgt eine Darstellung der bisherigen Entwicklung der *Brachflächen*, die zur Aufrechterhaltung der Landschaft durch den Wald oder durch andere Nutzungsaktivitäten für die Erholung einer entsprechenden Bewirtschaftung zugeführt werden können oder müssen.

In einem weiteren Kapitel wird versucht, die *gesamtwirtschaftliche Situation* eines Raumes, der für Freiraumfunktionen vorgesehen ist, darzustellen. Bevölkerungsdichte, Bruttoinlandsprodukte und gesamtwirtschaftliche Interdependenzen dienen dabei als Beurteilungskriterien. Mit Hilfe von Merkmalen zur Kennzeichnung der natürlichen und wirtschaftlichen Leistungsfähigkeit wird versucht, zu beurteilen, wie die abgegrenzten Gebiete hinsichtlich ihres wirtschaftlichen Leistungsniveaus zu beurteilen sind.

In einem abschließenden Teil erfolgt danach eine Analyse der *Auswirkungen* der Zuweisung von Freiraumfunktionen auf die *Agrarproduktion*. Die verstärkt auftretenden Probleme des Immissionsschutzes in Erholgebieten werden dabei ebenso diskutiert wie die Beschränkungen, die sich für die Landbewirtschaftung in Wassereinzugsgebieten ergeben können. Maßnahmen zur Beseitigung von Einkommensnachteilen beschließen den Beitrag.

Die Analyse kann nicht für alle auf dem Entwurf des Landesentwicklungsplans III ausgewiesenen Freiraumflächen durchgeführt werden. Sie *beschränkt* sich auf die zusammenhängenden Erholgebiete des Bergischen Landes und des Sauerlandes. Die Betrachtung der Probleme, die durch Ausweisen von Wassereinzugsgebieten entstehen können, wird exemplarisch für Wassereinzugsgebiete behandelt. Die Darstellung ist nur als ein methodischer, beispielhafter Versuch der Behandlung von Problemen der Agrargebiete anzusehen, die als Freiräume ausgewiesen werden (Abb. 1). Auf eine sich anbietende Verbindung zwischen dem gebietsbezogenen Teil und den allgemeinen Ausführungen, die gebietsunabhängig sind, mußte verzichtet werden, da geeignete Daten für die Beurteilung der Freiräume im Bergischen Land nicht zur Verfügung standen.

Die kurze Beschreibung des Inhaltes läßt erkennen, daß die Analyse sehr *unvollkommen* ausfällt, da sie primär das Gebiet beschreibt, strukturelle Veränderungen der Flächennutzung aufzeigt und wirtschaftliche Auswirkungen aus einer Produktionsänderung von einer ausschließlichen Nahrungsmittelproduktion zu einer Kombination von Nahrungsmittelerzeugung und Umweltfunktionen wiedergibt.

Eine *exaktere* Analyse hätte eine quantitative Erfassung verschiedener Räume verlangt (4, 18). Dazu wäre ein umfassender Datenkranz notwendig gewesen, der bisher für

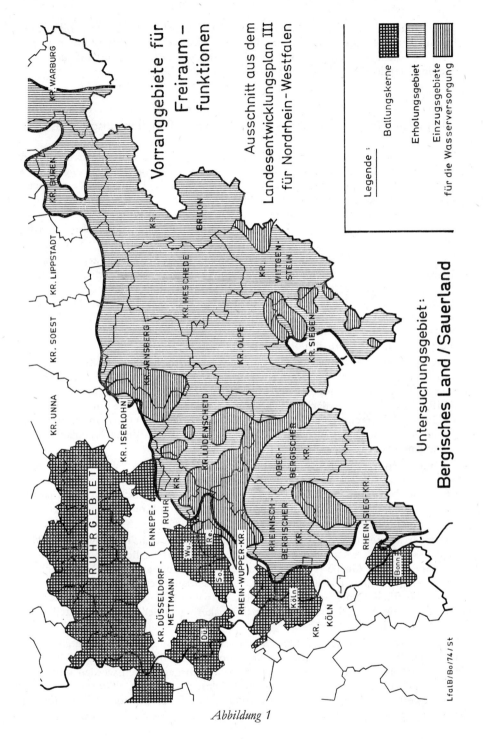

Abbildung 1

eine quantitative Betrachtung nicht verfügbar ist. Außerdem wäre es reizvoll gewesen, im Rahmen umfassender Modelle simultan verschiedene Erholgebiete unter Vorgabe bestimmter Nachfragewerte miteinander konkurrieren zu lassen, um auf diese Weise Größe und Standort verschiedener Erholungsräume zu bestimmen.

III. Die Notwendigkeit des überregionalen Funktionsausgleiches

Die Notwendigkeit des überörtlichen Funktionsausgleiches für die Erholung zwischen den dünn- und den dichtbesiedelten Räumen soll anhand der *Flächenveränderungen* einiger Verdichtungskreise näher erläutert werden. In Tab. 1 sind die Werte über die bisherige LN-Entwicklung und entsprechende Prognosewerte aufgeführt. Sie gelten einmal für Kreise des Ballungskernes (Stadt Düsseldorf und Köln) sowie für Randgebiete des Verdichtungsraumes (Kreis Düsseldorf-Mettmann, Grevenbroich, Rhein-Wupper-Kreis (25).

Es ist zu erkennen, daß z. B. im *Stadtgebiet* von Köln 1969 noch 28,6% der Wirtschaftsfläche landwirtschaftlich genutzt wurden. Gegenüber 1953 ist eine jährliche Abnahme von 0,88% festzustellen. Ähnliche Ergebnisse errechnen sich für die Stadt Düsseldorf. Gleichzeitig mit der landwirtschaftlichen Nutzfläche ist auch der Waldanteil zurückgegangen, also die Nutzungsarten, die außer der öffentlichen Parks die Freiräume gestalten. Zugenommen haben demgegenüber vor allem Gebäude- und Hofflächen sowie Verkehrsflächen, Friedhöfe und öffentliche Parkanlagen.

Unterstellt man eine jährliche Abnahme der landwirtschaftlichen Nutzfläche wie in der zurückliegenden Zeit bei Verwendung linearer Schätzfunktionen, so würde der Kölner Raum bei einer durchschnittlichen jährlichen Abnahme von 0,88% *1980* nur noch 19% der Wirtschaftsfläche als landwirtschaftliche Nutzfläche ausweisen. Für die Stadt Düsseldorf errechnet sich, daß bei einer Fortentwicklung nach dem linearen Trend 1980 nur noch 15% der Wirtschaftsfläche als landwirtschaftliche Nutzfläche zu bezeichnen sind (3).

Nicht ganz so stark ist die LN-Abnahme in den *Randgebieten* des Verdichtungsraumes. So hatte z. B. der Kreis Grevenbroich 1969 noch einen LN-Anteil von 73,6% der Wirtschaftsfläche. Im Vergleich zum Jahre 1953 ergibt das eine durchschnittliche jährliche Abnahme von 0,6%. Ähnliche Abnahmearten sind für den Kreis Düsseldorf, etwas geringere für den Rhein-Wupper-Kreis festzustellen.

Bei einer Fortsetzung der Entwicklung nach dem linearen Trend werden *1980* im Kreis Düsseldorf-Mettmann nur noch 48% der Wirtschaftsfläche landwirtschaftlich genutzt. Eine ähnliche Größe ergibt sich für den Rhein-Wupper-Kreis. Die jährliche Abnahme beträgt in diesen Kreisen etwa 0,6%. Insgesamt beträgt der Freiflächenanteil (landwirtschaftliche Nutzfläche, Waldfläche, Öd- und Unland sowie Gewässer) dann noch ca. 65% der Wirtschaftsfläche. Im Ballungskern geht der Freiflächenanteil von zur Zeit etwa 50% auf 30% zurück.

Die Ergebnisse zeigen, daß der Lebens- und Erholungsraum mit fortschreitendem wirtschaftlichem Wachstum eine starke Verringerung erfährt, die dazu führt, daß bestimmte Funktionen vom eingeengten Raum nicht mehr wahrgenommen werden können. Sie müssen zugekauft werden, wenn bestimmte Lebensansprüche erfüllt werden sollen. Die Prognosewerte lassen darüber hinaus befürchten, daß die Stadtlandschaft ihre Funktion als Lebensraum nicht mehr erfüllen kann.

Tabelle 1: *Bisherige Entwicklung und Prognose der landwirtschaftlichen Nutzfläche ausgewählter Gebiete in Ballungszentren*

Kreis	1953 LN in % der WF*)	1969 LN in % der WF	Prognose 1980 LN in % der WF	Trendfunktionstyp	Regressionskoeffizient*)	Absolutes Glied LN in % der WF	Prüfmaße B	Summe der Abweichungsquadr.
Kreisfreie Stadt Düsseldorf	30,83	17,35	7,54	linear	−0,8393	31,88	0,96	11,37
			15,04	s. logarithm.	−6,6069	37,29	0,93	18,83
Kreisfreie Stadt Köln	42,66	28,60	19,10	linear	−0,8810	44,65	0,9882	3,60
			27,14	s. logarithm.	−6,8143	50,08	0,9282	21,93
Kreis Düsseldorf-Mettmann	64,96	55,83	48,33	linear	−0,6244	66,94	0,98	3,01
			54,74	s. logarithm.	−4,6674	70,45	0,86	21,63
Kreis Grevenbroich	82,82	73,60	66,49	linear	−0,60	83,80	0,99	1,29
			71,84	s. logarithm.	−4,686	87,62	0,95	5,79
Rhein-Wupper-Kreis	60,17	53,59	47,20	linear	−0,55	63,18	0,90	13,12
			52,62	s. logarithm.	−3,96	65,96	0,73	35,87

*) Der Regressionskoeffizient gibt die geschätzte mittlere LN-Abnahme in v. H. der Wirtschaftsfläche/Jahr an.

IV. Struktur der Erholgebiete

1. Flächennutzungsstruktur

a) Wirtschaftsflächennutzung

Die erste Beschreibung des Raumes soll mit Hilfe der *Wirtschaftsflächennutzung* gegeben werden. Sie gibt gleichzeitig darüber Auskunft, in welchem Umfange der Wald als sehr wichtiger Träger von Erholfunktionen innerhalb des Raumes anzutreffen ist. Darüber hinaus sind die Gewässer mit angeführt, die zunehmend zum Kristallisationskern von Erholgebieten werden. Die Datenkennwerte sind in Tab. 2 für 1972 wiedergegeben (25, 27).

Es ist zu erkennen, daß das Bergische Land 1972 einen *Waldanteil* von 31% der Wirtschaftsfläche ausweist. Darüber hinaus sind 4124 ha Wasserflächen vorhanden. Noch höher ist der Waldanteil im Sauerland mit ca. 55% der Wirtschaftsfläche. Größer im Vergleich zum Bergischen Land sind absolut die Wasserflächen, die 6799 ha = 1,3% der Wirtschaftsfläche einnehmen.

Detailliertere Auskünfte ergibt eine Darstellung der *Kreisergebnisse*. Die Interpretation der Daten soll mit Hilfe der Rangfolge bestimmter Kriterien erfolgen, die für die Beurteilung der Kreise im Hinblick auf die Übernahme von Erholfunktionen maßgeblich sind.

Wählt man den *Waldanteil* der Wirtschaftsfläche als Kriterium, so zeigt sich, daß der Kreis Wittgenstein mit 64% an der Spitze steht, gefolgt von den Kreisen Siegen, Arnsberg, Olpe, Meschede und Brilon, deren Waldanteil über 50% der Wirtschaftsfläche liegt. In die Gruppe zwischen 40 und 50% Waldanteil ist der Oberbergische Kreis und der Kreis Lüdenscheid einzuordnen. Einen Waldanteil von nur 20—30% weisen der Rhein-Wupper- und der Sieg-Kreis aus.

Der Anteil der *Gewässer* an der Wirtschaftsfläche erreicht im Rhein-Wupper-Kreis, im Ennepe-Ruhr-Kreis und im Kreis Iserlohn mit 2—3% den höchsten Wert. Die Antipoden dazu bilden die Kreise Wittgenstein, Brilon und Siegen, in denen die Gewässer nur 0,5—0,7% der Wirtschaftsfläche in Anspruch nehmen.

b) Umfang und Struktur der landwirtschaftlichen Nutzfläche

Der Umfang der *verfügbaren landwirtschaftlichen Nutzfläche* gibt erste Informationen darüber, in welchem Umfange die Landwirtschaft mit ihren Flächen zur Erholung und zur Umwelterhaltung beitragen kann. In Tab. 3 sind Analyse- und Prognosewerte der LN-Entwicklung für ausgewählte Kreise des Bergischen Landes und des Sauerlandes dargestellt. Zum Vergleich sind Werte des Kreises Grevenbroich — Kreis aus dem Verdichtungsgebiet — mit aufgeführt.

Als *Ergebnis* für das *Bergische Land* ist festzuhalten, daß hier der LN-Anteil von der Wirtschaftsfläche in einer Größenordnung von 50% liegt; eine Prognose bis 1980 ergibt bei linearem Trend, daß nur mit einer jährlichen Abnahme von ca. 0,3—0,6% zu rechnen ist.

Tabelle 2: *Struktur der Wirtschaftsflächennutzung in den Kreisen des Bergischen Landes und im Sauerland (1972)*

Kreis		WF insgesamt 1	Wald 2	Moor 3	Ödland 4	Gewässer 5	LN 6	Sonstige WF 7
Rhein-Wupper	abs.	34 587	7 310	70	281	852	17 805	8 269
	in v.H.	100	21,14	0,20	0,81	2,46	51,48	19,74
Rhein.-Berg.	abs.	62 367	20 250	52	33	636	28 361	12 135
Land	in v.H.	100	32,47	0,08	1,50	1,02	45,47	19,46
Rhein-Sieg-Kreis	abs.	113 403	228 863	51	1 502	1 523	62 886	39 578
	in v.H.	100	24,57	0,04	1,32	1,34	55,45	17,26
Ennepe-Ruhr-	abs.	38 268	12 094	12	1 195	804	16 687	7 476
Kreis	in v.H.	100	31,60	0,03	3,12	2,10	43,61	19,54
Iserlohn	abs.	32 254	10 243	8	707	332	14 351	6 613
	in v.H.	100	31,76	0,02	2,19	1,03	44,49	20,50
Bergisches 1969	abs.	280 879	77 760	193	4 618	4 147	140 090	54 071
Land	in v.H.	100	27,68	0,07	1,64	1,48	49,88	19,25
insgesamt 1972	abs.	252 432	77 349	173	4 124	4 124	123 895	42 767
	in v.H.	100	30,64	0,07	1,63	1,63	49,08	16,94
Oberbergischer	abs.	58 044	24 328	13	1 520	542	23 285	8 356
Kreis	in v.H.	100	41,91	0,02	2,62	0,93	40,12	14,40
Lüdenscheid	abs.	64 168	31 145	18	963	1 138	21 940	8 964
	in v.H.	100	48,54	0,03	1,50	1,77	34,19	13,97
Arnsberg	abs.	70 780	42 689	11	768	802	20 508	6 002
	in v.H.	100	60,31	0,02	1,09	1,13	28,97	8,48
Brilon	abs.	79 628	41 433	138	1 460	566	29 373	6 658
	in v.H.	100	52,03	0,17	1,83	0,71	36,89	8,36
Meschede	abs.	65 643	34 893	55	575	672	23 772	5 676
	in v.H.	100	53,16	0,08	0,88	1,02	36,21	8,66
Olpe	abs.	73 673	42 832	22	650	1 314	21 193	7 662
	in v.H.	100	58,14	0,03	0,88	1,78	28,77	10,40
Siegen	abs.	64 760	40 481	9	659	383	10 041	13 187
	in v.H.	100	62,51	0,01	1,02	0,59	15,50	20,36
Wittgenstein	abs.	49 636	31 857	31	583	223	12 865	4 077
	in v.H.	100	64,18	0,06	1,17	0,45	25,92	8,21
Sauerland 1969	abs.	527 332	289 658	297	7 178	5 640	162 977	60 582
	in v.H.	100	55,03	0,06	1,36	1,07	30,96	11,51
insgesamt 1972	abs.	525 488	287 962	464	12 408	6 799	176 516	49 760
	in v.H.	100	54,80	0,09	2,36	1,29	33,59	9,47

Tabelle 3: *Analyse und Prognose der LN-Entwicklung in ausgewählten Kreisen des Bergischen Landes und Sauerlandes*

Kreis	Anf.-Jahr 1953 in % d. WF	End-Jahr 1969 in % d. WF	Prognose-Jahr 1980 in % d. WF	Trendfunktionstyp	Regressions-Koeffizient*)	Absolutes Glied	Prüfmaße	Summe der Abweichungsquadrate
Rhein-Wupper-Kreis	60,17	53,59	47,20	linear	−0,5509	63,18	0,8999	13,12
	60,17	53,59	52,62	logarithm.	−3,9603	65,96	0,7302	35,37
Rhein.-Bergischer Kreis	51,37	47,47	44,78	linear	−0,2712	52,65	0,8978	3,25
	51,37	47,47	47,47	logarithm.	−1,9370	53,99	0,7192	8,94
Ennepe-Ruhr-Kreis	53,68	46,21	40,60	linear	−0,4833	54,61	0,9883	1,07
	53,68	46,21	45,02	logarithm.	−3,7283	57,57	0,9234	7,04
Meschede	41,15	37,16	33,80	linear	−0,2739	41,74	0,9841	0,47
	41,15	37,16	36,29	logarithm.	−2,1264	43,45	0,9310	2,05
Arnsberg	32,83	29,98	28,21	linear	−0,1674	33,07	0,9660	0,38
	32,83	29,98	29,72	logarithm.	−1,3102	34,13	0,9295	0,79
Siegen	25,05	22,85	20,93	linear	−0,1603	25,58	0,9782	0,22
	25,05	22,85	22,42	logarithm.	−1,2222	26,53	0,8931	1,09
Grevenbroich	82,82	73,60	66,49	linear	−0,5969	83,80	0,99	1,29
	82,82	73,60	71,84	logarithm.	−4,6858	87,62	0,96	5,79

*) Der Regressionskoeffizient gibt die geschätzte mittlere LN-Abnahme in v. H. der Wirtschaftsfläche/Jahr an.

Auf Grund des höheren Waldanteils ist der LN-Anteil im *Sauerland* sehr viel niedriger. Er erreicht eine Größenordnung von 20—35%. Die geringere Siedlungs- und Industriedichte bringt es mit sich, daß die jährliche Abnahme der Flächen ebenfalls geringere Ausmaße erreicht. Die Prognosewerte liegen in einer Größenordnung von 0,2 bis max. 2%/Jahr, abhängig von der eingesetzten Schätzfunktion.

Zusammenfassend kann festgestellt werden, daß zwar auch in den Verdünnungsgebieten eine Abnahme der LN festzustellen ist. Sie dürfte jedoch nicht so gravierend sein, daß die Entwicklung der Agrarproduktion und die Bereitstellung von Funktionen für die Umwelt davon entscheidend beeinträchtigt werden dürften.

Für die Kennzeichnung der Agrarproduktion innerhalb des Erholgebietes dient das *Nutzflächenverhältnis*, das die Struktur der Produktion kennzeichnet. Darüber hinaus müssen diese Werte mit zur Kennzeichnung des Erholgebietes herangezogen werden, da möglicherweise der Erholungswert einer monotonen Getreidefläche anders zu beurteilen ist als der von in kopiertem Gelände gelegenen Grünlandflächen. Außerdem erlaubt die Produktionsstruktur einen Rückschluß auf die derzeitige Verwertung der LN und auf den eventuellen Anfall von Brachflächen in der Zukunft.

Die Struktur der LN-Nutzung, die nicht gesondert tabellarisch erfaßt wurde, zeigt folgendes Ergebnis. Das beschriebene Erholgebiet ist durch einen *Ackeranteil* von nur 35—40% gekennzeichnet. Die Grünlandnutzung dominiert. In detaillierten Analysen muß festgestellt werden, in welchem Umfange die verschiedenen Nutzungsformen neben der Erholfunktion zur Regelung des Wasserhaushaltes und zur Regeneration der Luft beitragen.

Ordnet man nach dem *Grünlandanteil,* der ebenfalls Informationen über die Ertragsfähigkeit gibt, so zeigt sich, daß im Bergischen Land der Rheinisch-Bergische Kreis ca. 70%, der Ennepe-Ruhr-Kreis ca. 60% und die übrigen Kreise ca. 40—50% Grünland besitzen. Dagegen treten im Sauerland höhere Grünlandanteile auf, die im Oberbergischen Kreis 80%, in Lüdenscheid und Wittgenstein ca. 70% ausmachen und in den übrigen Kreisen von 50—60% schwanken. Auf Grund der Bewirtschaftungsschwierigkeiten dieser Flächen ist zu vermuten, daß in diesen Gebieten der Brachflächenanfall besonders groß sein dürfte. Hinzu kommt, daß in diesen Kreisen eine hohe Industriedichte mit guten außerlandwirtschaftlichen Erwerbsmöglichkeiten besteht. Der Sog durch einkommensstarke Industrietätigkeit hat, wie es im Kreis Siegen sehr deutlich zu sehen ist, den stärksten Einfluß auf den Brachflächenanfall.

c) Ertragsfähigkeit der landwirtschaftlichen Nutzfläche

Nach dieser groben Analyse der Nutzungsstruktur soll jetzt eine detailliertere Betrachtung der *Leistungsfähigkeit der Nutzfläche* folgen. Angaben über die Bodenqualität sind für den Fall notwendig, daß die Übernahme von Erholfunktionen durch Übergang von der ausschließlich landwirtschaftlichen zur kombinierten Nutzung erfolgt. Es stellt sich dann die Frage, in welchem Umfange *gute oder schlechte* Böden in den ausgewiesenen

Erholgebieten anzutreffen sind. Als Maßstab für die natürliche Leistungsfähigkeit der landwirtschaftlichen Nutzfläche kann die Bodenklimazahl (BKZ) angesehen werden, deren Grunddaten aus der Bodenschätzung stammen.

Für die Analyse sind die *BKZ der Gemeinden,* die innerhalb des abgegrenzten Erholgebietes Bergisches Land und Sauerland liegen, aus der Statistik entnommen und mit den Nutzflächen in Verbindung gebracht, die in den Gemeinden anzutreffen sind. Zusätzlich wurden zur Kennzeichnung der Ertragsfähigkeit der Ackerfläche mit Hilfe von Schätzfunktionen die Getreideerträge der verschiedenen Gemeinden ermittelt. Nach dem Bilden verschiedener BKZ-Klassen läßt sich ein grober *Überblick* über die Verteilung der landwirtschaftlichen Nutzfläche mit verschiedener Bodenqualität erarbeiten.

In Tab. 4 sind die genannten Angaben für das Bergische Land, das Sauerland sowie als Vergleichsgröße Werte des Kreises Bergheim, einem intensiven Ackerbaukreis, aufgeführt (25).

Es zeigt sich, daß das *Bergische Land* keine landwirtschaftlichen Nutzflächen unter einer BKZ von 30 besitzt. Der größte Anteil der Flächen liegt innerhalb der BKZ-Klassen von 30—60, auf denen Getreideerträge von 30—35 dz/ha erreicht werden können. Lediglich ein sehr kleiner Anteil der Nutzfläche ist mit 70—80 BKZ-Punkten ausgezeichnet.

Ein gänzlich anderes Bild ergibt sich für das *Sauerland.* Hier sind etwa 28% der LN mit Böden minderer Qualität mit BKZ bis zu 30 ausgestattet. Hinzu kommt, daß die Gruppe 30—40 BKZ 60% der Nutzfläche ausmacht. Orientiert man sich am Getreideertrag, so sind in diesem Raum 30 dz/ha und mehr nur auf 11% der Fläche zu erreichen.

Die hohe landwirtschaftliche Leistungsfähigkeit der Böden des Kreises *Bergheim,* die zum Vergleich mit aufgenommen wurde, kommt darin zum Ausdruck, daß hier nahezu 90% der LN den BKZ-Klassen 70 und mehr angehören. Im Kreisdurchschnitt werden dort Getreideerträge von 40—45 dz/ha erreicht.

Zusammenfassend läßt sich feststellen, daß im ausgewiesenen Erholungsgebiet Bergisches Land, Sauerland ca. 80% der Nutzfläche Böden niedriger Qualität ausmachen, so daß für den Fall der Aufforstung oder einer Produktionsbeschränkung nur ein geringer Anteil sehr hochwertiger Böden davon betroffen wird. Die Angebotsverminderung durch das Ausweisen von Erholungsgebieten ist infolgedessen relativ klein.

Mit Hilfe der Angaben über die Ertragsfähigkeit der landwirtschaftlichen Nutzflächen in den Erholgebieten kann auch eine *zweite Aussage* gemacht werden. Da für die Beurteilung der Erholfunktionen die Art der zukünftigen Nutzung von großer Bedeutung ist, muß geprüft werden, ob und in welchem Umfange innerhalb des ausgewiesenen Raumes *Grenzböden* vorhanden sind oder anfallen, die schon jetzt oder im Laufe der Entwicklung für die Agrarproduktion nicht mehr wirtschaftlich genutzt werden können.

Zweifellos kann man Grenzböden nicht allein auf Grund ihrer *natürlichen* Leistungsfähigkeit, die entscheidend die Produktionskosten beeinflußt, abschätzen. Eine simultane Betrachtung natürlicher und wirtschaftlicher Standortmerkmale ist dazu erforderlich (7). Trotzdem erscheint es für eine grobe Betrachtung vertretbar, erste Anhaltspunkte über den möglichen Umfang an nichtlandwirtschaftlich genutzten Flächen mit Hilfe der BKZ-Werte zu schaffen.

Tabelle 4: Die Ertragsfähigkeit der landwirtschaftlichen Nutzflächen im Bergischen Land und im Sauerland

BKZ-Klassen	Bergisches Land			Sauerland			Erholungsgebiet insg.			Kreis Bergheim		
	% LN	ha abs.	dz Getreide/ha*)	% LN	ha abs.	dz Getreide/ha	% LN	ha abs.	dz Getreide/ha	% LN	ha abs.	dz Getreide/ha
LN insgesamt	100	77 424	—	100	174 411	—	100	251 835	—	100	24 162	—
>20	—	—	—	1,8	3 139	23,78	1,2	3 139	24,42	—	—	—
20—29	—	—	—	26,7	46 568	26,30	18,5	46 568	27,01	—	—	—
30—39	24,4	18 891	30,33	60,0	104 647	28,81	49,0	123 455	29,51	—	—	—
40—49	65,6	50 790	32,98	11,2	19 534	31,23	27,9	70 312	32,18	—	—	—
50—59	10,0	7 742	35,63	0,3	523	33,85	3,3	8 311	34,78	5,62	1 358	37,20
60—69	—	—	—	—	—	—	—	—	—	6,15	1 486	39,31
70—79	0,05	39	40,94	—	—	—	0,02	50	40,83	51,78	12 511	41,84
<79	—	—	—	—	—	—	—	—	—	36,45	8 807	44,78

*) Arithmetisches Mittel aus Roggen-, Gerste- und Haferertträgen
Berechnung der einzelnen Erträge nach folgenden Funktionen:

Roggenertrag: $Y_1 = 0{,}269 \times BKZ + 18{,}79 \times C_1$ (Korrekturfaktor)
$Y_2 = 0{,}262 \times BKZ + 26{,}79 \times C_2$
$Y_3 = 0{,}269 \times BKZ + 18{,}93 \times C_3$

d) Brachflächen

Im Zuge der strukturellen Entwicklung im Bereich der Landwirtschaft kommt es zu einem steigenden Anfall an *Brachflächen,* deren Bewirtschaftung aus ökonomischen und soziologischen Gründen aufgegeben wird. Diese LN-Abnahme kann agrarpolitisch erwünscht sein, wenn eine Verringerung des Angebotes angestrebt wird. Geht man jedoch davon aus, daß eine bestimmte Selbstversorgung mit Lebensmitteln zu niedrigsten Kosten beibehalten werden soll, so müssen leistungsfähige Standorte in der Produktion bleiben oder Brachflächen müssen so bewirtschaftet werden, daß sie schnell wieder in Kultur genommen werden können.

In Gebieten mit besonderer Bedeutung für Erholfunktionen können steigende Brachflächenanteile allerdings zu einer Zerstörung des Landschaftsbildes führen und somit die Erholfunktion beeinträchtigen. Im Landschaftsgesetz des Landes NRW ist festgelegt, daß der Landschaftsplan eine Zweckbestimmung für die Brachflächen enthält (24).

Um eine Vorstellung über die bisherige *Entwicklung* und den *Umfang der Brachflächen* zu erhalten, sind in Tab. 5 entsprechende Werte für das Bergische Land und das Sauerland ausgewiesen (25, 27). Leider sind die Werte auf Grund von Änderungen in der *Statistik* nicht voll vergleichbar. So gelten die Werte für das Jahr 1965 und 1968 für nicht genutztes Grünland und Ackerland, 1971 und 1973 dagegen für nicht genutzte landwirtschaftliche Flächen. Sozialbrachen aus Ackerland, Gartenland, Obstbauanlagen und Dauergrünland sind hierunter zu verstehen.

Interpretiert man die Tabelle, so kommt man zu dem Ergebnis, daß die Brachflächen im *Bergischen Land* von 1965—1973 von 1 568 ha auf 4 114 ha angestiegen sind. Der Anteil an der landwirtschaftlichen Nutzfläche beträgt 1973 etwa 2—5%. Von der Wirtschaftsfläche sind 1,45% als Brachfläche zu bezeichnen. Im Laufe der 8 Jahre hat die Brachfläche je Jahr um 318 ha = 0,25% zugenommen.

Sehr viel höher liegen die Werte im *Sauerland.* Ca. 5 351 ha Brachfläche im Jahre 1965 stehen 11 070 ha im Jahre 1971 gegenüber. Der Anteil der Nutzfläche, der brachliegt, beträgt am Ende dieser Zeitreihe 6,4%. Die jährliche Veränderung erreicht einen Wert von 714 ha = 0,4% je Jahr.

Die Entwicklung der Brachflächen von 1971 bis 1973 im rechten Teil der Tabelle zeigt, daß in *Olpe und Lüdenscheid* ein Rückgang der Brachflächen eingetreten ist, der auf Aufforstung und außerlandwirtschaftliche Inanspruchnahme der Brachflächen zurückzuführen ist. Einen bedenklichen Umfang nehmen die Brachflächen mit 30,6% der LN im Kreis Siegen ein, der wirtschaftlich stark entwickelt ist.

Vergleicht man die mit Hilfe der BKZ-Werte abgeschätzten *potentiellen Grenzböden* mit den bisher vorhandenen Brachflächen, so zeigt sich, daß im *Bergischen Land* bei einer BKZ-Grenze für Grenzböden von 40 von den errechneten 18 000 ha erst 4 600 ha = 25% als Brachland vorliegen. Geht man in einer Trendprognose davon aus, daß die bisherigen durchschnittlichen jährlichen Veränderungen von 450 ha je Jahr auch in Zukunft bestehen bleiben, so sind in etwa 10 Jahren 9 000 ha = 12% der gesamten landwirtschaftlichen Nutzfläche als Brachfläche anzusprechen.

Ähnliche Überlegungen kann man für das *Sauerland* anstellen. Die z. Z. vorhandenen 11 000 ha Brachfläche nehmen von den potentiellen Grenzböden 7,1% ein. Geht man auch hier davon aus, daß die jährlichen Veränderungen von ca. 700 ha bestehen bleiben, so sind nach 10 Jahren 10% der Nutzfläche im Durchschnitt als Brachland vorhanden. Für den Kreis Siegen ergibt die Vorschätzung für 1983 50% Brachfläche an der LN.

Tabelle 5: Entwicklung von Brachflächen im Bergischen Land und im Sauerland von 1965—1973

Kreis	Brachflächen ha				Brachflächen in v.H. der LN*)				d.WF 1973	Veränderung/Jahr der Brachflächen			
	1965	1968	1971	1973	1965	1968	1971	1973		∅ 1965—1973 abs.	i.v.H. d.LN	∅ 1971—1973 abs.	in v.H. der LN
1. Rhein-Wupper-Kreis	248	316	715	958	1,3	1,7	3,8	5,15	2,76	88,75	0,47	121,5	0,65
2. Rhein.-Bergischer Kreis	169	207	422	442	0,6	0,7	1,5	1,56	0,70	34,13	0,11	11	—
3. Siegkreis**)	417	476	1 417	1 418	1,0	1,1	2,2	2,21	1,21	125,13	0,29	0,5	—
4. Ennepe-Ruhr-Kreis	517	585	645	710	2,7	3,1	3,7	4,07	1,86	24,13	0,12	32,5	0,19
5. Iserlohn	217	245	508	586	1,4	1,6	3,4	4,14	1,81	46,13	0,29	39	0,26
6. Oberberg. Kreis	461	702	925	991	1,8	2,9	3,8	4,15	1,75	66,25	0,27	33	0,14
7. Lüdenscheid***)	695	851	2 114	1 359	3,1	3,8	8,8	5,85	2,12	83,0	0,37	—377,5	—1,6
8. Arnsberg	314	262	477	465	1,4	1,2	2,3	2,24	0,65	18,88	0,09	—6	—
9. Brilon	433	557	1 105	1 314	1,4	1,8	3,6	4,29	1,69	110,13	0,35	104,5	0,34
10. Meschede	640	632	792	825	2,2	2,2	3,2	3,34	1,22	23,13	0,08	16,5	—
11. Olpe	577	703	1 409	1 211	2,9	3,6	6,2	5,40	1,64	79,25	0,39	—99	—0,44
12. Siegen	1 925	2 256	3 648	4 319	13,2	15,2	25,2	30,60	6,67	299,25	2,04	335,5	2,3
13. Wittgenstein	306	361	525	586	2,2	2,6	3,9	4,39	1,05	35,0	0,26	30,5	0,23
Berg. Land	1 568	1 829	3 707	4 114	1,9	1,7	2,7	2,9	1,45	318,3	0,25	204,5	0,1
Sauerland	5 351	6 324	10 995	11 070	3,2	4,7	6,7	6,4	2,07	714,88	0,40	37,5	0,02
insgesamt	6 919	8 153	14 702	15 184	2,6	3,2	4,6	4,8	1,85	1033,1	0,34	242,0	0,05

*) LN 1970/71 = LF (landw. genutzte Flächen) + nicht mehr genutzte landw. Flächen
**) Ab 1970 Rhein-Sieg-Kreis.
***) Bis 1970 Kreis Altena ohne kreisfr. Stadt Lüdenscheid.

Die Grobanalyse macht *deutlich,* daß die bisher landwirtschaftlich genutzten Flächen langfristig zu einem *Teil* von der Agrarproduktion wirtschaftlich genutzt werden können. Ein hoher Anteil wird als Brachfläche anfallen, die durch gezielte Bewirtschaftungsmaßnahmen für die Erholung nutzbar gemacht werden müssen (6).

Die *Verwendung* von Brachflächen *für Freizeit und Erholung* sowie Wassereinzugsgebiete ist eine mögliche *Nutzungsform,* deren Flächenanspruch leider nicht zu hoch liegt. Strittig ist, ob Brachflächen sich ohne zusätzliche Aufwendungen für die Erholung verwenden lassen. In regionalen Nachfrageanalysen muß geklärt werden, ob und in welchem Umfange diese Flächen für Erholfunktionen und Wassereinzug brauchbar sind.

Positiver hinsichtlich der LN-Inanspruchnahme von Brachflächen ist der *Wald* zu werten. Dadurch, daß er landwirtschaftliche Grenzböden nutzt und gleichzeitig Erholflächen schaffen kann, bietet er sich besonders als Flächennutzer an. Nachteilig sind die relativ hohen Aufforstungskosten und die Tatsache, daß auch der Waldanteil aus ökologischen Gründen einen bestimmten Wert nicht überschreiten sollte.

Für die Beurteilung von strukturpolitischen Maßnahmen erscheint es notwendig, abzuschätzen, welche *Formen der Landschaftspflege* aus der Sicht der Volkswirtschaft und des Einzelunternehmens sinnvoll sind. Für den Fall, daß bestimmte Nutzungsformen der Flächennutzung für Erholung nur mit öffentlichen Mitteln zu betreiben sind, stellt sich die Frage nach den Verfahren, die unter Minimierung von Subventionen empfehlenswert werden. In derartige Betrachtungen muß die bisherige Landbewirtschaftung eingeschlossen werden, da sie möglicherweise billiger die Flächen für Erholung pflegen kann, als dies durch sehr hohe Waldanteile und staatliche Landschaftspfleger möglich ist.

In detaillierten *Planungen* ist zu klären, welche Formen der Landschaftspflege, zu denen die Aufforstung und die konventionelle Landbewirtschaftung mit Subventionen ebenso zählen wie extensive Formen der Offenhaltung von Flächen, mit dem geringsten Aufwand an öffentlichen Mitteln vertretbar sind (7).

Ein *Vergleich* der unterschiedlichen Bodenverfügbarkeit in den Verdichtungs- und Verdünnungsgebieten, insbesondere für die Agrarproduktion, legt es nahe, durch *strukturpolitische Maßnahmen* den Eigentümern von Flächen in Verdichtungsgebieten, die durch die Bebauung verlorengehen, entsprechende Areale in den reinen Agrargebieten anzubieten.

Die *Durchführung* einer solchen Maßnahme wird jedoch außerordentlich erschwert dadurch, daß die Nachfrage nach Grünlandflächen auf Grund der geringen Grenzproduktivität relativ niedrig liegt. Hinzu kommt die notwendige Umstellung eines Landwirtes, der bisher schwerpunktmäßig Ackerbau betrieben hat, auf die Viehhaltung. Aus diesem Grunde kann man u. E. von der Durchführung derartiger Maßnahmen — von den rechtlichen und institutionellen Schwierigkeiten einmal abgesehen — keine sehr große Wirkung erwarten.

2. Gesamtwirtschaftliche Situation

Für die Darstellung der wirtschaftlichen Entwicklungsmöglichkeiten ist es zunächst einmal notwendig, die *bisherige Entwicklung* und den *derzeitigen Stand* zu kennzeichnen. Darauf aufbauend sind dann Überlegungen darüber anzustellen, inwieweit es durch die regionale Arbeitsteilung zu einer Verbesserung oder Verschlechterung der Wirtschaftssituation in den Verdünnungsgebieten, die Erholfunktionen für die Verdichtungsgebiete übernehmen, kommt.

Diese Frage stellt sich besonders dann, wenn schon in der Ausgangssituation beachtliche *Unterschiede* in der wirtschaftlichen Leistungsfähigkeit bestehen, die ein mögliches wirtschaftliches Ziel — gleiches Einkommenswachstum oder gleiches Einkommensniveau — sehr schwer erreichen lassen.

Eine grobe *Kennzeichnung* der wirtschaftlichen Entwicklung des Erholungsgebietes Bergisches Land — Sauerland kann mit Hilfe der in Tab. 6 aufgeführten Kennwerte durchgeführt werden. Leider stammen die neuesten Werte aus dem Jahre 1972, so daß eine entsprechende Vorsicht bei der Interpretation des derzeitigen Standes notwendig ist (26).

Für das *Bergische Land* ergibt sich, daß dieser Raum eine Zunahme in der *Bevölkerungsdichte* aufweist, die doppelt so hoch ist wie im Sauerland. Genau umgekehrt ist die Veränderungsrate bei den Wohnungen. Hier weist das *Sauerland* höhere Zuwachsraten auf. Auffallend ist in beiden Gebieten die Abnahme des Anteils der in der Industrie beschäftigten Menschen. Auf Grund einer Erhöhung der Arbeitsproduktivität steigt jedoch in beiden Gebieten das Bruttoinlandsprodukt je Einw. an, wobei allerdings die Zuwachsraten im Sauerland etwas höher sind als im Bergischen Land.

Bei der Interpretation dieser Durchschnittswerte für das Aggregat mehrerer Kreise ist zu berücksichtigen, daß alle Kennwerte eine beachtliche *Varianz* in den *einzelnen Kreisen* aufweisen. So ist von 1963—1972 z. B. die Zunahme in der Besiedlungsdichte im Rhein-Wupper-Kreis mit 179 Einwohnern/km² besonders hoch, im Ennepe-Ruhr-Kreis dagegen mit 38 Einwohnern/km² am niedrigsten. Ähnliche Unterschiede ergeben sich für das Sauerland. Während die Bevölkerungsdichte in fast allen Kreisen stagniert, weist der Kreis Siegen eine enorme Zuwachsrate auf. Zu bemerken ist außerdem, daß hier Minimalwert und Maximalwert sehr viel weiter voneinander entfernt liegen.

Der Rückgang der *Industriebeschäftigten/1000 Einw.* ist im Rhein-Wupper- und Ennepe-Ruhr-Kreis am größten.

Die höchste Zunahme im *Bruttoinlandsprodukt* je Einwohner von 1963—1972 bildet der Rheinisch-Bergische Kreis im Bergischen Land mit 4455 DM und 1306 DM im Rhein-Sieg-Kreis. Im Sauerland weisen speziell das Wittgensteiner Land und der Kreis Brilon mit ca. 3700 DM Bruttoinlandsproduktzuwachs je Einw. den niedrigsten Wert, die Kreise Siegen und Lüdenscheid mit 6700—6800 DM den höchsten Wert auf.

Vergleicht man diese Werte mit den Koeffizienten von *Verdichtungsgebieten,* so zeigt sich, daß dort die Zunahme in der Bevölkerungsdichte niedriger liegt. Die Zahl der Wohnungen je Einw. steigt dagegen stärker. Das Bruttoinlandsprodukt je Einw. orientiert sich an den Zuwachsraten der wirtschaftlich stärker entwickelten Kreise der Erholgebiete. Niedrigstwerte, wie sie in den Erholungsgebieten erreicht werden, sind in den Verdichtungsgebieten nicht festzustellen.

Diese *Grobanalyse* läßt erkennen, daß innerhalb des umrissenen Erholungsgebietes ein großer Teil des Raumes eine hohe wirtschaftliche Leistungsfähigkeit besitzt, die sich von der der klassischen Verdichtungsgebiete kaum unterscheidet (8, 15).

Tabelle 6: *Die wirtschaftliche Entwicklung in den Kreisen des Bergischen Landes und des Sauerlandes von 1963—1972*

Kreis	Jahr	Bev.-Dichte Einw./km²	Wohnungen 1000 Einw.	Industrie-Beschäft./ 1000 Einw.	BIP/ Einw. DM	Gemeindesteuern DM/Einw.
Rhein-Wupper-Kreis	63	527	318,3	177	5 514	175
	68	657	381,0	145	6 400	232
	72	706	347,3	132	9 150	332
Rheinisch-Bergischer Kreis	63	359	285,1	124	4 535	155
	68	429	314,0	102	6 220	194
	72	464	338,6	94	8 990	302
Siegkreis	63	296	314,0	162	4 959	169
	68	350	330,0	140	6 060	225
	72	357	330,7	97	8 020	289
Ennepe-Ruhr-Kreis	63	629	316,6	234	6 181	199
	68	666	349,0	194	6 940	220
	72	667	360,6	195	10 630	375
Iserlohn	63	535	303,4	230	6 290	212
	68	583	335,0	212	7 480	243
	72	612	348,1	202	11 560	401
Bergisches Land	63	469	307,3	185	5 496	182
	68	537	332,8	159	6 620	223
	72	561	345,0	144	9 670	340
	68/63	+68	+25,0	—27	+1 124	+ 41
	72/68	+24	+13,1	—15	+3 050	+117
Oberbergischer Kreis	63	237	292,0	215	5 898	160
	68	258	329,0	185	7 070	187
	72	272	351,9	182	10 100	298
Lüdenscheid	63	257	302,1	275	6 482	234
	68	274	341,0	248	7 450	137
	72	355	355,1	248	13 340	422
Arnsberg	63	195	276,7	188	5 833	168
	68	214	306,0	162	7 340	231
	72	226	316,8	164	10 250	298
Brilon	63	94	240,5	128	4 590	99
	68	102	263,0	119	5 870	162
	72	102	302,9	123	8 270	228

Noch Tabelle 6:

Kreis	Jahr	Bev.-Dichte Einw./qkm	Wohnungen 1000 Einw.	Industrie-Beschäft./1000 Einw.	BIP/Einw. DM	Gemeindesteuern DM/Einw.
Meschede	63	99	244,2	121	4 587	106
	68	108	247,0	114	6 170	166
	72	106	294,3	120	8 360	238
Olpe	63	159	235,5	156	5 122	135
	68	171	273,0	151	6 030	188
	72	170	302,8	149	9 410	287
Siegen	63	237	267,4	241	6 351	176
	68	364	309,0	204	8 050	225
	72	377	326,2	206	13 060	376
Wittgenstein	63	89	235,6	134	4 447	93
	68	94	270,0	121	5 320	149
	72	93	293,7	115	8 180	213
Sauerland	63	171	261,8	182	5 414	147
	68	198	292,0	163	6 662	181
	72	213	318,0	163	10 121	295
	68/63	+27	+30,0	−19	+1 249	+ 34
	72/68	+15	+26,0	+ 0,40	+3 459	+114

Einen beträchtlichen Abfall weisen jedoch bestimmte *Agrargebiete* auf, deren wirtschaftliches Wachstum besonders dann, wenn der Anteil der Waldflächen und der Brachflächen weiter anwächst, sich noch weiter verringern dürfte, wenn nicht außerlandwirtschaftliche Einkommensmöglichkeiten geschaffen werden.

Der vorhandene Einkommensunterschied wird noch deutlicher, wenn man z. B. für den Kreis Olpe und den Kreis Wittgenstein eine *Differenzierung* hinsichtlich des Einkommens zwischen in der *Land- und Forstwirtschaft* tätigen und *gewerblichen Arbeitnehmern* betrachtet. Eine derartige Aufteilung ist notwendig, da das Ausweisen dieser Kreise als Erholungsgebiete primär das Einkommen der in der Landwirtschaft tätigen Menschen negativ beeinflussen kann, wenn sie eine Beschränkung ihrer Produktion hinnehmen müssen.

Wählt man die Daten der sozialökonomischen Erhebung 1973 als Unterlage für die Ermittlung des landwirtschaftlichen Einkommens, so ergibt sich ein Arbeitseinkommen in Betrieben mit Haupterwerb in Olpe und Wittgenstein von 9700 DM/AK. Informationen über das Einkommen *gewerblicher Arbeitnehmer* lassen sich aus der Berufsstättenzählung (28) von 1969 entnehmen. Für den genannten Kreis lassen sich mit Hilfe einer Fortschreibung Werte für 1973 von 14700 DM/AK ermitteln. Bei diesem unvollkommenen Vergleich würde sich eine Einkommensdisparität von 5000 DM/AK errechnen. Die Werte der anderen Kreise des Sauerlandes und des Bergischen Landes liegen zwar im Niveau höher. Die absolute Disparität erreicht jedoch die gleiche Größenordnung.

V. Einfluß der Freiraumfunktionen auf die Landwirtschaft

Innerhalb des Landesentwicklungsplanes III erfolgt keine differenzierte Darstellung der Agrargebiete. Erst in den Gebietsentwicklungsplänen werden Agrargebiete ausgewiesen, die als Teil einer großräumigen gemischten Wirtschafts- und Sozialstruktur anzusehen sind. Hier werden die positiven und negativen Einflüsse sichtbar.

Die *Wirkungen* auf die Landwirtschaft sind eng verbunden mit den Gütern, die im Freiraum nachgefragt werden: Wasser, Luft und Raum, die ihrerseits durch die Landwirtschaft ganz allgemein negativ beeinflußt werden können, so daß der Gesetzgeber Regelungen zur Erhaltung der Qualität dieser Faktoren trifft.

Man darf nicht davon ausgehen, daß diese Gesetze und Verordnungen erlassen werden, nur um Freiräume zu schützen. Maßnahmen zur Aufrechterhaltung der Qualität der Umwelt sind auch dann notwendig, wenn die Gebiete nicht als Freiräume ausgewiesen würden. Allerdings kann man damit rechnen, daß nach dem Ausweisen als Erholungsgebiete erhöhte Ansprüche an Luft und Wasserqualität und Landschaftsgestaltung gestellt werden mit der Konsequenz verstärkter Umweltauflagen, erhöhter Kosten und geringerem wirtschaftlichen Wachstum in der Agrarproduktion und in der gewerblichen Wirtschaft.

1. *Erholungsgebiete und Immissionen*

Besondere Probleme können sich für einzelne Gemeinden und größere Räume innerhalb der Erholgebiete durch die Immissionen größerer *Tierbestände* und deren Exkremente ergeben. In engen Dörfern mit Dienstleistungsbetrieben für den Fremdenverkehr, primär mit zentralörtlichen Aufgaben, aber auch in Räumen mit Einzelhoflagen und Wander- sowie Reitwegen, wird Tier- und Exkrementgeruch in Stallnähe und auf dem Feld als sehr lästig empfunden. Primär große Geflügel- und Mastschweinebestände können eine Belastung für Erholgebiete darstellen.

Unabhängig von der Größe der Bestände und der Entfernung zu Wohngebäuden sind *Beschränkungen* in der Produktion oder technische Auflagen zur Verminderung des Geruchs einzuhalten (21). Das Immissionsschutzgesetz regelt die notwendigen Auflagen, die in den Erholgebieten besonders einschneidend sein können.

Am weitgehendsten ist das *Verbot* jeglicher Tierhaltung innerhalb von Gemeinden mit Erholfunktionen. Bei Vorhandensein einer leistungsfähigen Geflügel- oder Schweinehaltung kann diese Verordnung zu einer starken Einkommenseinbuße führen. Die Aufgabe von 100 Schweinestallplätzen bewirkt bereits unter ungünstigen Preisverhältnissen einen Gewinnverlust von 3000—5000 DM/Jahr. Das Verbot der Milchviehhaltung hat einmal eine Einkommensverminderung zur Folge, zum anderen bringt es die Gefahr mit sich, daß eine ordnungsgemäße Flächennutzung nicht mehr erfolgt.

Soweit *Auflagen* für die Geruchverminderung durch den Bau geeigneter Lagerbehälter für die Gülle, die Installation geruchsvermindernder Techniken im Stall verlangt werden, wird die Veredlungswirtschaft mit zusätzlichen Kosten belastet. Eine Gewinnsenkung von 10—20 DM pro Schwein durch die Umweltschutztechnik kann die Folge sein. Mit hohen Umweltschutzauflagen wird in verkehrsfernen Gebieten oft ein positiver Gewinnbeitrag nicht zu erwirtschaften sein, so daß die Aufgabe der Schweine- oder Legehennenhaltung mit der Konsequenz des Einkommensverlustes aus ökonomischen Gründen die Folge ist (16).

Zur Kontrolle unterliegen *Neuplanungen* und Umbauten, d. h. Maßnahmen, die nach den Bauordnungen meldepflichtig sind, zum Teil der Genehmigungspflicht nach dem förmlichen oder dem vereinfachten Verfahren. Für die verschiedenen Genehmigungskategorien sind in den Entwürfen zur Durchführungsverordnung bestimmte *Bestandsgrößen* genannt, ab denen Genehmigungspflicht besteht (14).

Zu der Notwendigkeit der Meldepflicht für Neuplanungen und Umbauten kann die in § 76 Bundesimmissionsschutzgesetz festgelegte *Übergangsregelung* hinzukommen, nach der *vorhandene Bestände,* die unter die Genehmigungspflicht fallen, der Behörde gemeldet werden müssen.

Noch einschneidender wirkt das Abfallbeseitigungsgesetz auf die landwirtschaftlichen Betriebe, wenn eine *zentrale Kläranlage* in Dörfern des Erholgebietes gebaut werden muß, in die auch landwirtschaftliche Abwässer eingeleitet werden. Erhöhte Abgaben für Wasserver- und -entsorgung belasten dann die Betriebe. In der Literatur werden zusätzliche Kosten von 40 DM je Einwohnergleichwert[1]) und Jahr genannt.

Als negativ muß ebenfalls die Tatsache bewertet werden, daß Erholungsuchende *Unrat* auf landwirtschaftlichen Flächen hinterlassen, die die Bearbeitung erschweren und zusätzliche Kosten bei den Maschinen verursachen.

Für eine bessere Beurteilung der Räume im Hinblick auf die Immissionen erscheint eine kleinräumige *Kartierung* sinnvoll. Räume mit Einzelhoflagen und geringen Tierbeständen sind dabei zu trennen von geschlossenen Dorflagen mit großer Viehdichte. Die Konfliktsituation läßt sich besonders gut dadurch herausarbeiten, daß in Vorschätzungen versucht wird, sowohl die Zahl der Tiere, die Immisionen verursachen, als auch die Wohnbevölkerung und die Zahl der Erholungsuchenden zu prognostizieren, um Vorstellen über die zukünftige Entwicklung zu erhalten und damit Konfliktsituationen vorzubeugen (16).

2. *Agrarproduktion in Wassereinzugsgebieten*

Vorteile für die Landwirtschaft ergeben sich durch das Auslegen von Wassereinzugsgebieten dadurch, daß diese der Agrarproduktion erhalten bleiben und keine Bebauung erfolgen darf. Umstellungsschwierigkeiten treten dadurch nicht auf. Nachteilig ist jedoch, daß mit der Nutzungseinschränkung der Verkehrswert nicht ansteigt, und zwar deshalb, weil außerlandwirtschaftliche Verwendungsmöglichkeiten ausscheiden.

Besondere wirtschaftliche *Probleme* für die Agrarproduktion können sich in den Wassereinzugsgebieten ergeben, wenn zur Erfassung sauberen Wassers bestimmte Beschränkungen in der Wirtschaftsweise folgen müssen. Verbote und Beschränkungen in der Bewirtschaftung sind schon jetzt existent. Eine Ausdehnung der Bestimmungen auf größerem Einzugsgebiet ist zu erwarten mit Erweiterung der Wassereinzugsgebiete und erhöhten Anforderungen an die Wasserqualität.

Nach dem Grad der Schutzbedürftigkeit sind *Trinkwasserschutzgebiete* für Grundwasser- und für Trinkwassertalsperren zu unterscheiden. Für beide ist eine Unterteilung in 3 verschiedene *Zonen* getroffen (10):

1. Fassungsbereich = Zone I,
2. engere Schutzzone = Zone II,
3. weitere Schutzzone = Zone III.

---

[1]) Dabei entspricht z. B. 1 Kuh einem Einwohnergleichwert. Zu den laufenden Kosten müßte noch der Anschaffungspreis von 300—400 DM/Einwohner je nach Größe der Anlage addiert werden.

Zone I scheidet von vornherein für die Landbewirtschaftung aus. Das Wasserwerk ist meist Eigentümer der Flächen, die eine Tiefe von 50 m bei Quellen und 100 m bei Stauseen haben. Bisher erfährt die Bodennutzung in der Zone III nach der Schutzgebietsverordnung keine wesentlichen Erschwernisse. Die Landwirtschaft ist im allgemeinen nicht behindert.

Am stärksten betroffen ist die *Zone II,* deren Größe für Grundwassereinzug am Niederrhein mit 5—30 ha angegeben wird (5). Bei anderen geologischen Verhältnissen ist ein Vielfaches anzusetzen.

Sehr viel größer sind die Schutzgebiete für *Trinkwassertalsperren.* Nach Literaturangaben schwanken die Werte zwischen 800 und 2000 ha Wirtschaftsfläche (5).

Folgende *Auflagen* können innerhalb der Schutzzone II erlassen werden:

1. Beschränkung des Mineraldüngeraufwandes,
2. Verbot der Ausbringung von Gülle, Jauche und Stallmist,
3. Beschränkung des flächengebundenen Viehbesatzes,
4. Zwang zur Grünlandnutzung von Ackerbaustandorten.

Zu 1.:

Für die Bodenproduktion stellt sich die Frage der vertretbaren *Mineraldüngergabe* ohne Beeinflussung des Grundwassers. In Untersuchungen ist festgestellt worden, daß eine Grundwasseranreicherung mit Nitraten und Phosphor bei intensiver Düngung relativ selten eintritt. Eine Verringerung der Düngermengen auf Acker- und Grünland ist deshalb sehr oft nicht notwendig (13). Bestimmte Standorte zwingen jedoch zur Vorsicht.

Würde eine *Beschränkung* erforderlich, wäre eine Verminderung der Wirtschaftlichkeit der Bodennutzung die Folge. Dies muß primär in Betrieben mit *knapper Fläche* als eine sehr einschneidende Maßnahme hingestellt werden. So kann z. B. eine Senkung des Mineraldüngeraufwandes von 100 kg N/ha auf nur 50 kg im Getreidebau eine Senkung des Ertrages von 3—4 dz[2]) zur Folge haben. Auf dem Grünland kann eine Senkung des Stickstoffaufwandes von 200 kg/ha auf nur 100 kg/ha einen Rückgang in der Futterleistung um 1000—2000 KStE/ha zur Folge haben.

Auch bei *variabler Fläche* ist eine Mineraldüngersenkung in jedem Fall für die Landwirtschaft negativ zu beurteilen, weil die Grenzgewinne je DM/Dünger höher liegen können als die Gewinnsteigerung durch vermehrten Bodeneinsatz. Jedenfalls tritt bei steigenden Pachtpreisen und bei einer Begrenzung des Düngeraufwandes von 100 kg N auf 50 kg N/ha ein zunehmender Flächenaufwand auf, wenn keine Einkommensnachteile für die Betriebe auftreten sollen. Ein 30-ha-Getreidebaubetrieb würde bei Pachtpreisen von 200—400 DM/ha ca. 3—6 ha LN benötigen, wobei unterstellt wird, daß deren Bewirtschaftung im Rahmen der gegebenen Kapazitäten vorgenommen werden kann.

Zu 2.:

Sehr viel einschneidender ist das Verbot der *Ausbringung von Gülle,* Jauche und Stallmist in Grünlandbetrieben, da das Recycling-Verfahren am kostengünstigsten ist (17). Sie ist oft gleichbedeutend mit der Aufgabe der Veredlungswirtschaft. Erschwerend kommt hinzu, daß die Grünlandflächen nur selten einer wirtschaftlichen Produktion von

---

[2]) Basis ist Ertragsfunktion $y = 248 + 2,3 N - 0,0059 + N^2$.

Verkaufsprodukten zugeführt werden können. Unter derartigen Bedingungen würde eine größere Zahl von landwirtschaftlichen Betrieben, die als Grünlandbetriebe bewirtschaftet werden, ihre Existenzgrundlage verlieren. Die Pflege dieser Flächen würde besondere Probleme aufgeben.

Folgende *Regelungen* für den engeren Schutzbereich von Talsperren werden diskutiert: Ohne Genehmigung sind lediglich 2,5 GV/ha zu halten. Ein Viehbesatz von 2,5 bis 4 GV/ha bleibt genehmigungspflichtig. Das Halten von mehr als 4 GV/ha ist verboten (5).

Diese Regelung, die primär für die Rindviehhaltung gelten dürfte, muß in engem Zusammenhang mit dem *Abfallbeseitigungsgesetz* gesehen werden, das die auszubringenden Güllemengen von Kühen, Schweinen und Legehennen begrenzen kann (20). In Gebieten ohne Wassereinzug werden Güllemengen von 30, 40 und 50 m^3 je ha Nutzfläche als vertretbar angesehen. Bei einer normalen Bewirtschaftung mit gülleverwertenden Fruchtfolgen ist der Boden von sich aus in der Lage, die hinzugeführten Nährstoffe soweit abzubauen, daß keine Grundwasserbeeinträchtigung erfolgt. Es scheint jedoch fraglich, ob diese Exkrementmengen auch für die Wassereinzugsgebiete gelten können.

Für den Fall, daß in bestimmten Wassereinzugsgebieten auf einen sehr *starken Viehbesatz* verzichtet werden muß, wird das wirtschaftliche Wachstum dieser Betriebe eingeschränkt. Durchgeführte Kalkulationen in der Schweinemast ergeben je 5 m^3 Gülle/ha Nutzfläche weniger einen Einkommensverlust von ca. 30 DM/ha. In einem 30-ha-Betrieb ist dies gleichbedeutend mit einem Einkommensverlust von ca. 1 000 DM (1).

Zu 3.:

Sehr viel größer wird der Produktionsausfall durch die Auflagen des Wassereinzugsgebietes, wenn *gänzlich* auf die *tierische Produktion verzichtet* werden muß und die in großem Umfange vorhandenen Grünlandflächen einer Produktion von Verkaufsprodukten nicht zugeführt werden kann. Unter derartigen Bedingungen würde eine größere Zahl von landwirtschaftlichen Betrieben, die als Grünlandbetriebe bewirtschaftet werden, ihre Existenzgrundlage verlieren. Besondere Probleme entstehen dadurch, diese Flächen zu pflegen.

Zu 4.:

Ebenso einschneidend ist die Auflage, *Ackerland* in Grünland umzuwandeln, um einer Grundwasserbeeinflussung durch intensiven Ackerbau entgegenzuwirken. Gewinnverluste durch Aufgabe des Ackerbaus und im Übergang zur extensiveren Grünlandnutzung mit Rindfleischerzeugung können zu einem Einkommensverlust je ha Nutzfläche von ca. 200—500 DM führen.

Der Eigentümer oder Benutzer von Betrieben oder Flächen in Wasserschutzzonen muß die genannten Auflagen hinnehmen, wenn das Wohl der Allgemeinheit dies verlangt (§ 19 WHG). In § 20 des gleichen Gesetzes wird festgelegt, daß ein angemessener *Schadensausgleich* zu zahlen ist, in Abhängigkeit von der Nutzungsbeschränkung. Dabei kann es zu einer Entschädigung des Ertragswertes oder des Verkehrswertes kommen. Allerdings können Eingriffe geringen Ausmaßes im Rahmen der entschädigungslosen Sozialbindung des Eigentums zugemutet werden (10).

Zu diesen Erschwernissen im Bereich der Landwirtschaft können ein Verbot oder verstärkte Umweltauflagen in *Gewerbebetrieben* die wirtschaftliche Entwicklung beeinflussen, so daß auch aus dem gewerblichen Sektor ein geringerer Beitrag zum Wirtschaftswachstum zu erwarten ist.

VI. Verfahren zur Ermittlung von Einkommensnachteilen der Landwirtschaft durch die Bewirtschaftung von Freiräumen

Mit dem Angebot, Freiräume zu pflegen, erbringt die Land- und Forstwirtschaft eine Leistung, die teilweise als Konkurrent der normalen Agrarproduktion anzusehen ist. Es kann dabei zu einer Substitution zwischen der Leistung aus der Agrarproduktion zur Lebensmittelerzeugung und der Freiraumgestaltung kommen.

Für eine ökonomische Betrachtung, die Grundlage der Einkommensermittlung für die in den Freiräumen lebenden Menschen darstellt, ist es notwendig, Leistung und Kosten der Landwirte für die Freiraumpflege zu ermitteln, ein Problem, das bisher nur unvollkommen gelöst ist.

Vom Prinzip her sind zwei verschiedene *Verfahren* denkbar:

1. direktes Verfahren,
2. indirektes Verfahren.

Zu 1.:

Bei dem *direkten Verfahren* ist der Wert der Erholung als ein Beitrag anzusehen, der Nutzen und damit social benefits erbringt. Dazu müssen die Leistung der Fläche in Form der Erholwirkung sowie die Kosten für die Erstellung des Erholangebots ermittelt werden. Von Kiemstedt ist der Vorschlag gemacht worden, V-Werte zu errechnen, die vom Prinzip her nichts anderes darstellen als die Ermittlung eines Teils der naturalen Leistung eines Erholgebietes (11). In diese Betrachtung gehen die Kosten nicht mit ein, so daß ein Vergleich von Erholgebieten nur auf der Basis der naturalen Leistungen möglich ist.

Zu 2.:

Die *indirekten Verfahren* arbeiten mit der Werterfassung über die Ersatzleistung bzw. Ersatzfaktoren und ihre Kosten. Dabei geht man von der gleichen Leistung für die Ökologie und die Freizeit eines Gebietes aus. Mit Hilfe der unterschiedlichen Kosten läßt sich dann der Wert von zwei verschiedenen Erholgebieten errechnen. Die Kostendifferenz gibt Auskunft über die relative Vorzüglichkeit eines Raumes für die Erholung.

Die *Kostenermittlung* des Angebots von Erholfunktionen muß in Abhängigkeit von den Aufwendungen für diese Aufgabe variiert werden:

Fall 1:

vorhandenes *Brachland;* unter dieser Bedingung sind die zusätzlichen Kosten für die Pflege der Fläche durch die Nutzung ohne Produktion, z. B. Mähen oder Mulchen, einzusetzen. Der mögliche Verkauf von Heu ist als Koppelprodukt der Landschaftspflege anzusehen.

Fall 2.:

Eine bisher intensive Landbewirtschaftung in *Wassereinzugsgebieten* muß aufgegeben werden. Nur eine düngerextensive Nutzung ist zulässig und auch notwendig aus Gründen der Erhaltung einer Erhollandschaft. Die Einnahmedifferenz zwischen den beiden Verfahren ist als entgangener Gewinn aus einer nicht mehr voll realisierbaren Agrarproduktion für die Lebensmittelerzeugung anzusehen.

Eine ähnliche Problematik ergibt sich, wenn als Nutzungskosten für die Arbeitszeit in der Landschaftspflege nicht der Gewinnentgang einer intensiven Landbewirtschaftung, sondern der Lohnentgang einer *industriellen Tätigkeit* nach Aufgabe der Landnutzung eingesetzt werden muß.

Fall 3:

Eine umfangreiche *Tierproduktion* muß nach Ausweisen eines Erholgebietes aus Gründen des Abfallbeseitigungs- und Immissionsschutzgesetzes aus technischen oder ökonomischen Gründen eingeschränkt oder ganz aufgegeben werden. Der Gewinnentgang durch diese Maßnahme ist dann als Kostenwert anzuführen.

Die so ermittelten Kostenwerte kennzeichnen den Einkommensausfall eines Betriebes, dessen klassische Agrarproduktion eingeschränkt werden muß, um dafür Erholfunktionen anzubieten.

Eine *betriebsindividuelle Ermittlung* der Kosten des Erholangebotes und das Anlasten an jeden Erholungsuchenden ist nicht möglich. Eine Anwendung des Verursachungsprinzips würde verlangen, daß derjenige, der die Funktionseinschränkung verursacht, auch die Kosten zu tragen hat. Identifizierungs- und Zuordnungsprobleme sind nicht zu lösen. Aus diesem Grunde ist es notwendig, die externen Einflüsse des Erholangebots auf andere Art und Weise zu erfassen. So kann die Berechnung nach dem Gemeinlastprinzip erfolgen. Die öffentlichen Haushalte müssen dann den Einkommensausfall decken (22).

Zur Beurteilung der wirtschaftlichen Veränderung der Landwirtschaft eines *Freiraumes* ist es notwendig, die Einkommensausfälle der einzelnen landwirtschaftlichen Betriebe zu aggregieren. Für die Gesamtraumnutzung sind diese negativen Auswirkungen mit den positiven Wirkungen zu verbinden, die primär in der Nebenerwerbslandwirtschaft durch den Aufbau von Freizeitbetrieben entstehen.

In vielen Fällen einer *eingeschränkten Agrarproduktion* besteht die Gefahr, daß bei Aufgabe einer intensiven Landbewirtschaftung die Flächennutzung nicht mehr den Erholansprüchen gerecht und die Landschaft nicht mehr aufgesucht wird. Hinzu kommt, daß eine Landwirtschaft, deren Einkommen zum großen Teil aus Subventionen besteht, die der einzelne in seiner Höhe nur begrenzt beeinflussen kann, langfristig nicht stabil sein dürfte. Ein totaler Rückzug der Landwirtschaft aus den Erholgebieten ist eine Gefahr, der man begegnen muß, z. B. durch den Aufbau neuer Freizeit- und Erholangebote, deren Einkommen primär aus Dienstleistungen und nur sekundär aus der Flächennutzung besteht.

Bei der Diskussion der *regionalen Einkommensunterschiede* ist zu bedenken, daß der Wert eines Standortes nicht nur durch die Höhe des Einkommens beurteilt werden darf, sondern daß *andere Leistungen* des Raumes für die dort lebenden Menschen, z. B. der Erholwert und der Freizeitwert, mit zu berücksichtigen sind. Mit steigendem Einkommen gewinnen diese Koppelprodukte der Flächennutzung zunehmend an Bedeutung.

Ähnliche Kostenüberlegungen, die hier für den Anbieter angestellt wurden, lassen sich für den *Erholungsuchenden,* die Nachfrager, durchführen, der bei gleicher Leistung zwischen weit entfernt gelegenen Erholgebieten entscheiden kann.

Im einfachsten Fall läßt sich auf der Basis von Besucherbefragungen feststellen, mit welchen *Fahrkosten* das einmalige Aufsuchen eines Erholgebietes verbunden ist. Diese Durchschnittsausgaben je Besucher, multipliziert mit der Zahl der Besuche und der Besucher je Jahr, ergeben dann den Gesamtaufwand, der als Kostenwert des betreffenden Erholgebietes bezeichnet werden kann (12).

Dieser Gedanke kann fortgeführt werden durch das Einbeziehen der *Lohnkosten*. Man fragt sich, welchen Lohnverzicht der Erholungsuchende zu verzeichnen hat dadurch, daß er zu verschieden entfernt gelegenen Erholgebieten führt. Die Problematik dieses Verfahrens liegt darin, daß bei Aufsuchen des betreffenden Erholgebietes nicht in jedem Fall ein Lohnverlust auftreten muß (12).

Zusätzliche Anstrengungen zum Schaffen *außerlandwirtschaftlicher* Bewirtschaftung des Freiraumes dienender *Arbeitsplätze* müssen in bestimmten Räumen (z. B. Sauerland) besonders betont werden, da nach den Ergebnissen von Status-quo-Prognosen für einige Gebiete der abgegrenzten Freiräume nur eine „ausgewogene" Zunahme neuer Arbeitsplätze erwartet wird (23). Andernfalls ist das Ziel raumordnerischer Maßnahmen, der Abbau großräumiger und innergebietlicher Disparitäten, nicht zu erreichen.

Bei der *Durchführung* dieser Maßnahmen tritt eine Reihe von *Problemen* auf:

Der *Aufbau neuer Arbeitsplätze* vollzieht sich nicht von heute auf morgen; die Verbote, Beschränkungen und Auflagen müssen jedoch relativ schnell durchgeführt und eingehalten werden. Diese Phasenverschiebung kann zeitweise zu starkem Ausfall an Einkommen der Bewohner von Erholorten führen. Ausgleichszahlungen mit degressivem Charakter können hier helfen.

Der Ausbau eines Erholgebietes mit dem Bau von neuen Wohnungen, die oft *Zweitwohnungen* darstellen und nur zeitweise benutzt werden, führt nur zu geringen zusätzlichen Einkünften der gewerblichen und landwirtschaftlichen Betriebe. Dies ist besonders dann der Fall, wenn ein Ort nur für kurze Zeit, z. B. zum Essen oder Kaffeetrinken, aufgesucht wird. Die Forderung nach einer zusätzlichen Steuer für Zweitwohnungsinhaber, die kommunale Einrichtungen in Anspruch nehmen, die primär von Ortsansässigen finanziert werden, ist nur zu verständlich.

Insgesamt verlangt eine Freiraumgestaltung für Erholzwecke eine *Vielzahl von Maßnahmen* für ein differenziertes Angebot neuer Aktivitäten zum Ausgleich für geringeres Wachstum im Bereich der Agrarproduktion und gewerblichen Wirtschaft. Die Flurbereinigung in ihrer umfassenden Form mit Aktivitäten auf dem Gebiet der Zusammenlegung von Grundstücken, der Wasserwirtschaft, der Landespflege, des Wege- und Straßenbaus und der Ortssanierung kann dazu einen entscheidenden Beitrag leisten (9).

Literaturhinweise

(1) ANTONY, J., STEFFEN, G.: Betriebswirtschaftliche Betrachtungen zum Umweltschutz in der Schweineproduktion, Berichte über Landwirtschaft, Bd. 51, H. 3, 1973.

(2) AFFELD, D.: Raum- und siedlungsstrukturelle Arbeitsteilung, Structur, H. 9, 1972.

(3) BERG, E.: Die Entwicklung der Wirtschaftsflächennutzung in Verdichtungsräumen, Landesausschuß für landwirtschaftliche Forschung, Erziehung und Wirtschaftsberatung, Niederschrift einer Arbeitstagung des Landesausschusses, H. VIII, Düsseldorf 1973.

(4) BRASSE, P., THOSS, R., KÖNNECKE, U.: Ein aktivitätsanalytisches Umweltmodell zur Flächennutzungsplanung. In: Seminarbericht Nr. 8 der Gesellschaft für Regionalforschung, Freckenhorst b. Münster 1972.

(5) ERLENBACH, K. H.: Landwirtschaft in Wasserschutzzonen und Grenzen ihrer Duldungsbereitschaft. In: Land- und Forstwirtschaftliche Bodennutzung in Wasserschutzgebieten, Forschung und Beratung, Reihe C, H. 24, Hiltrup 1973.

(6) HAUSER, J.: Die Entwicklung der Wirtschaftsflächennutzung in Verdünnungsräumen, Landesausschuß für landwirtschaftliche Forschung, Erziehung und Wirtschaftsberatung, Niederschriften von Arbeitstagungen, H. VIII, Düsseldorf 1973.

(7) HAUSER, J.: Analyse der Nutzungsmöglichkeiten von Grenzertragsflächen und der Entwicklung der Agrarstruktur in schwach strukturierten Agrarregionen, Bonner Dissertation 1974.

(8) HOGEFORSTER, J.: Die Entwicklung von Regionen im Lande Nordrhein-Westfalen, ein Beitrag zur Agrarplanung, Forschung und Beratung, Reihe B, H. 20, Hiltrup 1972.

(9) HOTTES, K. H., BLENCK, J., MEYER, U.: Die Flurbereinigung als Instrument aktiver Landschaftspflege, Forschung und Beratung, Reihe C, H. 21, Hiltrup 1973.

(10) KAISER, P.: Rechtsgrundlagen und Verfahren zur Festsetzung von Wasserschutzgebieten. In: Land- und Forstwirtschaftliche Bodennutzung in Wasserschutzgebieten, Forschung und Beratung, Reihe C, H. 24, Hiltrup 1973.

(11) KIEMSTEDT, H.: Zur Bewertung der Landschaft für die Erholung, Beiträge zur Landespflege, SH 1, Stuttgart 1967.

(12) PEVETZ, W.: Möglichkeiten einer quantifizierenden Bewertung der Wohlfahrtsfunktion der Land- und Forstwirtschaft, Monatsberichte über die österreichische Landwirtschaft, H. 4, 1974.

(13) SIEGEL, O.: Umweltbelastung durch Pflanzenschutz- und Düngemittel in Agricultur, Landwirtschaft und Umweltschutz, Bonn — Bad Godesberg, 1972, Studientagung des Deutschen Bauernverbandes.

(14) SCHIRZ, St.: Geruchsbelästigung durch Nutztierhaltung, ein Problem der Rechtsprechung und der Genehmigungspraxis, Deutsche Geflügelwirtschaft und Schweineproduktion, H. 35, 1974.

(15) STEFFEN, G., HOGEFORSTER, J.: Bestimmungsgründe und Formen nebenberuflicher Landbewirtschaftung, Agrarwirtschaft, Jg. 20, H. 3, 1971.

(16) STEFFEN, G.: Umweltschutzmaßnahmen — ihr Einfluß auf die Konkurrenzfähigkeit der Veredlungsproduktion, Agra-Europe Nr. 27/1974.

(17) STEFFEN, G.: Code of Practice for space requirements for intensive livestock production, Vortrag auf dem 2. Internationalen Farm Management Congress 1974 in Toronto, Canada.

(18) THOSS, R.: Zur Planung des Umweltschutzes, Raumordnung und Raumforschung, 30. Jg., Köln, 1972, H. 4/5.

(19) Turowski, G.: Bewertung und Auswahl von Freizeitregionen, Schriftenreihe des Instituts für Städtebau und Landesplanung der Universität Karlsruhe, H. 3, 1972.

(20) Gesetz über die Beseitigung von Abfällen (AbfG — Abfallbeseitigungsgesetz) vom 7. Juni 1972 Bundesgesetzblatt I.

(21) Gesetz zum Schutz vor schädlichen Umweltwirkungen durch Luftverunreinigung, Geräusche, Erschütterungen und ähnliche Vorgänge (BiMschg) vom 15. März 1974, Bundesgesetzblatt I.

(22) Der Rat von Sachverständigen für Umweltfragen: Wirtschaftliche, rechtliche und planerische Probleme der Umweltpolitik. In: Umweltgutachten 1974, Stuttgart und Mainz 1974.

(23) Raumordnungsprogramm für die großräumige Entwicklung des Bundesgebietes, Entwurf vom 25. 7. 1974.

(24) Gesetz zur Sicherung des Naturhaushaltes und zur Entwicklung der Landwirtschaft (Landschaftsgesetz), Gesetzentwurf der Landesregierung von NRW vom 20. 11. 1973.

(25) Beiträge zur Statistik des Landes NRW. Die Landwirtschaft in NRW, Düsseldorf, Jg. 1965—1972.

(26) Statistisches Jahrbuch für NRW, Düsseldorf, Jg. 1969 und 1972.

(27) Land- und Forstwirtschaft, Fischerei, Bodennutzung und Ernte, Statistisches Bundesamt, Wiesbaden, Jg. 1969—1972.

(28) Beiträge zur Statistik des Landes NRW, Sonderreihe Volkszählung 1970, H. 1, H. 8c, Düsseldorf 1972.

Über die Revierparke des Siedlungsverbandes Ruhrkohlenbezirk

von

Helmut Klausch, Essen

Die Ausarbeitung dieses Vortrages beanspruchte meine Freizeit, der berstende Terminkalender drängte diese Vorbereitung sogar bis in meinen Urlaub hinein. Wertvolle Tagesstunden fielen dadurch für die Erholungsuche aus, sie wiegen doppelt.

Solche Umstände zeigen den hohen Wert der Freizeit an, sie ist nicht bloße Uhrenzeit, sondern hat Qualitätscharakter und ist unersetzbar. Darin liegt wohl auch eine Begründung für das Gewicht des Erfahrungs- und Wertbegriffes Freizeit im Bewußtsein der Öffentlichkeit.

Ich räume ein, daß es für den Begriff Freizeit Auslegungsmöglichkeiten gibt, und daß man mir entgegenhalten kann, ich habe die Zeitabschnitte, in denen ich diesen Vortrag vorbereitete, selbst zu bestimmen vermocht, auch Inhalt, Tiefe und Umfang meiner Ausführungen seien meinem freien Willen unterlegen; der Freiheitsgrad meines Tuns sei also so groß, daß man nicht vom Opfer unersetzbarer Freizeit sprechen könne.

Dieses Wortspiel deutet mögliche Fragestellungen an. Z. B.: Ist Freizeit Ausgleichsfeld zur fremdbestimmten Arbeit; will man künftig solche Fremdbestimmung im Beruf noch dulden; würde Selbstbestimmung also somit nicht nur auf die Freizeit beschränkt bleiben, und so fort.

Dieses Thema ist nicht Inhalt meines Vortrages, doch sollte vorstehende Einleitung erlaubt sein, weil ein Angebot von Einrichtungen für die Freizeit nur auf dem Hintergrund des notwendigen Fragevorganges, was denn Freizeit eigentlich sei und wie sie sich entwickele, verständlich erscheint. Leider aber währt hier noch Fachleutestreit, eine anerkannte Antwort ist bisher nicht gefunden. Und doch müssen Planer Vorsorge für die Freizeit treffen, weil sie ganz einfach vorhanden, ob sie nun gesellschaftswissenschaftlich ergründet ist oder nicht. Planer müssen das Kunststück vollbringen, Planungen durchzusetzen, Anlagen für die Freizeit zu bauen und zu betreiben, also Vorkehrungen und Festsetzungen zu treffen, obwohl der Freizeitbegriff mit seinen programmatischen Auswirkungen noch gar nicht gültig bestimmt werden konnte.

Nachgewiesen ist nämlich, daß fehlende Freizeitanlagen oder ein unzureichender Freizeitwert Abwanderungen begünstigt. Planer, die für die Entwicklung einer Stadt oder Region verantwortlich sind und auch zur Verantwortung gezogen werden, sehen daher in der Diskussion der Theorie von Freizeit und Freizeitwert zunächst nicht die Hauptsache, sondern in der tatsächlichen Verbesserung des Freizeitwertes einer Region. Und doch müssen sie sich bei diesem Bemühen mit Annahmen und Vermutungen behelfen, auf Zwischenergebnisse des theoretisch-programmatischen Streitgespräches vertrauen, weil sie Flächen- und Inhaltsbestimmungen treffen, jedenfalls was Anlagen für die Freizeit im Freien betrifft, denn ein großer Anteil der Freizeit wird draußen verbracht, nämlich etwa 18 bis 20% des Jahreshaushaltes.

Die Schwierigkeit, weitgehend ohne Richtwerte planen zu müssen, wird dann überdeckt, wenn bestehende Flächen- und Inhaltsangebote ganz offenbar unzureichend sind. In einer bestimmten Zone des Ruhrgebietes, der Zone entlang der Emscher, ist dies sicher der Fall und war in der Vergangenheit Hauptgrund für starke Abwanderung der Bevölkerung und dadurch bedingte Entwicklungsverzögerung; hinzu kam die seit Ende der 50er Jahre schwelende Kohlenkrise, die viele Arbeitsplätze in Frage stellte und Wanderungsanstöße gab, obwohl damals schon eine Veränderung der Erzeugungs- und Beschäftigungsstruktur begann.

Eigentlich aber liegt das, was sich dem Außenstehenden als Kohlenkrise darstellt, in seinen Wurzeln viel weiter zurück, nämlich in der ursprünglich einseitigen Anlage der Wirtschaftsstruktur des Ruhrgebietes. Schon vor dem Ersten Weltkrieg belastete sie die Entwicklung und es gab weitreichende Überlegungen, denen wir heute mindestens den Rang landesplanerischer Qualität einräumen würden; sie zielten darauf, die auf Kohleförderung und Stahlerzeugung aufgebaute Wirtschaft und die Ausprägung, die diese den Siedlungen und der Landschaft gegeben haben, zu verbessern. 1920 schon wurde der Siedlungsverband Ruhrkohlenbezirk (SVR) durch preußisches Gesetz als Landesplanungs- und Zweckverband gegründet. Seine Aufgabenstellung ging damals weiter als der Inhalt der heute gültigen Gesetze für Raumordnung und Landesplanung in Deutschland bestimmt. Zusammen mit den noch älteren Wasser*rein*haltungs- und Wasserbeschaffungsverbänden im Ruhrgebiet betrieb er bis heute eine Verbesserung der Lebensqualität, die beispielhaft ist.

Sein Arbeitserfolg in allen gesetzlichen oder sonstwie festgelegten Tätigkeitsfeldern kam allerdings nur deswegen so beispielhaft zustande, weil er zugleich auch immer runder Tisch, Ort des Nachrichten- und Erfahrungsaustausches und der Bewußtseinsbildung war. Er regte als kommunaler Zweckverband seine Mitglieder zu eigenem Tun an, förderte sie durch Beihilfen, führte zur Selbsthilfe, schuf eine Mitte, in der sich auch Gegensätze berühren dürfen.

Seine landesplanerische Tätigkeit, zu der auch die Ausweisung von Freizonen für Land- und Forstwirtschaft und Freizeit und Erholung gehört, wird wirkungsvoll ergänzt durch Investitionen u. a. in den Bereichen Freizeitwesen und Landschaftspflege. Für die Freizonen wurden und werden Landschaftsrahmen- und Landschaftspläne aufgestellt, die die Begründung für Abgrenzung und Inhalt der Freiräume geben und vor allem auch Aussagen über Anlagen für die Freizeit machen, die als Naturparke, Großerholungsgebiete, Freizeitstätten, Freizeitzentren und *Revierparke* verwirklicht werden*). (Übrigens wurde das Wort „Freizeitpark" aufgegeben, man spricht von Revierparken, weil Parke eigentlich für nichts anderes als für die Freizeit eingerichtet werden).

Mehr als die Hälfte des Verbandsgebietes mit 11 kreisfreien Städten, 4 Landkreisen und 1 Teillandkreis ist in das Verbandsverzeichnis „Grünflächen" (sogenannte Verbandsgrünflächen) aufgenommen und somit als Freiraum vorbestimmt. Im Kern des Ruhrgebietes, in dem allein 4 Millionen Menschen leben, gliedern diese Grünflächen die großen Städte, trennen und verbinden sie, lassen sie gleichsam ausatmen; wie breite Bänder verlaufen sie in Nord-Süd-Richtung; entsprechend werden sie regionale Grünzüge geheißen.

Die Anlage örtlicher Grünflächen bleibt Aufgabe der Gemeinden, ist Teil ihrer Planungspflicht. Überörtliche, mehreren Gemeinden gleichzeitig dienende Grünflächen

---

*) Siehe hierzu Abb. 1 (Die Abbildungen 1—4 befinden sich am Schluß dieses Beitrages).

werden — wie gesagt — durch den SVR zusammen mit den Anrainergemeinden geplant, gebaut und betrieben, und zwar innerhalb der genannten regionalen Grünzüge vorzugsweise in der sogenannten Emscherzone, jener Industrie- und Städtelandschaft entlang des Emscherflusses, die mit Grünanlagen weitgehend unterversorgt ist. Hier wird es künftig eine Kette von fünf Revierparken geben. Mit jeweils 25 bis 35 ha Fläche liegen sie wie Knoten im Netz der regionalen Grünzüge.

Der Revierpark Gysenberg in Herne wurde 1970 und der Revierpark Nienhausen auf der Stadtgrenze Essen/Gelsenkirchen 1972 fertiggestellt. 1974 wurde der Revierpark Vonderort auf der Stadtgrenze Oberhausen/Bottrop der Bevölkerung übergeben. Es folgen der Revierpark Mattlerbusch im Norden Duisburgs und der Revierpark Wischlingen im Westen Dortmunds; beide sind im Bau.

Im 15-Minuten-Gehbereich eines jeden dieser Parke wohnen 25000 bis 50000 Menschen und im 20-Minuten-Fahrbereich ½ bis 1 Mio. Diese Lage in den Gebieten stärkster Verdichtung erklärt den Namen „Revierpark"; in der Kernzone des Ruhrreviers, wo die Lebensverhältnisse sehr verbesserungsbedürftig sind, sollen nicht nur der Lohn- und Wohnwert, sondern ebenso der Bildungswert und mit den Revierparken endlich auch der Freizeitwert erhöht werden.

Diese Zielsetzung wurde durch mehrere Beraterkreise des SVR aus dem wissenschaftlichen und praktischen Erfahrungsgut von Ärzten, Soziologen, Pädagogen, Fachleuten des Sportwesens, Leitern von Bürgerhäusern und Jugendzentren, Architekten, Landschaftsarchitekten und Städtebauern unterstützt und entfaltet.

Bevor Inhaltsfolgen empfohlen werden konnten, mußte nach Bedürfnissen und Ansprüchen gefragt werden; sind solche an und für sich bekannt oder werden sie nur dadurch bekannt, daß Angebote gemacht werden, aus deren Annahme und Gebrauch im Umkehrschluß das Wunschbild sich filtern läßt, d. h. daß die Bedürfnisse im wesentlichen die Erfahrung mit dem Vorhandenen spiegeln. Eine Untersuchung des EMNID-Instituts über „Freizeit im Ruhrgebiet" im Auftrage des SVR konnte tatsächlich nur bekannte Arten der Freizeitausfüllung zur Grundlage der Befragung machen und dabei Zahlenaussagen erzielen. Die Angaben der Befragten verwischen sich schon, wenn etwas Bekanntes vermißt wird. Viele wollen mehr in der Natur wandern, mehr spazierengehen, mehr Ausflüge ins Grüne machen, sie vermissen Grünanlagen oder Kinderspielplätze oder Schwimmbäder. Jedoch gibt es keine Möglichkeit, das Vermißte zahlenmäßig zu erfassen. So wird man bei der Befriedigung solcher Ansprüche schrittweise bis zu einer Sättigungsgrenze vorgehen müssen, die zunächst nicht bekannt ist und durch Erfahrung gefunden werden muß. Störend wirkt dabei, daß solche Grenzen schwanken, weil Verhältnisse sich ändern. Man wird deshalb besser von einem Sättigungsfeld sprechen mit einer Geringstsättigung als unterer und einer Höchstsättigung als oberer Schwelle. Damit weiß man natürlich noch nicht, ob ein Angebot die echten Freizeitbedürfnisse trifft, nicht alles kann gleichzeitig am gleichen Ort befriedigt werden. Und was ist echt, etwa, was Planer sich als echt erträumen? — Auch kann man aus derlei Befragungen kaum Anregungen erwarten über künftige Bedürfnisse, die z. Z. nur vereinzelt auftauchen, vielleicht aber morgen schon Breitenanspruch auslösen.

Eine andere Gefahr des Fehlgriffs bei der Auswahl von Angeboten durch Anbieter oder Benutzer ergibt sich aus unserer Wirtschaftsordnung, in der nicht versagt werden kann, die Freizeit mit dem Gebrauch von Freizeitgütern auszufüllen, also dem Gebrauch von Erzeugnissen der aus dem Boden geschossenen Freizeitindustrie, die sich ja in andauernder Großoffensive in Sachen Freizeitbewältigung befindet.

Schließlich darf nicht übersehen werden, daß viele Freizeitvorbilder mit Grundsätzen ausgestattet werden, die vom Leistungszwang nicht fern sind, also Tüchtigkeit, Fleiß, Erfolg, Selbstbehauptung, überwiegend Eigenschaften, die ichbezogen und wenig gesellig, mehr gesellschaftsauflösend sind, wenn übergreifende Klammern fehlen.

Eine Massenbewegung wie sie die Trimm-Dich-Idee entfachte, bestätigt solche Überlegungen. Allzu sehr ist die Leistungsbezogenheit betont, ohne den Vorrang der Entwicklung der Phantasie, des Vorstellungsvermögens zu berücksichtigen. Ideenflüssigkeit entsteht mit bloßem Trimm-Dich nicht, die Fähigkeit zum Auffinden neuartiger Beziehungen zwischen bekannten und unbekannten Erscheinungen hat ein anderes Entstehungsfeld. Schöpferische Fähigkeiten werden geübt, indem man Schöpferisches tut, und sei es noch so laienhaft — das trägt auch dazu bei, seine eigenen Probleme besser zu lösen.

Im gegebenen Zusammenhang steht nicht Befriedigung der Bedürfnisse durch Güter an, sondern durch gestaltbildende und gestaltende Tätigkeit, und dieses Tätigsein kann von Gammeln bis zum Theatergehen, vom Kegeln bis zum Volkshochschulebesuchen, vom Töpfern bis zum Flöteblasen, vom Wandern bis zum Blumenansehen, vom Spiel bis zum Sport usw. reichen und hat dann selbst beim süßen Müßiggang nichts mit Langeweile gemein.

Das Besondere der Revierparke sind die Freizeitangebote im Freien *und* unter Dach; Anregung, Herausforderung, Verführung, sich draußen und drinnen handelnd zu beteiligen. Übrigens eine Vorstellung, die schon bei ALFRED LICHTWARK für den Hamburger Stadtpark 1909 anklingt, doch noch nirgends so folgerichtig verwirklicht wurde wie in den Revierparken.

Herzstück der Revierparke ist das Freizeithaus*). Der Besucher betritt eine weite Halle, die als Begegnungs- und Verteilerraum dient, angrenzend ein Veranstaltungssaal mit 200 bis 250 Plätzen, gegliedert, dadurch verkleinerbar, Bühne für Vorführungen; dann ferner Lese-, Spiel-, Gruppen- und Werkstatträume und Umkleide- und Waschräume für Haus- und Parkbesucher; außerdem Räume für die Parkverwaltung, Auskunft und Ausgabe von Sport-, Spiel- und anderen Geräten. Schließlich eine Gaststätte.

Das alles ist so angeordnet, daß der Besucher sich empfangen fühlt, nicht verwirrt durch überladenen baulichen Aufwand. Die Eingangshalle muß so gestaltet sein, daß sie frei und doch bergend wirkt, muß verlocken, weiterzugehen, darf in Maßen und Ausstattung nichts Außergewöhnliches bieten, damit Ähnlichkeiten zu bekannten Räumen wie Wohnung, Schule, Kneipe empfunden werden und die dadurch entstehende Bekanntheit mit dem Bauwerk auch Schüchterne, Verschlossene, Einsame für menschliche Begegnung aufschließt. Die angrenzenden Räume sind zum Teil nur durch Glaswände von der Eingangshalle getrennt, damit sich Neugier einstellt, sie zu betreten. Andere Räume, wie die Leseräume, sind sehr abgeschlossen, an ruhiger Stelle des Hauses, vielleicht auf einen Innenhof oder einen Lesegarten bezogen. Für die Werkräume besteht keine Verbindungsnotwendigkeit nach draußen; doch verschiedene Gruppenräume wiederum müssen sich in den Park öffnen, in ihn hineinstaffeln, gleichsam die Parkbesucher einfangend.

Das Freizeithaus muß daher Mischform sein, teils durchsichtig, nicht überall fertig, verwandelbar, so vielfältig gestaltet, daß die besten Bundesgenossen der Erfahrung nicht ausgeschaltet werden; die Sinne. Also auch kein nutzungsneutraler Zweckbau, mehr Spielraum.

---
*) Zum folgenden siehe Abbildungen 2—4.

Obwohl sich das Haus — wie gesagt — bescheiden in den Park hineinstaffeln soll, darf der dabei zwangsläufig erscheinende Ausdruck eines Leichtbaus nicht zu weit getrieben werden. Schuppen sind zwar gefragt, doch sollte auch dem Freizeithaus der Rang zugebilligt werden, in irgendeiner Zuordnung Schöpfung zu sein und die Würde der Dauer zum Vorschein kommen. Unverwechselbares Bauwerk soll es sein!

Dieser baulichen Vielfalt entsprechen die Nutzungsmöglichkeiten. Es geht um die Anregung zu schöpferischem, geistigen und politischen Tun. Nichts soll bestimmt, alles selbst gewählt werden. Damit die Entscheidung beim Besucher bleiben kann, muß Selbstbestimmung allerdings zumeist erst gelernt werden, der Zugang zu den Angeboten des Freizeithauses setzt bei den meisten einen Lernprozeß voraus wie bei der Berufstätigkeit. Nichtstun, Spiel und Sport, Kultur, Geselligkeit wollen erlernt sein, denn der Grad ihrer Beherrschung, ihres Besitzes, entscheiden darüber, wie weit die Freizeitangebote genutzt werden können. Daß die Bandbreite der Selbstbestimmung im Rahmen der menschlichen Handlungsmöglichkeiten nur schmal ist, darf dabei nicht übersehen werden.

Anstöße und Hilfe für den erforderlichen Lernprozeß geben Männer und Frauen, die als Freizeithelfer angestellt sind. Sie üben mit den Besuchern ein neues Verhalten; das ist mehr als die Bewältigung eines Lernstoffes, sondern die Entwicklung einer Kraft, die befähigt, Lernziele u. U. selbst zu finden. Also keine weitere Verschulung, sondern ein Lernen, das zum Leben durchlässig, praktische Erprobung des Handelns und Erfahrung schenkt, wie HARTMUT VON HENTIG dies jüngst ausdrückte. Mit einem solchen Lernen läßt sich der Abstand zwischen der natürlichen Ausstattung des Menschen und den Erfordernissen des Lebens in der Kultur leichter überbrücken, diese Umwelt kann schrittweise zugänglich oder verfügbar werden.

Besonders wichtig sind die Freizeithelfer als Bezugspersonen, ihr Auftreten muß derart Vertrauen ausstrahlen, daß man gerne Beziehungen zu ihnen knüpft, sich getraut, eine Auskunft zu erbitten oder ein freundliches Wort an sie zu richten oder eine Sorge loszuwerden und Rat zu erhalten. Sie müssen auch mit außergewöhnlichen Lebenslagen zuwege kommen, denn nicht alle Besucher sind weise. Unvermeidliche Zusammenstöße der Generationen, Streit und Zwist, Mißverständnisse müssen zu Lösungen geführt werden, die leitbildhaft wirken. Eine überdurchschnittliche Aufgeschlossenheit für Mitmenschen und Hingabe erfordert der Beruf des Freizeithelfers.

So sollen die Freizeithäuser zu Ausgleichsfeldern werden, die die Menschen aus vielen Zwängen lösen, aber in jene Mündigkeit und gesellschaftliche Vernunft heben, die allein Zusammenleben ermöglicht und Lebensgenuß spendet.

Das alles gilt ebenfalls für den anderen Teil des Revierparks, für den grünen Freiraum. Er setzt gleichsam den Freizeithausgedanken in die naturhafte Umgebung, also in den Park fort. Auch er ist etwas Gebautes, Gestaltetes, nämlich auf Besuch und Benutzung bewußt vorbereitete Landschaft. Der Ausdruck „Freizeitlandschaft" wird hier gerne vermieden, weil Landschaft eher mit „unberührter" Natur gleichgesetzt wird, was der Freiraum des Revierparks zweifellos nicht ist. Hauptforderung ist vielmehr Brauchbarkeit für Spiel, Sport, Wandern, Ruhen, Zusehen usw. Bäume, Strauchgruppen und die grünen Matten der Wiesen bilden da oft nur die Kulisse für derartige Beschäftigungen. Allerdings eine Kulisse, die die Weite des Freiraumes bemißt, seiner Größe und Begrenzung Ebenmaß verleiht, den Freiraum des Parkes im Zugehörigen, Entsprechenden, Untrüglichen hält. Ein pausenlos tiefes Naturerlebnis bei allen Besuchern erzeugt der grüne Mantel des Parkes jedoch nicht. Und welcher Großstädter bringt aus seiner Großstadtwelt schon die Voraussetzung für Naturempfinden mit, jene feine Beobachtungs- und Genußfähigkeit, die überwiegend wohl nur dem beschieden ist, der mit der Natur Umgang hat.

Dennoch bleibt es bei aller Vordergründigkeit, in der die bloße Brauchbarkeit und Zweckhaftigkeit des Parkes für tätigen Aufenthalt von Einzlelnen, Gruppen und Massen verhaftet, ein erklärtes Ziel, auch das besondere Verständnis für Naturempfinden zu wecken. Die Revierparke lehnen sich deshalb an Wälder oder Waldparke an, die mit Wegen und Pfaden erschlossen, zur Erholung in Stille und Einsamkeit taugen. Auch in dieser abgeschiedenen Nachbarschaft des Revierparks ist selbstverständlich die gestaltende Hand des Menschen zu spüren. Allein in den notwendigen waldbaulichen Maßnahmen tut sie sich kund. Doch kann hier von Naturbelassenheit gesprochen werden, während der Revierpark mit seiner zweckmäßigen Geländegestalt, mit aufgeschütteten Hügeln, Erdwällen, künstlichen Höhenunterschieden mehr der Machbarkeit huldigt, wie sie aus großstädtischer Umwelt bekannt ist.

Dieser Eindruck der Machbarkeit erscheint durchaus verständlich, wenn man die Inhalte des Parkes beleuchtet. Der Vorgabe der freien Wahlmöglichkeit entsprechend sollte all' und jedes überall gleichzeitig getan werden können, aber das ergäbe Überlagerungen, Verdrängungen und schließlich Streit und Durcheinander. Alles, was der Park darbieten soll, muß daher geordnet werden in ein zeitliches und räumliches Neben-, Mit- oder Nacheinander, ebenso auch in Beziehungen zum Freizeithaus gebracht werden. Die Einteilung in Zonen bietet sich an. Auf 25 bis 30 ha Fläche läßt sich ein breit gefächertes Angebot unterbringen.

Ungebärdig und laut geht's am Wasserspielplatz zu, ebenso am Bauspielplatz; auch die Gerätespielplätze und Bolzplätze gehören zu dieser Gruppe. Doch wäre es verkehrt, sie in den hintersten Winkel des Parkes zu verbannen, weil dies Spiel zum Teil die unbestellte Aufsicht der anderen Parkbesucher braucht und weil die Kinder und Jugendlichen nicht erst den ganzen Park durchstreifen sollen, bevor sie ihr Paradies erreichen, dabei die Gegend verlärmend. Mutter und Kind hingegen finden ihren Platz in ruhigerer Zone, wo es Sitz- und Ruhemöglichkeiten für alle Altersklassen gibt, Schach-, Boccia- und Tischtennisplätze in der Nähe oder einen Musikpavillon mit Tanzfläche, gestaltete Blumen- und Wasseranlagen usw.

Die flächenbeanspruchenden Rasenplätze für Ball- und Kugelspiele können gleichzeitig Abstandsfläche zwischen den verdichteten Zonen des Parkes sein. Diese Abstands- und Gliederungsaufgabe wird natürlich durch Bepflanzung und Geländewurf unterstützt.

Manche der Betätigungsangebote lassen sich nicht so selbstverständlich einordnen. Sommerrodeln oder Spiel-Drahtseilbahn haben eigene Gesetze, und ein Beatschuppen sollte so gelegen sein, daß nur das Trommelfell seiner Besucher beansprucht wird.

Ein weiterer Schwerpunkt des Parkes ist die gewerbliche Spiel- und Schauzone. Hier werden gegen Eintrittsgeld (im Gegensatz zur sonst geübten Gebührenfreiheit) Reit- und Tennismöglichkeiten, Kleingolf, Kegelbahnen, Kinderautobahnen usw. angeboten. Diesen Bereich verstecken die Planer nicht, als müßte der Einbruch des Geschäftes verschiegen werden, die Bejahung geht aber auch nicht so weit, daß durch Lage und Wegeverlauf eine ständige Besucherzuführung selbsttätig gewährleistet wird. Die Spiel- und Schauzone gibt sich tivolihaft, ein Hauch von Rummel geht von ihr aus; aber die Dosis ist beschränkt.

Man wird sehen, ob sich diese Art der Anlage hält oder ob Veränderungen erforderlich werden. Das aber ist allgemein von allen Einrichtungen aller Zonen des Parkes zu sagen: Der ständigen Bewährungsprüfung bleibt alles unterworfen und Hinterfragen gehört zur Daueraufgabe der Verantwortlichen.

In dieser Aufzählung des Parkinhalts ist abschließend noch zu nennen das Frei- und Wellenbad mit erwärmtem Wasser, mit Wärmehalle oder beheizter Starthalle, möglichst mit Schwimmkanal zu den Freibecken. Hier stellen sich nur wenige Fragen. Die verschiedenen Einrichtungen geben den Rahmen für ein „Volksfest" ab — Baden im Freien ist ja ein Hauptvergnügen, und Freude und Wohlbefinden stellen sich beinahe von selbst ein. In einer Art besonderer Entspanntheit werden alle Erscheinungen sozialer Kontrolle geduldet, dabei bestehende Grenzen vorsichtig verschoben: Mode, Brauch, Sitte, Recht treten hier wenig verhüllt zutage.

Neuerdings werden die jahreszeitlich bedingten Einschränkungen des Badebetriebs überbrückt: Ein Aktivarium mit Sauna, Solarium, Ruhe- und Trimm-Räumen ergänzt das Angebot. Eine starke Mischung der Besucherschichten ist die Folge, ganz andere Bevölkerungskreise begehren auf einmal Einlaß. Erholung, Gesundheitsvorsorge und Lebenslust sind auch in diesem Bereich der Generalbaß im Konzert der Bemühungen um Verbesserung der Umweltwerte für die Bevölkerung.

Damit ist gleichzeitig das festliche Element angesprochen. Unerträglicher Alltag wird erträglicher, nicht erst irgendwann nach Jahrzehnten voll irgendwelcher noch vorher zu erledigender Anstrengungen zur Verbesserung von Umwelt und Gesellschaft, sondern durch Festlichkeit, die heute stattfindet.

Solche Beschreibung kann für manche Ohren nach Weltverbesserung klingen oder unduldsamem Optimismus den Weg bereiten. Rollenzwang darf der Aufforderungscharakter des Parkes jedoch nicht nach sich ziehen. Wer denn passives Verhalten, Herumstehen, Beobachten, leichte Unterhaltung, Flirten, als unberechtigt abtut und Gammeltypen verbannen will, sollte seine Gesellschaftsfähigkeit überprüfen. Revierparke bieten jedermann ein Plätzchen in dem weitgespannten Angebotsfächer zwischen Leistungs- und Entspannungssuche.

Und eines wollen sie ganz und gar nicht sein: Gesundbeterei gegen verschleppte Reformen. Revierparke können nicht als Rechtfertigung für unzumutbare Wohn- und Lebensverhältnisse in den Städten benutzt werden oder Verbesserungen hinausschieben.

Wer unter Hinweis auf Revierparke Kinderspiel- und Tummelplätze, Gärten und Parke in Wohnungsnähe abwehrt, hat die Nöte unseres städtischen Daseins nicht begriffen und überschätzt die Leistungsfähigkeit der Revierparke. Die heben die Vorsorgepflicht der Gemeinden nämlich nicht auf. Revierparke haben sich immer nur als Ergänzung verstehen können, die überregional, über die Gemeindegrenzen hinweg zusätzliche Bedürfnisse abdecken.

Ich bin in der angenehmen Lage, die erhofften Erfolge anhand der Betriebserfahrung bestätigen zu können. Zugleich gestehe ich ein, daß das schöne Gebilde der Revierparke vergeblichen Aufwand bedeutet, wenn man nicht genügend bereites und ausgebildetes Personal hat. Alles kommt darauf an, Menschen für Menschen zu finden. Jene Freizeithelfer, die nach meiner Beschreibung wie Idealmenschen wirken könnten, gibt es zwar bereits als ausgebildete Sozialpädagogen, doch konnte eine angemessene Bezahlung ihrer Arbeit bisher nicht überall durchgesetzt werden. So kam es im Freizeithaus Gysenberg z. B. für kurze Zeit zu völligem Stillstand des Betriebes, als mit Aushilfskräften gearbeitet werden mußte. Randgruppen der Gesellschaft bemächtigten sich sogar eine zeitlang des Hauses. Es dauerte lange, bis die Einstellungsbehörde überzeugt worden war, daß der Sinn des Freizeithauses und des Parkes sich nur erfüllen läßt, wenn mindestens zwei Freizeithelfer und eine Reihe von Honorarkräften angestellt würden.

Mangelhaftes Ansehen der nicht allgemein anerkannten Freizeitpädagogik scheint einer der Gründe für diese Schwierigkeit, eine schlecht unterrichtete Öffentlichkeit (einschl. der Parlamentarier) hegt übermäßige Erwartungen.

Schließlich zeigte sich leider, daß die ideal gedachte Einbindung und Verknüpfung des Freizeithauses mit dem Park sich in der Wirklichkeit nicht vollständig einstellt, wenn eine durch Wände, Podeste, Möbel, verwandelbare Halle, die verschieden ein- und aufteilbar ist, fehlt — bei einsetzendem Schlechtwetter dient sie gleichsam als Park mit Dach. Folgerungen aus dieser Erfahrung sind bereits gezogen. Die vorhandenen Revierparke werden jetzt entsprechend ergänzt. Bei den in Bau befindlichen wurde das Programm erweitert.

Der große freie Park hat sich bewährt, anfänglich häufige Zerstörungen ließen trotz zunehmender Besucherzahl nach. Heute bedient man sich ziemlich frei der gegebenen Möglichkeiten, wiewohl der Park zuerst mehr als Ausstellungsstück besichtigt wurde. Der Vorteil des Parkes liegt in der Zusammenfassung eines breitgefächerten Angebotes, das sicher für jeden etwas bringt, eine Vielfältigkeit, die für innerstädtische Freiräume durchaus nicht richtig zu sein braucht.

Die Anlaufschwierigkeiten der noch nicht eröffneten Parke sollen dadurch verkürzt werden, daß heute schon bei Gruppen und Vereinen der benachbarten Bevölkerung die Einrichtung „Revierpark" im Bewußtsein verankert wird. Mehr als Presse, Rundfunk und Fernsehen auszurichten vermögen, können persönliche Hinweise erreichen. Der im letzten Sommer fertiggestellte Revierpark Vonderort besaß z. B. ein durch die Betroffenen bereits selbst erarbeitetes Veranstaltungsprogramm, das wesentlich anziehender war als ein am grünen Tisch geplantes. Das hängt mit der Besitzergreifung des Parkes zusammen; es heißt schon: „unser Revierpark"! und man kennt in den Repräsentanten der verschiedenen Gruppen bereits Vertrauens- bzw. Schlüsselpersonen. Mehrere Feste „der offenen Baustelle" während der Bauzeit zeigten der Nachbarschaft Ziele, Einwirkungsmöglichkeiten und auch Grenzen. Betriebsbegleitende Untersuchungen in den bestehenden Revierparken helfen die Schwellen zu finden: denn die Ansprüche der Planer an Einsatzbereitschaft, Ursprünglichkeit, Teilnahme der Bevölkerung dürfen nicht zu hoch geschraubt werden. Es ist z. B. merkwürdig, daß die so oft beschworene Kommunikation fast immer in Vorstufen verharrt. Wirklicher Austausch entsteht zumeist nur über die Kinder. Teilnehmende Beobachtungen und Befragungen werden hier weiteren Aufschluß ergeben.

Die Revierparke wurden hier als Beispiele für nutzbare Freiräume in der Städtelandschaft des Ruhrreviers ausführlich beschrieben. Versteht sich, daß auch sie nur Teil eines überregionalen Angebotes an Freiräumen sind. So erscheinen die Erholungsmöglichkeiten an der Kette der großen Ruhrstauseen als nicht weniger wichtig, ebenso die kleineren Anlagen mit Freibad, Campingplatz und ähnlichem in größerer Entfernung vom Kernraum der Ballung bis hin zu den im Ruhrgebiet gelegenen Naturparken, die ein anderes Erholungswirken spenden und damit den Fächer des Angebotes erheblich erweitern.

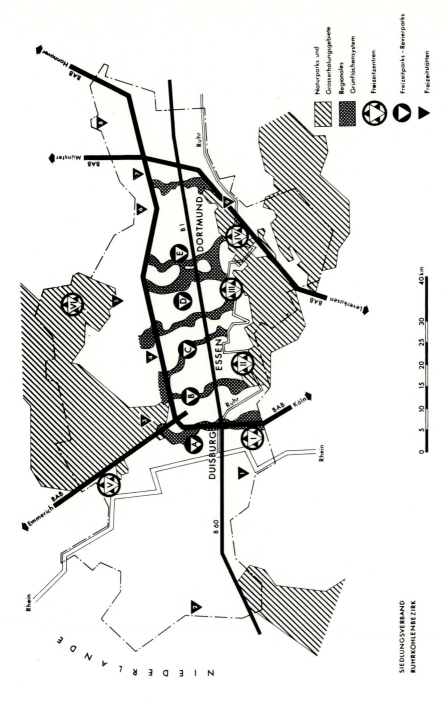

Abb. 1: *Regionale Grünplanung im Gebiet des Siedlungsverbandes Ruhrkohlenbezirk*

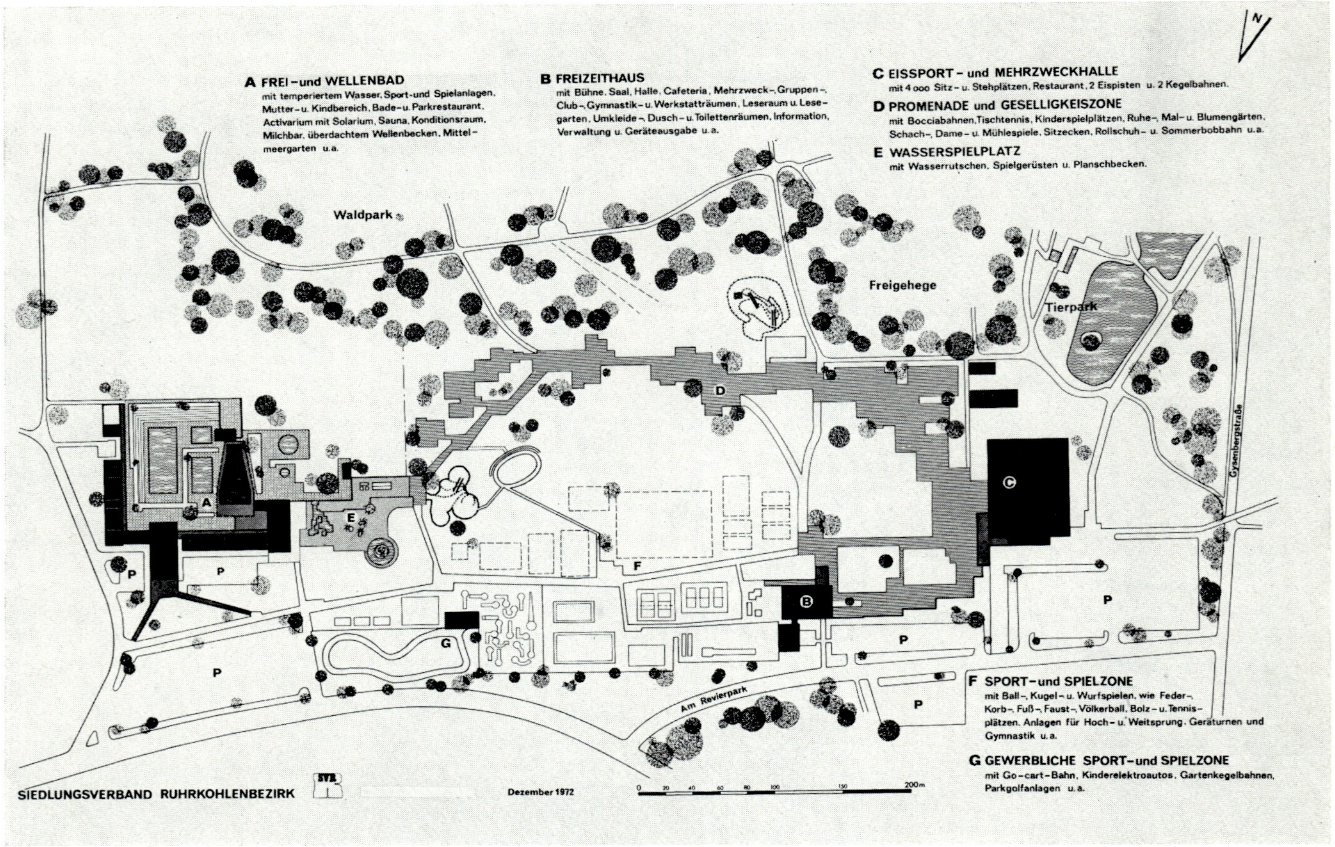

Abb. 2: *Revierpark Gysenberg in Herne*

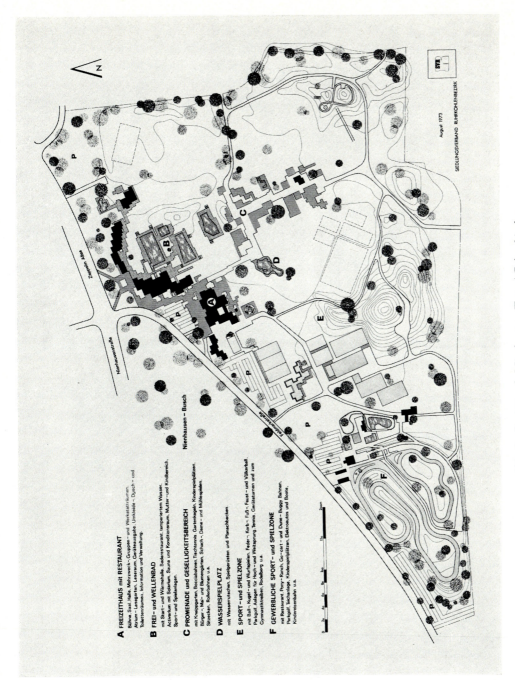

Abb. 3: Revierpark Nienhausen, Essen/Gelsenkirchen

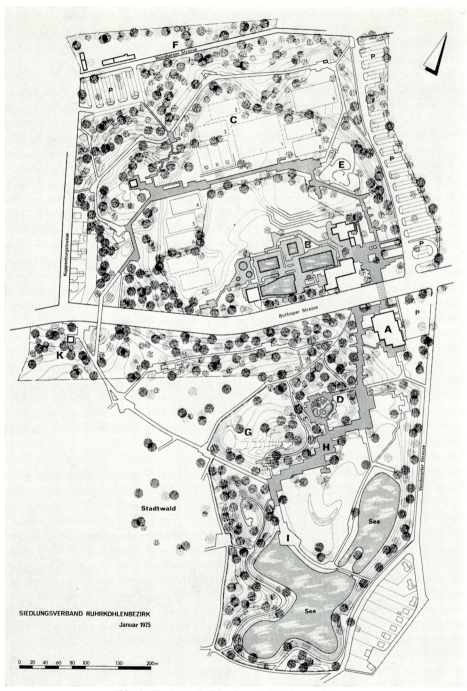

Abb. 4: Revierpark Vonderort, Oberhausen/Bottrop

Freizonenplanung im Gebietsentwicklungsplan
– dargestellt am Beispiel des Teilabschnitts Niederrhein –

von

Alfred Lehmann, Düsseldorf

Die Landesplanungsgemeinschaft Rheinland stellt ihren Gebietsentwicklungsplan in Teilabschnitten auf. Einer der räumlichen Teilabschnitte umfaßt das Niederrhein-Gebiet mit dem Kreis Kleve und dem Nordteil des Kreises Rees. Von dem größeren Südteil des Planungsgebietes Rheinland ist das Niederrhein-Gebiet durch das Planungsgebiet des Siedlungsverbandes Ruhrkohlenbezirk räumlich getrennt (vgl. Abgrenzung von Planungsräumen im Rheinland, S. 33, in: Theorie und Praxis bei der Abgrenzung von Planungsräumen, dargestellt am Beispiel Nordrhein-Westfalen, Forschungs- und Sitzungsberichte der Akademie für Raumforschung und Landesplanung, Bd. 77, Hannover 1972).

Das Niederrhein-Gebiet hatte am 31. 12. 1973 rund 175 000 Einwohner auf einer Fläche von 825 qkm. Mit einer Bevölkerungsdichte von 211 Einw./qkm zählt es zu den weniger dicht besiedelten ländlichen Zonen des Planungsgebietes Rheinland.

Der Teilabschnitt Niederrhein des Gebietsentwicklungsplanes umfaßt zwei Teile. In dem 1970 aufgestellten und 1974 genehmigten Teil I sind die Siedlungsbereiche und die Größenordnung der zukünftigen Bevölkerung dargestellt. Die Vorwegnahme eines sachlichen Teilabschnitts Siedlungsbereiche und Größenordnung der zukünftigen Bevölkerung des Plangebietes ist im Planungsgebiet Rheinland bisher allgemein gehandhabt worden. Die Notwendigkeit ergab sich aus der überaus starken Bevölkerungsentwicklung dieses Raumes. Vom 13. 9. 1950 bis zum 31. 12. 1973 mußten im Planungsgebiet Rheinland Siedlungsbereiche für mehr als 2 Millionen neue Einwohner, das sind über 40% der Ausgangszahl, bereitgestellt werden. Der Anteil des Planungsgebietes Rheinland an der Einwohnerzahl des Landes Nordrhein-Westfalen hat sich in diesem Zeitraum von 37,5 auf 40,5% erhöht. Unter den ohnehin äußerst schwierigen Arbeitsbedingungen der Regionalplanung im Rheinland — seit 1955 wurde im Abstand von jeweils 5 Jahren von Regierung oder Parlament die Existenz der Landesplanungsgemeinschaft in Frage gestellt — hätte das Problem der Siedlungsbereiche nicht fristgerecht bearbeitet werden können, wenn zugleich die Gliederung der Freizone mit allen dabei auftretenden Einzelfragen zum Gegenstand des förmlichen Erarbeitungsverfahrens gemacht worden wäre.

Teil II des Gebietsentwicklungsplanes Teilabschnitt Niederrhein, umfaßt die Darstellung des Verkehrsnetzes, der Leitungsbänder und der Standorte für Versorgungsanlagen sowie die Gliederung der Freizone in

Agrarbereiche,
Waldbereiche,
Bereiche für Naturschutz, Pflege und Schutz der Landschaft,
Erholungsbereiche, Freizeit- und Erholungsschwerpunkte,
Wasserwirtschaftliche Bereiche, Wasserflächen,
Bereiche für die oberirdische Gewinnung von Bodenschätzen.

Wegen ihres Zusammenhanges mit den Erholungsbereichen wurden die Wohnsiedlungsbereiche mit besonderen Funktionen für Wochenendhausgebiete und Mobilheimgebiete in den Teil II des Planes übernommen.

Diese Bereiche haben planungssystematisch unterschiedliche Bedeutung. Agrarbereiche, Waldbereiche, Freizeit- und Erholungsschwerpunkte, Bereiche für Naturschutz und Wasserflächen sind für jeweils eine Hauptnutzung bestimmt. In den Bereichen für die oberirdische Gewinnung von Bodenschätzen findet eine zeitlich begrenzte Hauptnutzung statt, die eine vorherige andere Hauptnutzung ablöst und — nach dem Abbau der Bodenschätze — von einer anderen Hauptnutzung durch Rekultivierung abgelöst wird. In Bereichen für Pflege und Schutz der Landschaft, Erholungsbereichen und wasserwirtschaftlichen Bereichen wird eine Hauptnutzung anderer Art von der betreffenden Nebennutzung (bzw. Nutzungsbeschränkung) überlagert. Dieser unterschiedlichen Bedeutung tragen die Planzeichen im wesentlichen Rechnung. Hauptnutzungen sind durch Flächenfarben, Nebennutzungen und Nutzungsbeschränkungen durch Schraffuren und Umrandungen dargestellt.

Die förmliche Erarbeitung des Teiles II wurde 1972 eingeleitet. 1974 wurde der Plan nach eingehender Erörterung der zahlreichen Bedenken und Anregungen unter Mitwirkung eines Sonderplanungsausschusses von der Landesplanungsgemeinschaft aufgestellt. Während der Erarbeitung wurde die dritte Durchführungsverordnung zum Landesplanungsgesetz geändert. Die Verordnung legt in der jetzt gültigen Fassung vom 20. Februar 1973 den Inhalt und die Art der Darstellungen (Planzeichen) des Gebietsentwicklungsplanes fest. Soweit der Stand der Erarbeitung es zuließ, sind diese neuen Festsetzungen im Teil II des Teilabschnittes Niederrhein berücksichtigt worden.

Eine der wichtigsten Entscheidungen, die im Teilabschnitt Niederrhein des Gebietsentwicklungsplanes zu treffen war, betraf die weitere Industrieansiedlung im Rheintal. Theoretisch denkbar wäre die weitere Ansiedlung von Großindustrie im Rheingebiet zwischen Wesel und Utrecht. Damit würden die großen Verdichtungsräume Rhein—Ruhr und Randstadt Holland zu einer „Metropolis" zusammengefaßt. Das andere Extrem wäre die konsequente Erhaltung einer „Pufferzone" beiderseits des Rheines im gesamten Rheingebiet zwischen Wesel und Utrecht, die auch in der langfristigen Entwicklung das Zusammenwachsen der beiden Verdichtungsräume verhindert. Die Entscheidungsgremien der Landesplanungsgemeinschaft — Sonderplanungsausschuß Niederrhein und Verwaltungs- und Planungsausschuß — haben sich für ihr Plangebiet zu einer mittleren Lösung entschlossen. Im Raum Kleve—Emmerich, den man als Teil einer kleineren Agglomeration Arnheim—Nymwegen—Kleve—Emmerich sehen kann, soll die Wirtschafts- und Siedlungsentwicklung weitergeführt werden. Im Rheintal zwischen Wesel und Emmerich soll die noch erhaltene Niederrhein-Landschaft auch in Zukunft erhalten bleiben, jedoch soll die Errichtung von zwei Kernkraftwerken als

Einzel-Anlagen in der Rheinlandschaft zugelassen werden. Eines dieser beiden Kernkraftwerke mit einer Leistung von 300 MW bei Kalkar ist bereits nach § 7 Atomgesetz genehmigt, für das zweite bei Bislich wird ein Antrag auf Genehmigung vorbereitet.

Die beiden Gremien der Landesplanungsgemeinschaft befanden sich bei ihren Beschlüssen mit der weit überwiegenden Mehrheit der örtlich Beteiligten in Übereinstimmung.

Man kann die Auffassung vertreten, daß Entscheidungen dieser Art — große Pufferzone zwischen zwei Verdichtungsräumen oder Zusammenwachsen dieser Verdichtungsräume oder mittlere Lösungen — in den Bereich der Landesplanung oder der Bundesraumordnung, nicht aber zum Aufgabengebiet der Regionalplanung gehören. Vieles spricht dafür, daß es sich dabei um eine Funktionszuweisung großräumiger Art handelt, die nicht nach regionalen Gesichtspunkten entschieden werden kann. In der Tat hat sich die Deutsch-Niederländische Raumordnungskommission über einen langen Zeitraum mit dem Teil I des Teilabschnitts Niederrhein vor dessen Genehmigung befaßt. Sie hat es aber nicht unter dem Aspekt großräumiger, zwischenstaatlicher Funktionszuweisung getan, sondern sie hat sich auf fachliche Einzelfragen des Hochwasserabflusses und des Immissionsschutzes im Zusammenhang mit einem grenznahen Gewerbe- und Industrieansiedlungsbereich beschränkt. Man könnte fast sagen, daß die Deutsch-Niederländische Raumordnungskommission in den Grenzbereich von Bauleitplanung und Regionalplanung vorgedrungen ist. Die Notwendigkeit grenzüberschreitender Regionalplanung steht außer Frage. Sie kann aber organisatorisch nicht in der Form gelöst werden, daß die Regionalplanung an Staatsgrenzen zum Betätigungsfeld von Bundes- und Landesbehörden gemacht wird.

Die Ergebnisse der Bundesraumordnung und Landesplanung waren für die Grundsatzentscheidung im Niederrheingebiet bisher wenig hilfreich. Die Entschließung der Ministerkonferenz für Raumordnung vom 21. November 1968 über die Verdichtungsräume läßt in ihren Ausführungen über den Verdichtungsraum Rhein-Ruhr keine klare Aussage erkennen, ob eine weitere Ausdehnung dieses größten Verdichtungsraumes der Bundesrepublik mit den Zielen der Raumordnung vereinbar ist. Die Landesentwicklungspläne des Landes Nordrhein-Westfalen mit Zonengliederung und Entwicklungsschwerpunkten lassen unterschiedliche Interpretationen der Ziele der Landesplanung zu.

Außerdem stehen sie in einer fatalen Abhängigkeit von der kommunalen Neugliederung. So werden aus ländlichen Zonen bei der kommunalen Neugliederung Ballungsrandzonen, aus Ballungsrandzonen Ballungskerne und der Raum der Entwicklungsschwerpunkte wird um Gebiete erweitert, die bislang als gesicherte Freizonen gelten konnten.

Für die Zukunft ist anzustreben, daß jede Stufe der Raumplanung sich jeweils der Planungsaufgaben annimmt, die in ihrer Stufe gestellt sind. So sollten raumbedeutsame Aufgaben von Bundesrang in der Bundesraumordnung, raumbedeutsame Aufgaben von Landesrang in der Landesplanung abschließend behandelt werden. Das dafür notwendige Instrumentarium müßte geschaffen werden, sofern es noch nicht vorhanden ist. Es erscheint nicht sinnvoll, Einzelfragen der unteren Stufen der Raumplanung in die jeweils höheren Stufen der Landesplanung, der Bundesraumordnung oder gar der zwischenstaatlichen Raumordnungsgremien heraufzuziehen, die eigentlichen Planungsaufgaben der höheren Stufen aber ungelöst zu lassen.

Im Teilabschnitt Niederrhein des Gebietsentwicklungsplanes ist der Anteil der Siedlungsbereiche mit rund 10%, der Anteil der Freizonen einschließlich der Verkehrs- und Leitungsbänder mit rund 90% der Gesamtfläche festgesetzt. Diese Anteile der

Bereichskategorien dürfte dem Charakter des Gebietes als ländliche Zone und seiner Lage in der Nachbarschaft des Verdichtungsraumes Rhein-Ruhr gerecht werden. Sie lassen der Siedlungs- und Wirtschaftsentwicklung des Niederrheingebietes einen Spielraum, der auch für die langfristige Entwicklung des Gebietes reichlich bemessen ist.

Für die Gliederung der Freizone des Plangebietes sind folgende Faktoren von Bedeutung:

1. Das Gebiet ist wegen seiner natürlichen Ausstattung und wegen seiner Nachbarschaft zum Verdichtungsraum Rhein-Ruhr für Wochenenderholung geeignet. Es müssen aber durch Erholungsanlagen zusätzliche Impulse gegeben und Möglichkeiten geschaffen werden.
2. Teile des Gebietes in der Rhein-Niederung sind nach Umfang und Qualität der Bodenschätze in transportgünstiger Lage für die Kiesgewinnung geeignet.
3. Der geringe Waldanteil des Gebietes und der über größere Strecken noch erhaltene Charakter der Niederrheinlandschaft machen große zusammenhängende Bereiche für Pflege und Schutz der Landschaft erforderlich.
4. Die angespannte Lage in der Wasserwirtschaft des Verdichtungsraumes macht es erforderlich, etwaige Überschüsse im Wasserdargebot des Plangebietes für die Versorgung des Verdichtungsraumes langfristig verfügbar zu machen.
5. Die Landwirtschaft des Raumes, die unter günstigen Bedingungen produziert, muß auch im Hinblick auf den Freizonencharakter des Plangebietes erhalten werden.

I. Freizeit- und Erholungsschwerpunkte*)

Im Rheintal zwischen Wesel und Arnheim—Nymwegen sind acht größere Freizeit- und Erholungsschwerpunkte vorhanden, im Ausbau begriffen oder geplant. In den meisten von ihnen sind Erholungsanlagen vorgesehen, die Wassersport ermöglichen. Fünf dieser größeren Freizeit- und Erholungsschwerpunkte liegen im Plangebiet Niederrhein. Zwei von ihnen, die Freizeit- und Erholungsschwerpunkte Tiergarten in Kleve und Hochelten/Wild/Borghees in Emmerich-Elten basieren auf den landschaftlichen Vorzügen, den Waldgebieten und den kulturhistorisch bedeutsamen Anlagen dieser Gebiete. Ein Ausbau der Erholungseinrichtungen ist noch erforderlich. Bei den übrigen drei Freizeit- und Erholungsschwerpunkten bilden große Baggerseen die Basis für Wassersportanlagen größeren Umfangs.

Am weitesten ist der Ausbau des Freizeit- und Erholungsschwerpunktes Kalkar/Wissel fortgeschritten. Eine große Wasserfläche, die im Zuge der Kiesgewinnung entstanden ist und noch wesentlich erweitert wird, ermöglicht alle Arten von Wassersport abgesehen vom Motorbootsport. Ein Bereich für Wochenendhäuser ist vorhanden. Der Freizeit- und Erholungsschwerpunkt wird für fast 20 000 Erholungssuchende ausgebaut. Im Freizeit- und Erholungsschwerpunkt Reeser Meer ist mit dem Kiesabbau erst begonnen worden. Die entstehende große Wasserfläche soll eine ähnliche Entwicklung ermöglichen wie in Kalkar/Wissel. Jedoch liegt hier noch keine Ausbauplanung vor. Als dritter derartiger Freizeit- und Erholungsschwerpunkt ist Kessel südlich des Reichswaldes vorgesehen. Auch hier sollen Erholungsanlagen im Zusammenhang mit Baggerseen und Wochenendhausgebieten entstehen.

---
*) Siehe hierzu Abb. 1 (Die Abbildungen 1—4 befinden sich am Schluß dieses Beitrages).

Im ganzen ist für den Ausbau der fünf größeren Freizeit- und Erholungsschwerpunkte des Plangebietes Niederrhein eine Kapazität von etwa 65 000 Personen vorgesehen. Für weitere etwa 50 000 bis 55 000 Erholungssuchende sollen 7 kleinere zum Teil vorhandene Freizeit- und Erholungsschwerpunkte und rund 20 Erholungsbereiche zur Verfügung stehen. Bei rund 175 000 Einwohnern des Plangebietes stellt eine Zahl von rund 120 000 zum überwiegenden Teil (etwa 70 000) aus Nachbargebieten kommenden Erholungssuchenden einen bedeutsamen Faktor dar.

Bei der Kapazitätsermittlung wurde versucht, die Zahl der Personen abzuschätzen, die sich gleichzeitig in einem Freizeit- und Erholungsschwerpunkt bzw. in einem Erholungsbereich aufhalten können. Die Zahl der Erholungssuchenden, die an Spitzentagen in diesen Bereichen aufgenommen werden können, kann wesentlich über der ermittelten Kapazität liegen. Sie ist abhängig von der Dauer des Aufenthalts in den Erholungsanlagen. Die Erholungsbereiche des Plangebietes umfassen rund 3500 ha, davon sind etwa 320 ha Freizeit- und Erholungsschwerpunkte.

Im Gebietsentwicklungsplan sind Erholungsanlagen aufgezählt, die in Freizeit- und Erholungsschwerpunkten errichtet werden können. Die Planung für die einzelnen Schwerpunkte ist Aufgabe der Gemeinden oder der für diesen Zweck zu bildenden Institutionen. Es ist aus der Relation Einwohner/Erholungssuchende klar, daß die Gemeinden bei der Errichtung von Freizeit- und Erholungsschwerpunkten und beim Ausbau der Erholungsbereiche der Landeshilfe bedürfen. Der Unterschied zwischen Freizeit- und Erholungsschwerpunkten einerseits und Erholungsbereichen andererseits besteht darin, daß in Freizeit- und Erholungsschwerpunkten Erholungsanlagen verschiedener Art schwerpunktmäßig zusammengefaßt werden, so daß die Erholungsnutzung die künftige Hauptnutzung in der zum Schwerpunkt gehörenden Fläche darstellt. In Erholungsbereichen bleibt dagegen die forstliche oder landwirtschaftliche Hauptnutzung bestehen. Die Erholungsanlagen haben hier geringen Umfang. Die Erholungsnutzung überlagert nur die jeweilige Hauptnutzung.

Ein besonderes Problem stellen im Plangebiet die Plätze für Mobilheime und Gebiete für Wochenendhäuser dar. Sie sind bisher zum Teil auf Grund privater Initiative an landschaftlich bevorzugten Punkten, z. B. an Wasserflächen alter Rheinarme, entstanden und in relativ kleinen Einheiten weit über das Plangebiet gestreut. Um dieser Zersiedlung für die Zukunft vorzubeugen, werden im Gebietsentwicklungsplan für die Festsetzung von Wochenendhaus- und Mobilheimgebieten geeignete Standorte, die im Zusammenhang mit Freizeit- und Erholungsschwerpunkten oder mit Erholungsbereichen stehen, als Wohnsiedlungsbereiche mit besonderen Funktionen dargestellt. Diese Bereiche sind vorzugsweise in Anlehnung an vorhandene Ortschaften und unter Berücksichtigung im Zusammenhang bebauter Ortsteile dargestellt. Einbezogen sind dabei vorhandene, zum Teil sanierungsbedürftige Anlagen. Auf diese Weise soll den Gemeinden eine Richtlinie für die Behandlung dieses regionalen Problems in der Bauleitplanung gegeben werden. Diese Wohnsiedlungsbereiche mit besonderen Funktionen umfassen im Plangebiet rund 250 ha.

II. Gewinnung von Bodenschätzen[*]

Das Niederrheingebiet ist seit einiger Zeit in die Rolle eines Kieslieferungsgebietes für die benachbarten Verdichtungsräume hineingewachsen. Die Gründe liegen in der

---
[*] Siehe hierzu Abb. 2.

Qualität und in der Ergiebigkeit der Lagerstätte sowie in den günstigen Transportmöglichkeiten auf dem Rhein.

Das Abgrabungsgesetz vom 21. November 1972 (GV.NW. 1972 S. 372) gibt die Möglichkeit der landesplanerischen Einflußnahme auf die Genehmigung von Kiesgruben. Daraus ergibt sich andererseits die Verpflichtung, die Ziele der Raumordnung und Landesplanung für die Gewinnung von Kies im Gebietsentwicklungsplan konkret darzustellen.

Im Gebietsentwicklungsplan, Teilabschnitt Niederrhein sind rund 3850 ha Bereiche für die Gewinnung von Kies dargestellt. Einen Schwerpunkt bilden dabei mit rund 2700 ha die Bereiche im Gebiet zwischen Wesel und Rees, das zwischen dem Rhein und der Bundesstraße 8 liegt. Hier ist die Kiesgewinnung in großem Umfang bereits eingeleitet. Da der Kies in großer Mächtigkeit ansteht und die Auffüllung der Kiesgruben auf die frühere Geländehöhe wegen des Mangels an geeignetem Fremdmaterial ohne negative Einflüsse auf das Grundwasser in der Regel nicht möglich ist, wird hier ein größeres Seengebiet entstehen, das bei entsprechender Rekultivierung zusammen mit dem Rhein und den großen Waldflächen des Diersfordter Waldes ein bedeutendes Erholungsgebiet in einer Größe von rund 50 qkm in der Art eines Naturparks werden soll. Am Nordrand dieses „Naturparks" ist der Freizeit- und Erholungsschwerpunkt Reeser Meer vorgesehen.

Im Gebietsentwicklungsplan ist davon abgesehen worden, die Rekultivierung der einzelnen Bereiche für die Gewinnung von Kies festzulegen. Es erschien zweckmäßiger, diese Festlegung der Abgrabungsgenehmigung zu überlassen, weil erst zu diesem Zeitpunkt konkrete Angaben über Abraummenge, Kiesmenge und voraussichtliche Wasserfläche vorliegen. Der Gebietsentwicklungsplan beschränkt sich deshalb auf generelle Darstellungen der künftigen Nutzung der Abgrabungsgebiete. Es ist selbstverständlich weder möglich noch zweckmäßig, aus jedem Abgrabungsbereich eine Erholungsanlage zu machen.

III. Bereiche für Pflege und Schutz der Landschaft *)

Im Gebietsentwicklungsplan sind Bereiche für den Naturschutz und Bereiche für Pflege und Schutz der Landschaft dargestellt. Die Bereiche für den Naturschutz sind als Teile der Freizonen definiert, in denen die Natur in ihrer Gesamtheit oder in einzelnen ihrer Teile aus wissenschaftlichen, ökologischen, geschichtlichen oder kulturellen Gründen oder wegen ihrer Schönheit oder Eigenart geschützt werden soll. Die dargestellten Bereiche sind in vier Gruppen zu gliedern. Zur ersten Gruppe gehören die Naturschutzgebiete wie z. B. die Wisseler Düne, für die Verordnungen auf Grund des Naturschutzgesetzes bereits bestehen; die zweite Gruppe umfaßt die sogenannten Naturwaldzellen in den Staatsforsten Reichswald und Xanten; zur dritten Gruppe gehören Bereiche, in denen ein naturnaher Zustand erhalten geblieben ist, der die Verordnung eines Naturschutzgebietes rechtfertigt; Gruppe vier enthält Bereiche, in denen nach dem Kiesabbau die Voraussetzungen für die Schaffung ökologisch wertvoller Biotope gegeben erscheinen. Die Bereiche für den Naturschutz umfassen mit rund 1 150 ha einen relativ großen Anteil des Plangebietes (etwa 1,5%).

Die Bereiche für Pflege und Schutz der Landschaft sind meist landwirtschaftlich oder forstwirtschaftlich genutzte Teile der Freizone, die aus Gründen der Erhaltung oder

---
*) Siehe hierzu Abb. 3.

Verbesserung der Umweltbedingungen im Hinblick auf Naturhaushalt, Kleinklima, Immissionsschutz, Landschaftsschäden, Landschaftsbild oder Erholung besonders zu schützen, zu pflegen oder zu entwickeln sind. Sie enthalten sowohl naturnahe Landschaftsteile, in denen Schutz- oder Erhaltungsmaßnahmen vordringlich sind, wie auch Entwicklungsgebiete, in denen Pflege- und Sanierungsmaßnahmen erforderlich sind. Mit rund 32% ist der Anteil der Bereiche für Pflege und Schutz der Landschaft an der Gesamtfläche des Plangebietes verhältnismäßig groß. Die Begründung dafür liegt in dem Charakter des Plangebietes als Ausgleichsraum und Pufferzone für die benachbarten großen Verdichtungsräume. Es ergibt sich aus dieser Situation die Verpflichtung des Landes zur wirtschaftlichen Unterstützung der Gemeinden und Kreise des Plangebietes bei der Durchführung der Pflegemaßnahmen. Die Zielsetzung der Pflege- und Schutzmaßnahmen ist im Gebietsentwicklungsplan für jeden Bereich im einzelnen dargestellt.

IV. Wasserwirtschaft*)

Im Gebietsentwicklungsplan sollen wasserwirtschaftliche Bereiche unter besonderer Darstellung der Wasserflächen angegeben werden (Neufassung der dritten Durchführungsverordnung zum Landesplanungsgesetz — GV.NW. 1973 S. 228). Demgemäß sind im Teilabschnitt Niederrhein des Gebietsentwicklungsplanes Wasserläufe 1. und 2. Ordnung und auch die nicht zu den Wasserläufen gehörenden Seen dargestellt. Die Darstellung der bei Abgrabungen entstandenen Seen stößt dabei wegen des einige Jahre zurückliegenden Berichtigungsstandes der topographischen Karten auf Schwierigkeiten. Künftig bei Abgrabungen entstehende Wasserflächen — die im Plangebiet große Bedeutung haben — sind nur dargestellt, soweit sie Bestandteil eines genehmigten Abgrabungsplanes sind oder wesentliche Bedeutung als Bestandteil eines Freizeit- und Erholungsschwerpunktes erhalten sollen.

Als Bereiche für die Wasserwirtschaft sind diejenigen Gebiete dargestellt, die im Umkreis vorhandener oder geplanter Trinkwassergewinnungsanlagen liegen. Dabei ist nach den Grundsätzen verfahren worden, die für die Abgrenzung der Schutzzonen III a angewandt werden. Im förmlichen wasserwirtschaftlichen Verfahren sind im Plangebiet bisher nur in wenigen Fällen Schutzzonen festgesetzt worden. Schließlich sind als wasserwirtschaftliche Bereiche Überschwemmungsgebiete dargestellt worden. Diese Bereiche weichen von den gesetzlichen Überschwemmungsgebieten ab, da bei der Abgrenzung in neuerer Zeit ausgeführte und geplante Deichbauten berücksichtigt sind.

Da ein wasserwirtschaftlicher Rahmenplan für das Plangebiet noch nicht vorliegt, konnten die Möglichkeiten zur Trinkwasserversorgung von Nachbargebieten nicht in vollem Umfang ermittelt und dargestellt werden. Es ist anzunehmen, daß das Wasserdargebot des Plangebietes den langfristig im Plangebiet zu erwartenden Trinkwasserbedarf überschreitet. Eine Ausdehnung der wasserwirtschaftlichen Bereiche erscheint deshalb in der langfristigen Entwicklung nicht ausgeschlossen.

V. Land- und Forstwirtschaft

Agrarbereiche und Waldbereiche umfassen den weit überwiegenden Teil der Freizone des Plangebietes Niederrhein. Diese Nutzungsarten werden auch künftig das

---
*) Siehe hierzu Abb. 4.

Landschaftsbild des Niederrheins bestimmen, da das Niederrheingebiet wegen der günstigen Produktionsverhältnisse „Vorranggebiet der Landwirtschaft" ist. Wegen des Bedarfs an Siedlungsbereichen, Freizeit- und Erholungsschwerpunkten, Kiesgewinnungsbereichen, Verkehrs- und Leitungsbändern, Ver- und Entsorgungsanlagen sind die Agrarbereiche aber in geringerem Umfang dargestellt, als es der derzeitigen Nutzung entspricht. Bei der Abgrenzung der Waldbereiche ist dagegen wegen des ohnehin relativ geringen Waldanteils der vorhandene Waldbestand voll berücksichtigt worden. Es war jedoch nicht möglich, die Waldbereiche in nennenswertem Umfang über den derzeitigen Waldbestand auszudehnen.

Die Flächenverluste für die Landwirtschaft, die in der Darstellung der Agrarbereiche zum Ausdruck kommen, werden erst in einem längeren Zeitraum tatsächlich eintreten. Das gilt insbesondere für diejenigen derzeit landwirtschaftlich genutzten Flächen, die als künftige — für eine sehr langfristige Entwicklung reichlich bemessene — Siedlungsbereiche dargestellt sind.

Andererseits sind in einigen Fällen aber auch innerhalb der Agrarbereiche Flächeneinbußen zu erwarten. Das gilt für den Flächenbedarf des geplanten Kernkraftwerks bei Bislich, des geplanten Verkehrslandeplatzes bei Kleve und der geplanten Kiesgewinnung bei Niedermörmter. Über die genannten Planungen wird in besonderen fachgesetzlichen Verfahren entschieden. Bei positiver Entscheidung über die gestellten bzw. beabsichtigten Anträge sind in diesen Fällen Korrekturen der Agrarbereiche durch nachrichtliche Darstellungen im Gebietsentwicklungsplan erforderlich. Schließlich ist zu berücksichtigen, daß die Agrarbereiche nicht in vollem Umfang aus landwirtschaftlichen Nutzflächen bestehen. Streubebauung, kleinere Baugebiete, die nicht Wohnsiedlungsbereiche sind, im Zusammenhang bebaute Ortsteile und einzelne nicht landwirtschaftliche Anlagen sind aus Gründen der Planungssystematik als Teile der Agrarbereiche im Gebietsentwicklungsplan dargestellt. Trotz dieser Einschränkungen werden die landwirtschaftlichen Nutzflächen auch künftig im Plangebiet dominieren.

Für einige kleinere Agrarbereiche, in denen größere Investitionen für spezialisierte landwirtschaftliche Intensivnutzung vorgenommen wurden, legt der Gebietsentwicklungsplan fest, daß sie auch in Zukunft von Planungsvorhaben anderer Fachsparten freigehalten werden sollen. Es ist zu erwägen, derartige Festlegungen in Zukunft auf diejenigen Teile der Agrarbereiche auszudehnen, die z. B. im Flurbereinigungsverfahren durch Hofaussiedlungen oder anderer Maßnahmen mit beträchtlichen Aufwendungen für eine landwirtschaftliche Nutzung vorbereitet worden sind.

Der Gebietsentwicklungsplan, Teilabschnitt Niederrhein, ist in langwieriger Gemeinschaftsarbeit der Beteiligten in der Landesplanungsgemeinschaft Rheinland entstanden. Es ist innerhalb der Landesplanungsgemeinschaft der erste Plan, in dem eine verhältnismäßig detaillierte Gliederung der Freizone für die langfristige Entwicklung vorgenommen wurde. Bereits bei der Ausarbeitung des Entwurfs konnte die Landesplanungsgemeinschaft die Mitwirkung von Fachstellen, wie insbesondere des Bezirksbeauftragten für Naturschutz, der Landwirtschaftskammer Rheinland, der Höheren Forstbehörde, der Wasserwirtschaftsbehörden, des geologischen Landesamtes und der beiden Kreisverwaltungen in Anspruch nehmen. Bei der Erarbeitung und Aufstellung des Planes war die kommunale Selbstverwaltung des Plangebietes in ausschlaggebendem Umfang beteiligt. Es ist zu hoffen, daß der Plan sich als Beitrag zu einer günstigen Entwicklung des Niederrheingebietes bewährt.

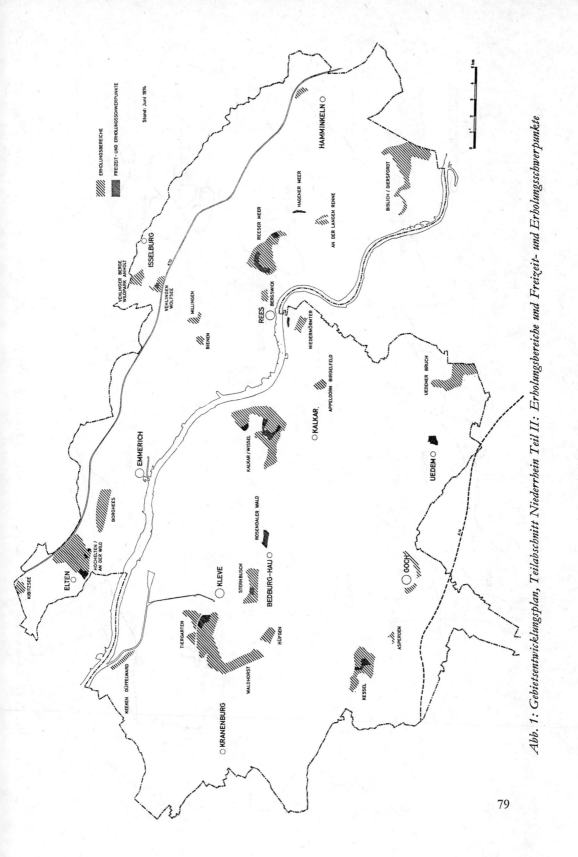

Abb. 1: Gebietsentwicklungsplan, Teilabschnitt Niederrhein Teil II: Erholungsbereiche und Freizeit- und Erholungsschwerpunkte

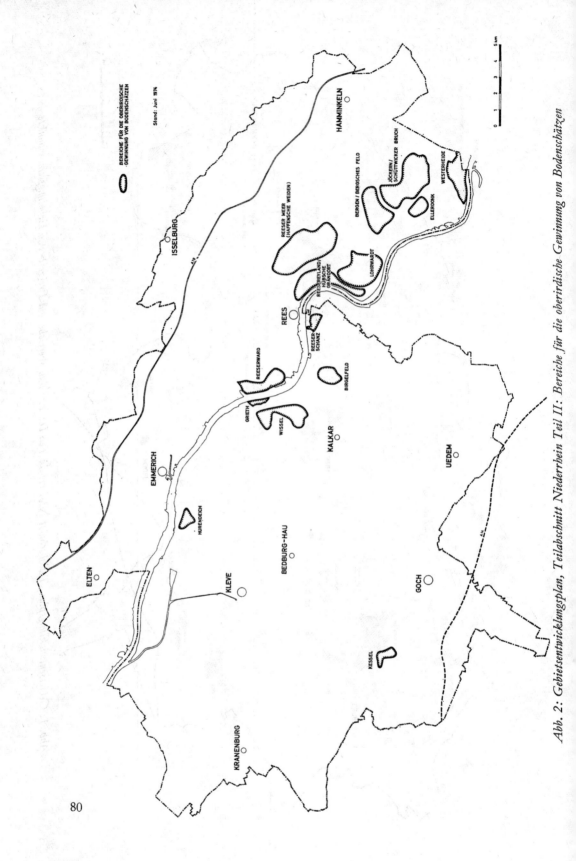

Abb. 2: *Gebietsentwicklungsplan, Teilabschnitt Niederrhein Teil II: Bereiche für die oberirdische Gewinnung von Bodenschätzen*

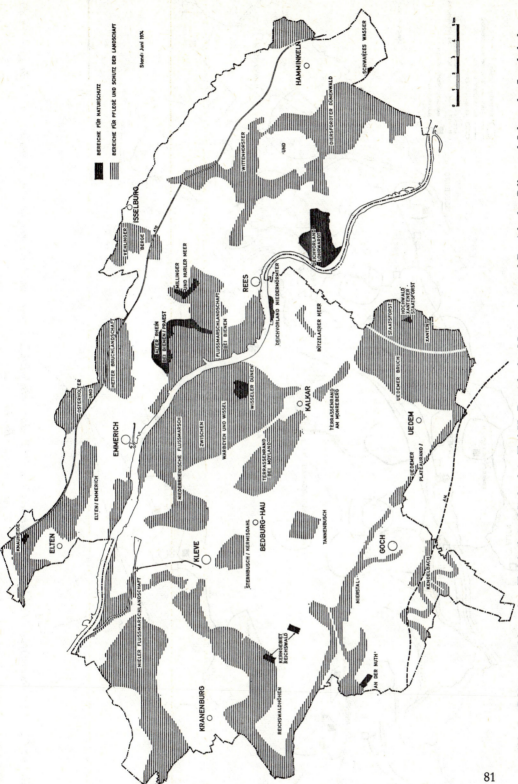

Abb. 3: Gebietsentwicklungsplan, Teilabschnitt Niederrhein Teil II: Bereiche für Naturschutz und Bereiche für Pflege und Schutz der Landschaft

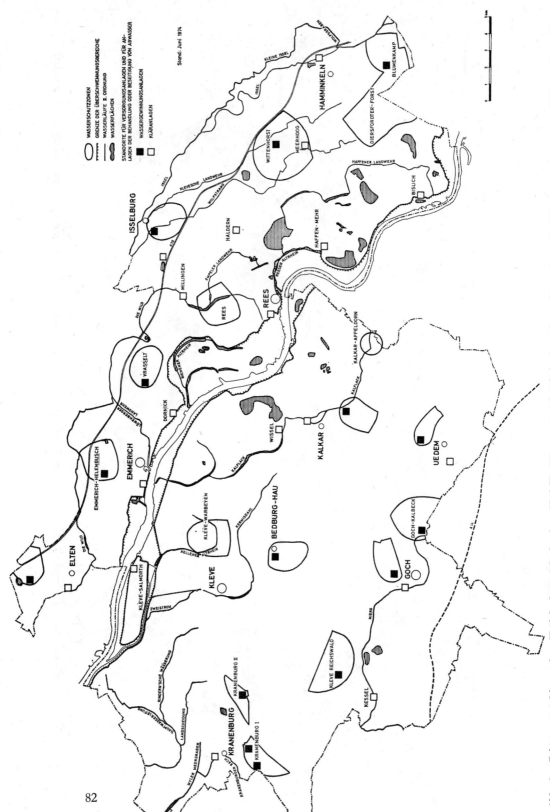

Abb. 4: Gebietsentwicklungsplan, Teilabschnitt Niederrhein Teil II: Wasserwirtschaftliche Bereiche und Standorte für Versorgungsanlagen und für Anlagen der Behandlung oder Beseitigung von Abwasser

Zur Erfassung der Nachfrage nach Freizeit und Erholung

von
Viktor Frhr. von Malchus, Dortmund

I. Planung ohne Kenntnis der Nachfrage?

Im Entwicklungsprogramm Ruhr, im Nordrhein-Westfalen-Programm 1975[1]), im Gesetz zur Landesentwicklung (Landesentwicklungsprogramm)[2]) und in den Entwürfen für den Landesentwicklungsplan III des Landes Nordrhein-Westfalen wird seitens der Landesplanung der Versuch gemacht, trotz Fehlens einer genauen Kenntnis über die künftige Nachfrage nach Freizeit und Erholung und unter Anerkennung des Grundsatzes, daß die Nutzung der Freizeit möglichst nicht gesteuert werden soll[3]), durch Planungen und entsprechende Maßnahmen eventuelle Störungen zwischen den vielfältigen Nutzungsmöglichkeiten der Landschaft möglichst zu vermeiden bzw. auf ein Mindestmaß zu reduzieren[4]). Dabei erweist sich die mangelhafte Kenntnis über das Freizeit- und Erholungsverhalten der Bevölkerung als eines der größten planerischen Probleme.

Schon das Entwicklungsprogramm Ruhr, das unter dem Eindruck der Krisenjahre 1966/68 alle fördernden Maßnahmen des Landes, der Gemeinden und des Bundes in einem Programm zusammenfaßte, enthielt u. a. einen umfangreichen Katalog von Maßnahmen zur verbesserten Ausstattung des Ruhrgebietes mit Freizeit- und Erholungsanlagen, von denen die „Revierparks"[5]) allgemein bekannt geworden sind. Im Nordrhein-Westfalen-Programm 1975 wurden die Ziele zur Entwicklung des Erholungswesens weiterentwickelt und für das ganze Land in einem zweiten mittelfristigen Handlungsplan der Landesregierung zusammengefaßt, der die Entwicklungsperspektiven des Landes bis zur Mitte der siebziger Jahre darstellte und die voraussehbaren Entwicklungstendenzen der weiteren Zukunft aufzeigt. In einem umfassenden Ziel- und Maßnahmenkatalog befaßt sich dieser Handlungsplan mit Maßnahmen zur Hebung des „Freizeitwertes" des Landes, insbesondere mit dem Ausbau von Einrichtungen für Tages-, Wochenend- und Ferienerholung. Die landesplanerischen Ziele zur Entwicklung von Erholungsgebieten finden sich in den §§ 22, 29 und 19 des Gesetzes zur Landesentwicklung (LEPr). Gemäß § 35 Buchst. e) LEPr werden die „Gebiete mit

---

[1]) Landesregierung Nordrhein-Westfalen (Hrsg.): Nordrhein-Westfalen-Programm 1975, Düsseldorf 1970, S. 81 und S. 107 ff.
[2]) Gesetz zur Landesentwicklung (Landesentwicklungsprogramm) vom 19. 3. 1974, Gesetz- und Verordnungsblatt für das Land Nordrhein-Westfalen, Ausgabe A, 28. Jahrg., Nr. 15 vom 29. März 1974.
[3]) Vgl. W. Weyer,: Freizeit und Erholung in Nordrhein-Westfalen, Rede, abgedruckt im Eildienst des Landkreistages Nordrhein-Westfalen, Nr. 22 (1974), S. 293.
[4]) Vgl. H.-G. Niemeier: Wochenend- und Ferienerholung, Raumforschung und Raumordnung, 31. Jahrg., H. 4 (1973), S. 180 ff.
[5]) Vgl. hierzu den Beitrag von H. Klausch „Über die Revierparke des SVR" in diesem Band.

besonderer Bedeutung für Freiraumfunktionen" in einem besonderen Landesentwicklungsplan festgelegt, (d. h. die Ziele des Landesentwicklungsprogramms haben sich nach Maßgabe des Landesplanungsgesetzes in Landesentwicklungsplänen, LEP, zu entfalten). Entwürfe für diesen LEP III liegen inzwischen vor, der letzte vom 28. 11. 1974. Er befindet sich z. Z. im Anhörungsverfahren. In ihm werden u. a. Erholungsgebiete sowie Freizeit- und Erholungsschwerpunkte ausgewiesen.

Ohne genauere Kenntnis der Entwicklung der Nachfrage nach Freizeit und Erholung nachzuweisen, gehen diese Programme und Pläne von folgenden, für die Raumordnung und Landesplanung wesentlichen, Entwicklungstendenzen aus[6]:

— die für den einzelnen frei verfügbare Zeit nimmt zu;

— mit zunehmender Bedeutung der Freizeit steigt der Flächenbedarf für Freizeit und Erholung und sonstigen Nutzungsansprüchen an den Freiraum;

— die Nachfrage nach wetterunabhängigen Freizeit- und Erholungseinrichtungen und nach Zweitwohnungen nimmt zu;

— die Aufenthaltsdauer der Erholungssuchenden verlängert sich, vielgestaltige Landschaften werden bevorzugt;

— die Belastungen der Erholungsgebiete des Landes werden zunehmen.

Da in den Programmen und Plänen zur Förderung der Freizeiteinrichtungen und zur Sicherung und Erschließung der Erholungsgebiete von diesen Prämissen ausgegangen wird, soll in diesem Beitrag geprüft werden, ob die bisherigen wissenschaftlichen Untersuchungen zur Nachfrage im Erholungswesen ausreichen, um diese Thesen und Voraussetzungen zu stützen und, wenn ja, inwieweit sie quantitativ untermauert werden können.

II. Zur Theorie der Nachfrage nach Erholungsleistungen

Will man die derzeitige und künftige Nachfrage nach Freizeit und Erholung analysieren, dann erscheint es zweckmäßig, dabei von den allgemeinen Erkenntnissen der Wirtschaftswissenschaften, insbesondere der Preistheorie, auszugehen. Dabei kann zunächst festgestellt werden, daß zwischen dem Preis einer Ware, hier für Erholungs- und Freizeitleistungen, und der Höhe der Nachfrage (M) nach diesem Gut jederzeit ein Zusammenhang besteht. Die Beziehung zwischen Preis (P) und Nachfragemengen (M) nennt man die Nachfragefunktion, daraus ergibt sich $N = P \times M$ (vgl. Abb. 1). Wie das Beispiel in Abb. 1 zeigt, und dies gilt mehr oder weniger für alle Waren, sinkt die Nachfrage, wenn der Preis steigt. Dies hat vor allem zwei Folgen: entweder versucht der Nachfrager, die teuren Erholungsleistungen durch ein billigeres Angebot zu ersetzen (Substitution) oder er kann sich bei steigenden Preisen und gegebenem Einkommen nicht mehr soviel leisten und muß deshalb seine Verbrauchsgewohnheit (Nachfrage nach bestimmten Gütern) ändern[6a].

Bei einzelnen Gütern reagiert die Nachfrage auf Preissenkungen jedoch graduell verschieden. So wird die Nachfrage nach Erholungsleistungen sehr wahrscheinlich

---

[6] Vgl. Landesregierung Nordrhein-Westfalen (Hrsg.): Nordrhein-Westfalen-Programm 1975, a.a.O., S. 107 ff.; Landesregierung Nordrhein-Westfalen (Hrsg.): Erläuterungsbericht zum Entwurf des Landesentwicklungsplans III (Stand: 28. 11. 1974), als Manuskript vervielfältigt, S. 9.

[6a] Vgl. hierzu auch H. HEYKEN: Probleme einer räumlich-funktionalen Arbeitsteilung, Hrsg. vom Institut für Landes- und Stadtentwicklungsforschung des Landes Nordrhein-Westfalen (ILS), Schriftenreihe Bd. 1 005, Dortmund 1975, S. 63 ff.

stärker reagieren, d. h. elastischer sein, als die Nachfrage nach Grundnahrungsmitteln (z. B. Brot), die relativ unelastisch ist. Dies bedeutet, daß bei steigendem Preis für Erholungsleistungen der Nachfragerückgang (Umsatz) größer ist als bei Gütern mit ge-

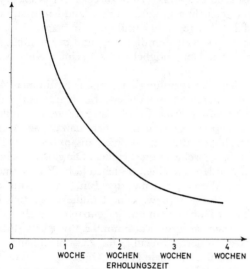

Abb. 1: *Nachfrage nach Erholung*

ringerer Nachfrageelastizität. Die Elastizität der Nachfrage drückt dann aus, wie sich der Gesamtumsatz bei Preissenkung verhält. Senkt man den Preis, z. B. für die Benutzung einer Freizeitanlage, sehr stark, dann kann hier z. B. aus der elastischen Nachfrage bei hohem Preise eine inelastische Nachfrage werden, d. h. die Elastizität der Nachfrage kann an jedem Punkt der Nachfrage eine andere sein.

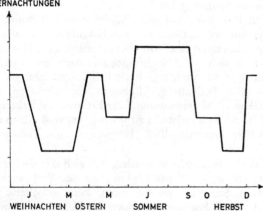

Abb. 2: *Saisonale Nachfrage nach Erholungsleistungen*

Die Bedeutung der Elastizität der Nachfrage nach Erholungsleistungen soll am Beispiel der Besonderheit der Saisonschwankungen erläutert werden. Bekanntlich konzentriert sich die Nachfrage nach Möglichkeiten für die Familienerholung auf die Monate der Schulferien. Wie Abb. 2 zeigt, steigen Nachfrage und Preise saisonbedingt in den Erholungsgebieten um Weihnachten, Ostern und in den Sommerferien sprunghaft an. Die Anbieter von Erholungsleistungen, wie z. B. die Hotels und Pensionen in Erholungsgebieten, nutzen die inelastische Nachfrage in Ferienzeiten durch höhere Saisonpreise und versuchen, durch Preisnachlässe in der Vor- und Nachsaison und den dazwischenliegenden Monaten die elastische Nachfrage zum Zwecke der Kapazitätsauslastung zu stabilisieren. Der Anbieter versucht also kurz-, mittel- und langfristig ein Gleichgewicht zwischen Angebot und Nachfrage herbeizuführen, um seinen Umsatz zu maximieren. Der Nachfrager versucht — soweit ihm dies aufgrund der besonderen Bedingungen am Markt für Erholungsleistungen möglich ist — seinen Nutzen zu maximieren.

Auf einem Wettbewerbsmarkt wie dem für Erholungsleistungen, bestimmen Angebot und Nachfrage den Preis. Für die weiteren Überlegungen ist es hier wichtig, der Frage nachzugehen, welche Kräfte die Nachfrage nach Erholungsleistungen beeinflussen. Bei der Prüfung dieser Frage kann davon ausgegangen werden, daß die am Markt wirksame Gesamtnachfrage sich aus unzähligen Einzelnachfragen zusammensetzt. Die Nachfrage der einzelnen Verbraucher ist jedoch sehr unterschiedlich. Die einen möchten in den Süden reisen, die anderen in den Norden; die einen beziehen hohe Einkommen, die den Handlungsspielraum vergrößern; die anderen niedrige Einkommen, die die Wahlmöglichkeiten einschränken. Der Nachfrager (bzw. seine Familie) sieht sich bei gegebenen Einkommen in unterschiedlicher Höhe einem unübersehbaren Angebot von Erholungsleistungen gegenüber und versucht aufgrund bestimmter Vorlieben (Präferenzen) und seiner Möglichkeiten bewußt oder unbewußt, im Zusammenhang mit anderen Verbrauchsentscheidungen, die für ihn optimale Nutzenkombination (Gleichgewichtskombination) durch Abwägen, Wählen und Substituieren herauszufinden. Dabei bekommt die Präferenzstruktur des einzelnen für seinen Verbrauchsentscheid eine sehr hohe Bedeutung. Allgemein gesprochen ist die Gleichgewichtskombination dann erzielt, wenn die Nutzenzuwächse für alle Einkommensverwendungszwecke einander gleich sind. Für die Nachfrage nach Erholungsleistungen bedeutet dies, daß bei gleichen Einkommen derjenige, der seinen sonstigen Lebensunterhalt sparsam bestreitet, mehr für die Nachfrage nach Erholungsleistungen ausgeben kann als derjenige, der sich einen hohen Verbrauchsstandard zugelegt hat.

Für die Verbraucherentscheide in Beziehung auf die Nachfrage nach Erholungsleistungen werden, wegen der allgemein hohen Elastizität der Nachfrage nach diesen Gütern, Preis- und Einkommensveränderungen eine hohe Bedeutung haben. Über die Wirkungen von Preisänderungen, wie sie sich in der Nachfragekurve darstellen, wurden oben bereits Ausführungen gemacht. Für die Nachfrage nach Erholungsleistungen ist die Einkommensentwicklung von größter Bedeutung. Allgemein läßt sich sagen, daß mit steigendem Einkommen ein größerer Einkommensanteil für Freizeit und Erholung ausgegeben werden kann und wird, wenn sich nicht ein zu starkes Auf und Ab in der Beschäftigungssituation ergibt, aus dem unterschiedliche Neigungen zum Verbrauch und Sparen resultieren können.

Bei diesen Feststellungen muß jedoch noch bedacht werden, daß sich die Nachfrage nach Erholungsleistungen nicht nur ändert, wenn das Einkommen des Verbrauchers oder der Preis für Erholung schwankt. Sie verändert sich auch, wenn die Preise für andere Güter sich heben oder senken. Diese Kreuzbeziehungen der Nachfrage können Komplementär- und Substitutionseffekte auslösen. Höhere Benzinpreise z. B. können höhere Flugkosten, einen Rückgang der Nachfrage nach Auslandserholung, ein Ansteigen der Nachfrage nach Inlandserholung, einen Rückgang der Nachfrage nach Erholung insgesamt, ein Ansteigen der Bahnreisen, eine bessere Luft in Städten und Kur-

und Erholungsanlagen etc. bewirken. Diese Nachfragereaktionen in bezug auf Preisänderungen werden von sich aus Einkommens- und Substitutionseffekte auslösen, die das grundlegende wirtschaftliche Gesetz der abnehmenden Nachfrage bei steigendem Preis widerspiegeln. Bei all seinen Überlegungen wird der Nachfrager nach Erholungsleistungen danach trachten, daß der Nutzen dessen, was er als Freizeit- und Erholungsleistung für sein Geld bekommt, mindestens dem Preis für die Leistung entspricht. Diese hier nur andeutungsweise und vervollkommnungsbedürftig vorgetragenen theoretischen Überlegungen müssen bei der Analyse der Nachfrageentwicklung im Erholungswesen berücksichtigt werden. Sie erleichtern wesentlich das Verständnis der komplizierten Zusammenhänge.

III. Struktur und Intensität der Erholungsnachfrage

1. Umfang und Verteilung der Freizeit *

Alle Überlegungen zur Erforschung des Freizeitverhaltens gehen von sog. Zeitbudgetstudien aus, die Rückschlüsse auf den Umfang und die Verwendung von Freizeit zulassen. So beträgt die Jahresarbeitszeit heute bei etwa 48 Arbeitswochen mit durchschnittlich 40 Wochenarbeitsstunden ungefähr 1 900—2 000 Stunden. Dieser offiziellen Jahresarbeitszeit steht schon heute — nach den Berechnungen von CZINKI — eine Nettojahresfreizeit von 2 000—2 600 Stunden gegenüber, wovon etwa 10% auf Urlaub, 53% auf das Wochenende und 37% auf den Feierabend entfallen (vgl. Abb. 3)[7]. Nimmt man nicht die Nettofreizeit als Berechnungsgrundlage, sondern die effektiv für Freizeitnutzung zur Verfügung stehenden Tage, dann zeigt sich, *daß sich nur ein bescheidener Teil der Jahresfreizeit für langzeitige Erholungszwecke und für Unternehmungen außerhalb des Wohnsitzes eignet.* Ein Durchschnittserholungssuchender verbringt 85% der Tage des Jahres zu Hause oder in Wohnungsnähe, 9,5% verwendet er für Wochenenderholung außerhalb des Wohnsitzes und nur etwa 5,5% nutzt er für den Jahresurlaub.

Die durchschnittliche freie Zeit in der Woche, also einschließlich der Wochenenden, betrug 1970 nach PUCNIK 45,3 Stunden, wobei die Männer (48 Std.) mehr, die Frauen (43 Std.) weniger freie Zeit hatten. Die freie Zeit in der Woche ist besonders groß bei extrem hohen und extrem niedrigen Einkommen[8].

Wie das Bayerische Statistische Landesamt festgestellt hat und wie auch im Umkehrschluß den Daten zur Arbeitszeitentwicklung des LDS NW entnommen werden kann, ist der tarifliche Jahresurlaub in den letzten 15 Jahren kontinuierlich, von 1960 bis 1970 in einigen Wirtschaftsbereichen sogar um mehr als die Hälfte gestiegen. Der tarifliche Endurlaub in der gewerblichen Wirtschaft lag 1971 zwischen 25 und 30 Tagen[9]. Er ist seither nicht mehr in gleichem Tempo angestiegen, d. h. die Entwicklung hat sich verlangsamt. Es ist jedoch festzustellen, daß der Jahresurlaub in zunehmendem Maße in zwei Teilen genommen wird.

---

[7]) Vgl. L. CZINKI: Wochenendfreizeit in den Freiräumen Nordrhein-Westfalens — Ein Beitrag zu Modellvorstellungen der Landesplanung —, Heft Nr. 0.15 der AHT-Schriftenreihe, Essen, o. J., S. 14f.; L. CZINKI, W. ZÜHLKE: Erholung und Regionalplanung, Analyse des Erholungswesens unter besonderer Berücksichtigung des Ruhrgebiets, Raumforschung und Raumordnung, H. 4 (1966), S. 159.

[8]) Vgl. J. PUCNIK u. a.: Freizeit und kulturelle Entwicklung, Seminar für Sozialwissenschaften der Universität Hamburg, Hamburg, o. J.

[9]) Vgl. Bayerisches Staatsministerium für Landesentwicklung und Umweltfragen (Hrsg.): Ergebnisse und Forschungen über das Freizeitverhalten, Rosenheim 1973, S. 10; siehe hierzu auch die einschlägigen Statistiken der Statistischen Ämter.

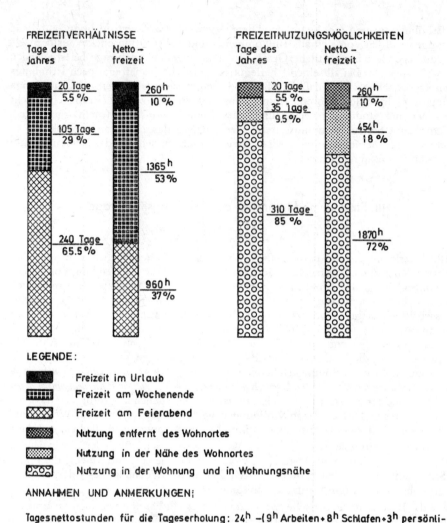

Abb. 3: Thematisches Bild der Freizeitverhältnisse und der Freizeitnutzungsmöglichkeiten eines Berufstätigen von heute (nach CZINKI)

Quelle: L. CZINKI: Wochenendfreizeit in den Freiräumen Nordrhein-Westfalens, Essen, o. J., S. 16.

1970 entfielen auf die Tages-, Wochenend- und Urlaubsfreizeit zusammen bereits mehr Stunden im Jahr, als für die Arbeit aufgewendet werden mußte. Wenn sich auch das Tempo der Zunahme gegenüber den letzten Jahren verlangsamt, kann doch damit gerechnet werden, daß die Freizeit insgesamt auch weiterhin zunehmen wird[10]). CZINKI schätzt die Zunahme der für Freizeitaktivitäten zur Verfügung stehenden Nettofreizeit (vgl. Abb. 3) bis 1985 auf 28,5% und schließt in Verbindung mit einer zu erwartenden höheren Mobilität der Bevölkerung auf eine merkbare Erhöhung der Nachfrage nach Freizeitaktivitäten[11]). Ob dieser Schluß zulässig ist, hängt nicht zuletzt von der Verwendung der freien Zeit durch die Bevölkerung ab, und dieses Verhalten wird weitgehend geprägt durch die Entwicklung des Einkommens, dessen alternative Verwendungsmöglichkeiten und die Gestaltung der Freizeit. Darauf wird später noch einzugehen sein. Bei der Analyse der Verwendung der Freizeit ist es zweckmäßig, von der Tages- und Wochenendfreizeit einerseits und dem Urlaub andererseits auszugehen.

Bevor jedoch diese Analyse begonnen wird, sind folgende Sachverhalte klarzustellen:

— Es ist hier nicht der Ort, auf die Definition der Begriffe „Freizeit" und „Erholung" und ihre Problematik einzugehen; unter Freizeit wird hier die Zeit außerhalb der Arbeitszeit verstanden; genaue Definitionen sollen der Zeitbudgetforschung überlassen bleiben[12]);

— Eine Versachlichung der Debatte über die Bedürfnisse und die Nutzung der Freizeit ist bisher noch nicht eingetreten; hierbei handelt es sich um einen Sachverhalt, bei dem jeder glaubt, mitreden zu können; ANDREAS sagt dazu: „Leider haben wir es hier aber ganz überwiegend mit einer Domäne schreibender Dilettanten zu tun, die in ihrer Freizeit die Freizeit der Mitbürger kritisieren"[13]);

— Die Fragestellung „Nachfrage nach Freizeit und Erholung" hat hier nur Interesse im Zusammenhang mit der Landesplanung und Raumordnung, d. h. die Nachfrage muß mit der Nutzung des Raumes verbunden sein;

— Weil hier nur der raumordnerische Aspekt der Nachfrage nach Freizeit und Erholung behandelt werden soll, genügt — ausgehend von der Tagesfreizeit — die weitere Analyse der Nachfrage nach Wochenendfreizeitmöglichkeiten und die nach Ferienerholung und deren voraussichtliche Raumnutzung.

2. Verwendung, Gestaltung und räumliche Verteilung der Freizeit und Erholung

a) Tages- und Wochenendfreizeit

Wie oben ausgeführt, werden etwa 85% der Freizeit zu Hause oder in Wohnungsnähe verbracht. Dabei sind, wie zahlreiche Untersuchungen nachweisen[14]), Mediennutzung und familiäre Geselligkeit einerseits und Ausflüge andererseits die drei bedeutendsten Freizeittätigkeiten.

---

[10]) Vgl. die Überlegungen und Vorhersagen von J. FORASTIC: Die vierzigtausend Stunden, Düsseldorf 1966; H. KAHN u. a.: Ihr werdet es erleben, München 1967.
[11]) Vgl. L. CZINKI: Wochenendfreizeit in den Räumen Nordrhein-Westfalens, a.a.O., S. 28.
[12]) Vgl. F. LENZ-ROMEISS: Freizeit und Alltag — Probleme der zunehmenden Freizeit, Göttingen 1974, S. 16ff.
[13]) C. A. ANDREAS: Ökonomik der Freizeit, Reinbeck b. Hamburg 1970, S. 10.
[14]) Vgl. hierzu EMNID-Institut GmbH: „Freizeit und Privatleben", 1969, zitiert aus Media Perspektiven Nr. 4 (1971), hrsg. vom hessischen Rundfunk; EMNID-Institut GmbH: Freizeit im Ruhrgebiet, Bielefeld und Essen 1971, S. 29.

Der Hessische Rundfunk hat 1970 festgestellt, daß durchschnittlich etwa 3½ Stunden täglich zur Nutzung von Fernsehen, Hörfunk und Tageszeitung aufgewendet werden. 1964 waren es nur ca. 3 Stunden. Von der Gesamtzeit der Nutzung entfielen durchschnittlich 2 Stunden und 10 Minuten (2:10 = 60%) auf das Fernsehen, 1:11 = 32% auf den Hörfunk und nur 8% = 35 Minuten auf das Lesen der Tageszeitung[15]). Bei einer durchschnittlichen täglichen Freizeit von 4—5 Stunden erhält die Nutzung der Massenmedien somit für die Gestaltung der Tagesfreizeit ein sehr hohes Gewicht. Rund 75% der arbeitstäglichen Freizeit werden dafür aufgewandt, wobei über die Hälfte der Bevölkerung abends fernsieht und sich 10—20% der familiären Geselligkeit widmen[16]). Wie EMNID feststellte, gehen 65% der Erwachsenen „selten oder nie" in der Woche abends aus. Rund 25% der Tagesfreizeit werden außerhalb des Hauses verbracht.

Von der Zeit, die außer Hause verbracht wird, entfällt der größte Teil auf das Wochenende. Nur hier verfügen die Erwerbstätigen über eine größere zusammenhängende freie Zeit. Deshalb gewinnt die Freizeit erst am Wochenende eine Dimension, die von seiten der Nachfrage nach Raum und nach Erholungseinrichtungen die übrigen Wochentage bei weitem übertrifft. Es kann deshalb festgehalten werden: Wenn die am Wochenende entstehende Nachfrage nach Erholungsleistungen durch ein entsprechendes Angebot gedeckt werden kann, reicht sie im allgemeinen auch für die übrige Zeit aus.

Über die Ausflüge in die nähere Nachbarschaft oder die Ausflugsgewohnheiten in Abhängigkeit von Ortsgröße, Wetter, Klima etc. ist bisher leider noch wenig bekannt. Als Faustzahl gilt, daß bei schönem Wetter etwa 50% der Bevölkerung die Großstadt zu verlassen trachten[17]). Wie BICHLMAIER 1969 festgestellt hat, machen etwa 65% der Bevölkerung bis zu 25 Ausflüge pro Jahr (25% ohne Angaben), wovon 48% am Wochenende, 28% an sonstigen freien Tagen, 1% im Urlaub und 5% nach Feierabend (18% ohne Angaben) ihre Fahrten durchführen[18]). RUPPERT und MAIER fanden heraus, daß sich die Aufenthaltsdauer in Naherholungsgebieten in der Regel auf einen Tag beschränkt, was auf eine Kurzzeitmobilität der Bevölkerung schließen läßt[19]). Etwa 50% der Wochenendausflügler bleiben, wie im Hamburger und Münchener Raum herausgefunden wurde, in einem Radius um den Heimatort von etwa 40—80 km, was einer Pkw-Fahrt-Entfernung von höchstens 1½ Stunden entspricht[20]). Das Verkehrsmittel der Wahl bei Ausflügen ins Grüne ist noch immer der Pkw, die Fahrzeit wird möglichst auf etwa 30 Minuten beschränkt. Hier zeigen die Erfahrungen des letzten Jahres (Öl-

---

[15]) Vgl. Media Perspektiven 9 (1971), hrsg. vom Hessischen Rundfunk im Auftrage der Arbeitsgemeinschaft Werbefernsehen.

[16]) Vgl. Bayerisches Staatsministerium für Landesentwicklung und Umweltfragen (Hrsg): Freizeitverhalten, a.a.O., S. 11.

[17]) Vgl. Bayerisches Staatsministerium für Landesentwicklung und Umweltfragen (Hrsg.): Freizeitverhalten, a.a.O., S. 14.

[18]) Vgl. F. BICHLMAIER: Die Erholungsfunktion des Waldes in der Raumordnung, Hamburg 1969, zitiert nach: Bayerisches Staatsministerium für Landesentwicklung und Umweltfragen (Hrsg.), Freizeitverhalten, a.a.O., S. 42f.

[19]) Vgl. K. RUPPERT und J. MAIER: Der Naherholungsraum einer Großstadtbevölkerung, Informationen, 19. Jahrg., 2 (1969), S. 23—46.

[20]) Vgl. I. ALBRECHT: Untersuchungen zum Wochenendverkehr der Hamburger Bevölkerung, Teil A: Die Wochenendverkehrsregion, Hamburg 1967, S. 128; K. GANSER: 1,5 Millionen Hektar für die Infrastruktur. In: Landbewirtschaftung ohne Agrarproduktion? Schriftenreihe für ländliche Sozialfragen, Heft 61, Hannover 1971, S. 111; H. MEUTER, S. RÖCK: Wochenendfreizeit in besiedelten Räumen: Einige Daten zur Bedeutung der Landschaft als Freizeitraum, Information zur Raumentwicklung, 9 (1974), S. 333ff.

krise), daß der Wochenendausflugsverkehr sehr abhängig ist von den Pkw-Fahr- und Unterhaltungskosten. Bei kleineren Orten außerhalb der Großstädte und Verdichtungsräume kann von einer wesentlich geringeren Zahl von Ausflüglern, jedoch größeren Fahrtentfernungen ausgegangen werden. Die Menschen des Verdichtungsraumes Ruhrgebiet z. B. werden noch immer — abgesehen von der Düsseldorfer Königsallee — von den großen Freizeit- und Vielzweckparks und den großen Veranstaltungshallen des Reviers angezogen[21]). Die in den Innenstädten lebenden Menschen können zu dem Besuch dieser Einrichtungen öffentliche Verkehrsmittel benutzen.

Spezielle Untersuchungen über die Wochenenderholung in Nordrhein-Westfalen bestätigen die für München und Hamburg gefundenen Aussagen weitgehend, wenn auch im Ruhrgebiet andere soziale und wirtschaftliche Maßstäbe gelten. Bemerkenswert z. B. ist im Ruhrgebiet der hohe Anteil der Fußgänger an den Wochenendausflüglern, der nach einer DIVO-Untersuchung rd. 40% betragen soll und die starke Frequenz nahegelegener Gebiete, die in Nordrhein-Westfalen mit zumeist geringerem Radius als 40 km unter der anderer Verdichtungsräume zu liegen scheint. Neueste Befragungsergebnisse der Landesbausparkasse NW aus dem Jahre 1974 zeigen z. B., daß langweilige Innenstädte und wenig Freizeitmöglichkeiten in der Stadt aus der Sicht der Bevölkerung zu den größten Problemen städtischer Planung gehören. Nach den Befragungsergebnissen wünschen rd. 70% der Bevölkerung Naherholungsangebote im Wohnbereich und nur 30% Naherholungsangebote außerhalb der Stadt.

Wie CZINKI für den Wochenendausflugsverkehr zusammenfaßt[22]), zeigen sich am Wochenende eindeutige Konzentrationen des Individualverkehrs in Ballungsnähe und schwerpunktbezogene Nutzungen der Landschaft um die Ballungskerne in den einzelnen Teilbereichen des Landes. So tendieren die Bewohner der Wupperzone und Dortmunds am Wochenende in Richtung Sauerland und Bergisches Land, der Raum Aachen in Richtung Eifel und Mönchengladbach und Rheydt zum Naturpark Schwalm-Nette. Die Kölner bevorzugen wahlweise die Eifel und das Bergische Land, die Düsseldorfer tendieren zum Wochenende in alle Erholungsgebiete des Landes. Einen interessanten Einblick in die Verteilung des Wochenendverkehrs im Lande Nordrhein-Westfalen gibt — wenn auch ein wenig veraltet — eine Verkehrsbelastungskarte für einen Sonntagnachmittag, aus der die Nachfragerichtung deutlich wird[23]). Neuere Karten würden darüber hinaus aufzeigen können, wie sich der derzeitige Wochenendverkehr durch die Fertigstellung einiger Autobahnen, wie z. B. die Autobahn Dortmund—Gießen oder Dortmund—Kassel oder die Eifelautobahn weiter in das Land verteilt. Mit dem Auto werden am Wochenende immer weiter entfernte Ziele (auch über 100 km) angefahren.

Tages- und Wochenenderholung, die, wie sich zeigte, zumeist zu Hause vollzogen wird, leidet unter Distanzüberwindungswiderständen. Weil Ängste vor der Überwindung von Entfernungen, vor den Belastungen bei der Fahrt, den Verstopfungen der Straßen vorhanden sind, erhofft man sich immer noch eine Erhöhung der Nettofreizeit und einen höheren Freizeitwert beim Verbleiben in der Wohnung, im eigenen Garten oder in der fußläufigen Umgebung. In Nordrhein-Westfalen zeigt sich die allgemeine Erkenntnis ganz besonders deutlich: mit wachsender Entfernung sinkt die räumliche Nachfrage nach Tages- und Wochenenderholung rapide ab. Der größte Nachfragedruck ist deshalb in den Ballungskernen und den Ballungsrandzonen spürbar.

---

[21]) Vgl. EMNID-Institut GmbH & Co.: Freizeit im Ruhrgebiet, a.a.O., S. 38.

[22]) Vgl. L. CZINKI: Wochenendfreizeit in den Freiräumen Nordrhein-Westfalens. Ein Beitrag zu Modellvorstellungen der Landesplanung, H. 0.15, AHT-Schriftenreihe, Essen, o. J., S. 98 ff.

[23]) Vgl. L. CZINKI: Wochenendfreizeit in den Teilräumen Nordrhein-Westfalens, a.a.O., S. 98 ff., speziell S. 99.

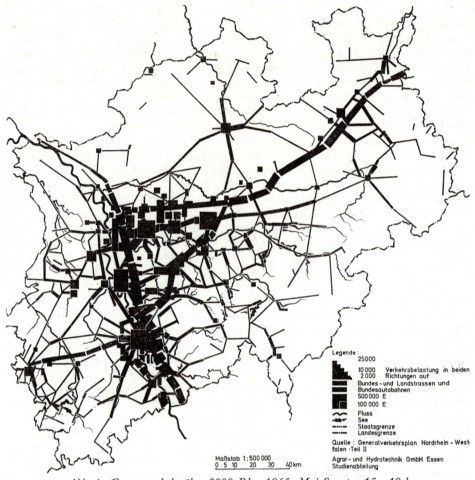

Abb. 4: Gesamtverkehr über 2000 Pkw 1965, Mai Sonntag 15—19 h

Die angeführten Untersuchungen von EMNID und CZINKI haben gezeigt, daß in Nordrhein-Westfalen, wie auch in der übrigen Bundesrepublik, ein erheblicher Nachholbedarf für den Ausbau von Naherholungsgebieten und -einrichtungen besteht[24]. Es besteht genügend Anlaß zu der Vermutung, daß ein großer Teil des mit zunehmender Freizeit und steigender Erholungsnachfrage verbundenen Bedarfs innerhalb der Siedlungen und deren näherer Umgebung gelöst werden kann. Wichtigste raumordnungspolitische Forderung an die Landes- und Regionalplanung und alle mit der Wirtschaftsförderung verbundenen Institutionen ist deshalb neben der Schaffung freizeitgerechter Wohnungen die Ausweisung ausreichender Erholungsflächen und die Bereitstellung der für die Nutzung dieser Flächen notwendigen Infrastruktur und den dazugehörigen Einrichtungen für die verschiedenartigsten Freizeitaktivitäten in oder in der Nähe der Zentren der Nachfrage und des Bedarfs.

---

[24] Vgl. hierzu Bundesminister des Innern, Der (Hrsg.): Raumordnungsbericht 1972 der Bundesregierung, Bundestagsdrucksache VI/3793 vom 19. Sept. 1972, S. 93; H. HEYKEN: Probleme einer räumlich-funktionalen Arbeitsteilung, a.a.O., 18 ff.; W. KÖHL: Standortgefüge und Flächenbedarf von Freizeitanlagen, 2. Auflage, Karlsruhe 1974.

b) Urlaub und Reiseverkehr

Urlaub ist, wie auch der Begriff Freizeit, sprachlich bisher sehr verschieden und ungenau abgegrenzt worden. Statistisch gesehen beginnt der Urlaub z. B. erst ab vier Übernachtungen und schließt damit den Wochenendurlaub und den um ein oder zwei Tage verlängerten Wochenendurlaub aus. Weil aber die Tendenz zum Kurzurlaub in Verbindung mit den Wochenenden immer größer wird, gehen Wochenenderholung = Kurzurlaub und Urlaub fließend ineinander über. Eine genau begriffliche Abgrenzung ist deshalb der Analyse nicht zweckdienlich.

Der Urlaub ist die am besten untersuchte Freizeittätigkeit. Das Statistische Bundesamt und viele private und öffentliche Forschungseinrichtungen befassen sich laufend mit der Entwicklung des Urlaubs- und Reiseverkehrs und seinen Ursachen. Weil sich dabei eine ganze Reihe interessanter Hinweise ergeben, sollen die wichtigsten Tatbestände und bisherigen Entwicklungstendenzen des Urlaubs- und Reiseverkehrs in der Bundesrepublik Deutschland hier aufgezeigt werden, bevor daraus Schlüsse für Nordrhein-Westfalen gezogen werden.

Nach den Unterlagen der Statistischen Landesämter liegt der durchschnittliche tarifliche Jahresurlaub zu Beginn der 70er Jahre zwischen 20 Arbeitstagen (Anfangsurlaub) und 30 Arbeitstagen (Endurlaub)[25]. 1971 betrug der durchschnittliche Endurlaub in der gewerblichen Wirtschaft 25 Arbeitstage. Wie der Studienkreis für Tourismus e. V. 1970 festgestellt hat, wurde 1970 60% des Urlaubs von den Reisenden mit Urlaubsanspruch gesamt und zusammenhängend, 25% gesamt und geteilt genommen, wobei 1971 von der Bevölkerung 40% (1974 = 45%) eine Urlaubsreise machten, 4% (1974 = 6%) zwei und 1% (1974 = 2%) drei und mehr Urlaubsreisen unternahmen[26]. Insgesamt sind also 45% (1974 = 52%) der Bevölkerung in Urlaub gefahren, wodurch vorsichtige Prognosen über die Reiseintensität der Bevölkerung (1973 = 40%) weit übertroffen wurden[27].

Wie neueste Analyseergebnisse von MARPIAN zeigen[28], fuhren 1973 etwa 24 Mio. Bundesbürger in Urlaub (1975 evtl. 30 Mio.), wovon etwa 43% (1974 = 42%) in der Bundesrepublik bleiben (1975 evtl. 35%), 17% ins deutschsprachige und der Rest ins übrige Ausland fährt. 1966 betrug der Anteil der Inlandsurlaubsreisen noch 62,5%, 1974 sank er auf 41,9% ab. Wenn man bedenkt, daß 1961/62 weniger als 40% der Bundesbürger ins Ausland in Urlaub fuhren und daß dieser Anteil bis 1974 auf ca. 56% angestiegen ist, dann kann und muß auch weiterhin mit einem steigenden Anteil gerechnet werden. Wenn man neuesten Meldungen Glauben schenken darf, werden 1975 etwa 30 Mio. Bundesbürger verreisen und davon nur etwa 10 Mio. im Inland bleiben.

Auch bei den für die Urlaubsreise benutzten Verkehrsmitteln ist eine Verschiebung zugunsten des Flugzeugs (1967 = 6%; 1974 = 12%) und zu ungunsten der Bahn

---

[25] Vgl. Bayerisches Staatsministerium für Landesentwicklung und Umweltfragen (Hrsg.): Freizeitverhalten, a.a.O., S. 12 und S. 89.

[26] Vgl. Studienkreis für Tourismus e. V.: Reiseanalyse 1970 und 1971, zitiert nach: Bayerisches Staatsministerium für Landesentwicklung und Umweltfragen, Freizeitverhalten, a.a.O., S. 43 ff., wo ein sehr guter statistischer Überblick über Struktur und Intensität des Urlaubsreiseverkehrs gegeben wird.

[27] Vgl. K. HAUBNER: Artikel „Fremdenverkehr und Erholungswesen" (In: Handwörterbuch der Raumforschung und Raumordnung, II. Auflage, Hannover 1970, Bd. I, Sp. 830—856), der einen sehr guten Überblick über die Problematik gibt; Studienkreis für Tourismus e. V.: Reiseanalyse 1974.

[28] Vgl. MARPIAN Forschungsgesellschaft des Studienkreises für Tourismus e. V.: Reiseanalyse 1974, Zeit-Magazin 7 (1975), S. 6f.

(1967 = 31%; 1974 = 20%) erfolgt. Der Anteil der Pkw-Reisen hingegen (1967 = 57%; 1974 = 58%) ist praktisch gleichgeblieben[29]). Erheblich angestiegen ist die Busbenutzung (1974 = 7%).

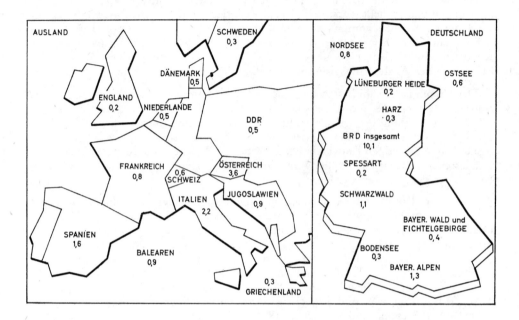

Abb. 5: Urlaubszielgebiete bundesdeutscher Touristen 1974/75 (absolute Zahlen in Mio.)

Quelle: Titelgeschichte „Die Deutschen kommen", Wirtschaftswoche Nr. 14 vom 27. 3. 1975, S. 14.

Gleichgeblieben ist leider praktisch auch die zeitliche Verteilung der Reiseströme. Hauptreisezeit sind immer noch die Monate Juli und August, auf die 1962 58,6%, 1966 56,6% und 1973 57% der Reisen entfielen. Eine größere Umschichtung scheint sich nur vom Herbst auf das Frühjahr vollzogen zu haben. Bemerkenswert ist die Zunahme des Weihnachtsurlaubs.

Die Dauer der Ferienerholung scheint sich vor allem von kürzeren Urlaubszeiten (1 Woche) zu den mittleren Urlaubszeiten hin (2—3 Wochen) verschoben zu haben. Auch ein Ansteigen des längeren Urlaubs von 4 Wochen und mehr ist zu verzeichnen. Immer noch verbringen deutsche Urlauber ihre Ferien lieber privat oder bei Freunden und Verwandten (31%) als in Hotels (18%) oder in Pensionen (23%). Deutlich zeigt sich auch eine positive Korrelation zwischen Reiseintensität und Einkommen. Während die Reiseintensität bei monatlichen Haushaltsnettoeinkommen 1970 von weniger als

---

[29]) Vgl. H. HOFFMANN: Entwicklungstendenzen des Inlandtourismus. In: Freizeit und Erholung in diesem Jahrzehnt, Schriftenreihe für ländliche Sozialfragen, H. 67, 1973, S. 28; Studienkreis für Tourismus e. V.: Reiseanalyse 1974, Vorabergebnisse vom 3. 3. 1975.

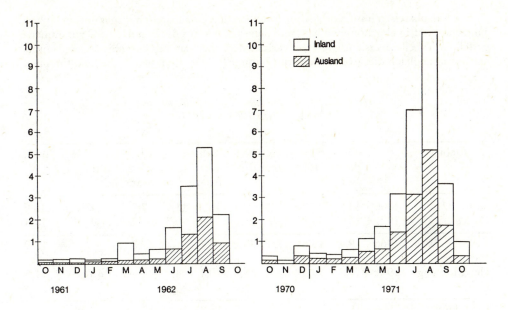

*Abb. 6: Urlaubsreisen der Bevölkerung der Bundesrepublik Deutschland
1961/62 und 1970/71*

Quellen: Statistisches Bundesamt Fachserie F/Reihe 8, Sonderbeitrag Urlaubs- und Erholungsreisen 1962 und 1971.

600 DM 22% betrug, stieg sie bei Einkommen zwischen 1 000 bis 1 500 DM auf 40% und bei Einkommen von über 2 000 DM auf 65% und mehr an. Auch zeigt sich eine stark positive Korrelation zwischen Reiseintensität und Schulbildung (Volksschule ohne Lehre = 26%; Mittel-/Oberschule = 62%; Hochschule = 77%)[30]. Die Reiseintensität ist während des Berufslebens am größten, insbesondere im Alter zwischen 45 und 55 Jahren.

So interessant all diese Zahlen auch sind, so müssen sie jedoch auch den Eindruck erwecken, daß dabei nicht alle Varianten berücksichtigt worden sind, insbesondere nicht der Kurzurlaub in Verbindung mit den Wochenenden, der zumeist die großen Reiseveranstalter kaum interessiert. Wenn für 1974 vom Studienkreis für Tourismus festgestellt wird, daß nur 6,1% der Bevölkerung Zweit- und 1,9% Drittreisen machten[31], dann scheint dies ein wenig untertrieben zu sein. Beachtlich ist dennoch die Steigerung bei Mehrfachreisen von 1971 = 5% auf 1974 = 8%. Hier werden die Analytiker noch längere Zeit mit großen Dunkelziffern zu kämpfen haben. Bedeutsam in diesem Zusammenhang und im Hinblick auf die Analyse der Nachfrageentwicklung ist auch die Tatsache, daß bei den Reisen ins Ausland die Bildungs- und Erlebnisreisen dominieren, während bei Inlandsreisen mit 62% der Verwandtenbesuch weit an der Spitze liegt.

---

[30]) Vgl. Studienkreis für Tourismus e. V.: Reiseanalyse 1970.
[31]) Vgl. Studienkreis für Tourismus e. V.: Reiseanalyse 1974, Vorläufiger Bericht vom 3. März 1975.

Die Urlaubsreisen im Inland, deren Anteil an den Urlaubsreisen insgesamt im letzten Jahrzehnt kräftig abgenommen hat, verteilen sich, wie aus der von der ASG zusammengestellten Tabelle 1 ersichtlich, sehr verschieden über das Bundesgebiet. Den Hauptanteil und zugleich die größte Steigerung von 1966 bis 1971 haben die traditionellen

Tabelle 1: *Urlaubsreisen im Inland nach Herkunftsländern und Reisegebieten für 1966 und 1971*

Reisegebiet		Bundesgeb.	Schl.-Holst.	Hmb. Brem.	Niedrs.	Nrh.-Westfalen	Hessen	Rhl.-Pfalz Saar	Bad.-Württ.	Bayern	Berl. (W)
Nord-,	1966	13,8	27,2	25,8	17,1	15,2	11,9	7,5	6,4	5,5	16,9
Ostsee	1971	16,6	30,8	33,7	25,0	17,9	10,3	9,2	7,9	4,1	14,4
Teutobg. Wald, Weserbergl.,	1966	9,4	15,6	17,0	19,2	9,3	—	7,8	—	—	18,9
Harz, Lünebg. Heide	1971	10,2	19,3	22,7	18,0	10,1	4,9	—	3,4	—	14,5
Eifel, Hunsrück, Westerwald, Taunus, Bergstr.	1966	11,2	—	7,0	9,5	15,8	16,8	12,8	6,3	10,0	8,1
Taubergrund, Spessart, Rhön	1971	8,8	—	—	3,8	12,3	15,5	12,0	6,1	5,8	11,0
Bergland, Sauerl., Siegerl., Kurhessen,	1966	8,9	—	5,8	9,6	15,6	6,8	10,3	2,6	3,7	6,0
Waldeck	1971	5,5	—	—	4,3	10,6	6,0	—	—	—	5,3
Schwarzwald,	1966	11,5	—	7,7	5,6	9,4	9,8	19,0	27,3	7,8	10,1
Schwäb. Alb	1971	12,0	11,4	10,1	6,4	11,1	13,9	13,6	25,6	8,6	7,3
Bayr. Wald, Frankenwald,	1966	8,3	—	7,3	5,5	5,7	8,0	—	6,3	19,5	17,1
Fichtelgeb.	1971	6,9	—	5,5	4,0	4,3	7,4	—	5,6	16,1	17,8
Alpen, Voralpen,	1966	17,3	13,2	9,0	9,6	14,6	19,8	14,2	26,1	30,9	8,2
Bodensee	1971	19,2	8,0	8,3	12,0	15,8	22,6	28,2	26,3	38,5	12,7
Übriges Deutschl. und	1966	19,6	25,3	20,4	23,9	14,3	21,5	23,7	23,5	21,4	14,7
ohne Angabe	1971	20,8	18,8	14,6	26,5	18,0	19,4	27,4	24,3	23,6	17,0
Insgesamt		100	100	100	100	100	100	100	100	100	100

Quelle: Mikrozensus des Statistischen Bundesamtes 1966 und 1971 aus: Stat. Jahrbuch 1969 und nach R. HÜLSEN: Freizeitaktivitäten und Freizeitplanung im ländlichen Raum, Materialsammlung 112 der ASG, Göttingen 1973, S. 50, zitiert nach unveröffentlichten Untersuchungsergebnissen der Agrarsozialen Gesellschaft e. V. (ASG), Göttingen, vom Frühjahr 1975.

Urlaubsgebiete Nordsee, Schwarzwald und Alpenraum. Auch aus Nordrhein-Westfalen hat der Urlaubsreiseverkehr in diese Gebiete zugenommen. In der Regel rückläufig hingegen war der Anteil an den Urlaubsreisen insgesamt in die Fremdenverkehrsgebiete Nordrhein-Westfalens. Hier hat zwar die Zahl der Fremdenbetten in den Fremdenverkehrsgebieten von 1968 bis 1972 zugenommen (vgl. Abb. 8), aber die Bettenausnutzung war, wenn man der amtlichen Statistik wegen der sicherlich sehr hohen Dunkelziffern Glauben schenken kann, in den letzten 10 Jahren praktisch unverändert schlecht (vgl. Abb. 7). Die Bettenausnutzung lag 1962 bis 1972 im Sommerhalbjahr durchgehend zwischen 50% und 60% und im Winterhalbjahr zwischen 30% und 40%. Über dem Durchschnitt lagen regelmäßig, mit einer Bettenausnutzung von 60% — 70% im Sommerhalbjahr der Teuroburger Wald und Wittgenstein. Interessante Angaben u. a. zur Struktur und Leistung des Fremdenverkehrsgewerbes finden sich in der Fremdenverkehrsdatei NW 1975.

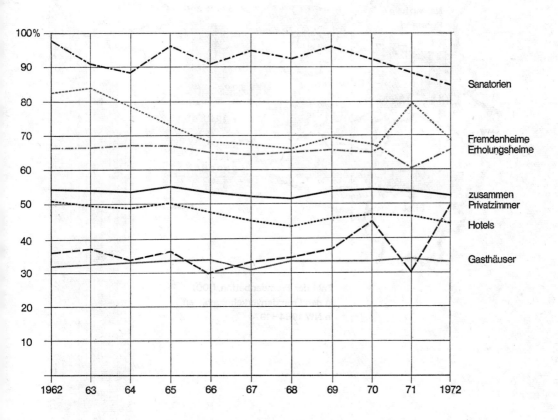

Abb. 7: Bettenausnutzung nach Betriebsarten in den Sommerhalbjahren 1962—1972 nach der Fremdenverkehrsstatistik Nordrhein-Westfalens in %

Quelle: Statistisches Landesamt NW, Fremdenverkehrsberichterstattung.

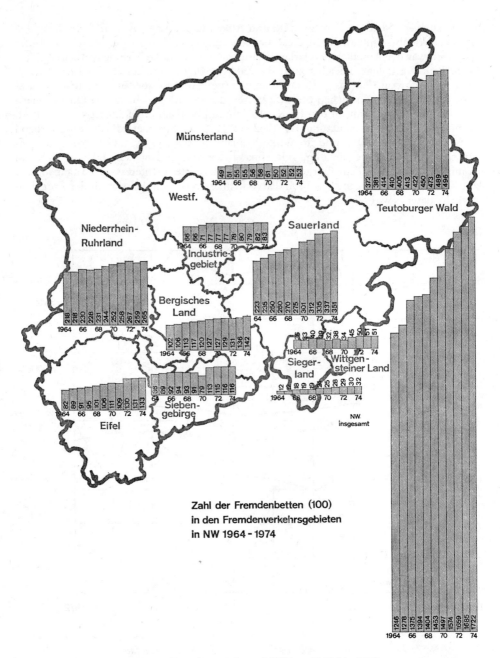

Abb. 8: Fremdenverkehr in NW von 1962 bis 1972

Quelle: Institut für Landes- und Stadtentwicklungsforschung des Landes Nordrhein-Westfalen (ILS) nach Fremdenverkehrsstatistik des Statistischen Landesamtes NW, Dortmund 1973.

Wegen des relativ stark angestiegenen Bettenangebots, vor allem im Teutoburger Wald, im Sauerland und in der Eifel, ist anhand der Statistik eine bessere Bettenausnutzung nicht erkennbar, d. h. die zusätzliche Nachfrage nach Fremdenverkehrsbetten in diesen Gebieten ist zunächst vom zusätzlichen Bettenangebot aufgefangen worden. Sehr wahrscheinlich ist aber auch, daß die Zahl der Bettenmeldungen für die Statistik, vor allem wohl aus steuerlichen Gründen, nicht den tatsächlichen Übernachtungszahlen entsprechen.

In den Erholungsgebieten kommt es wegen einer übermäßigen Konzentration, der Überschneidung von Wochenend- und Erholungsfremdenverkehr und der Überlagerung mit anderen Nutzungen vielfach zu einer Beeinträchtigung der Erholungsmöglichkeiten und des Naturhaushaltes[32]. Die Gründe für diese Mangelerscheinungen, ausgelöst durch räumlich stark konzentrierte Nachfrage, liegen zumeist in einem fehlenden Angebot an erschlossenen und dem Bedarf entsprechend ausgestatteten Fremdenverkehrsgebieten (mit Vorrang für Ferien- oder Nah- und Wochenenderholung) und entsprechenden räumlichen und sachlichen Schwerpunkten. Besonders dringlich erscheint die Planung und der Ausbau einer für den Fremdenverkehr räumlich aufeinander abgestimmten und arbeitsteilig angepaßten Punktinfrastruktur in zentraler Lage, die der derzeitigen und künftigen Nachfrage gerecht wird.

3. Zur Nachfrage nach Infrastruktureinrichtungen der Erholung

Wie sich bei der Analyse der vorliegenden Literatur zur Nachfrage nach Erholung zeigt, ist die Frage, welche Einrichtungen der Infrastruktur für ein Wochenendgebiet oder ein Fremdenverkehrsgebiet erforderlich sind, bisher überwiegend nur für die praktische Planung, nicht aber wissenschaftlich untersucht worden. Im Vordergrund der Untersuchungen zum Thema Freizeit und Erholung standen sozialwissenschaftliche, geographische, medizinische u. a. Fragestellungen[33], kaum aber die der Raumordnung und Landesplanung und wenn schon, dann im Zusammenhang mit Landschaft und Erholung. Auf diese Tatsache hat u. a. HÜBLER hingewiesen[34], der deutlich herausarbeitete, daß Raumordnung und Landesplanung das Schwergewicht ihrer Aufgaben im Bereich der Freizeitplanung in den nächsten Jahren vor allem unter dem Aspekt des infrastrukturellen Engpasses zu lösen haben werden. Es erheben sich neuerdings auch andere Stimmen, die vor einer Überbetonung infrastrukturbedürftiger Freizeitformen warnen[35].

---

[32] Vgl. Bundesminister des Innern (Hrsg.): Raumordnungsbericht 1972 der Bundesregierung, a.a.O., S 94

[33] Vgl. F. LENZ-ROMEISS: Freizeit und Alltag, a.a.O., S. 5ff.; Bayerisches Staatsministerium für Landesentwicklung und Umweltfragen (Hrsg.): Freizeitverhalten, a.a.O., S. 9ff.; JACOB-GOLDECK/JACOB: Aspekte der Freizeitnutzung grünbestimmter Räume. In: Freizeit, hrsg. von Schmitz-Scherzer, Frankfurt 1974, S. 202—228.

[34] Vgl. K.-H. HÜBLER: Freizeitplanung und Raumordnung. In: Freizeit und Erholungswesen als Aufgabe der Raumplanung — mit Beispielen Österreichs, der Schweiz und den Niederlanden —, Forschungs- und Sitzungsberichte der Akademie für Raumforschung und Landesplanung, Bd. 73, Hannover 1972, S. 5.

[35] Vgl. D. AFHELD: Rahmenbedingungen und Möglichkeiten raumbezogener Freizeitplanung, Information zur Raumentwicklung, 9 (1974), S. 369.

In den letzten Jahren sind zur Ergründung dieses Themas eine Vielzahl von Befragungen, Untersuchungen und Analysen durchgeführt worden, vorwiegend allerdings unter dem Aspekt der Erforschung des „Pro-Kopf-Flächenbedarfs für Erholungszwecke". Grundlage für die dabei herausgefundenen und entwickelten Bedarfszahlen bilden vor allem die Wünsche und das Erholungsverhalten der Benutzer dieser Einrichtungen und ihre Belastbarkeit. Problematisch ist jedoch, daß die Verhaltensweisen der Erholungssuchenden regional und zeitlich sehr verschieden sind und die unterschiedlichsten Präferenzen für Aktivitätswünsche zeigen. Der heutige Kenntnisstand — wie er sich aus den vielen Untersuchungen ergibt — läßt deshalb in diesem Forschungsbereich keine planungstaugliche Darstellung der Verhaltensgrundmuster zu[36]). Abgesicherte Planungsansätze zum Ausbau von Erholungseinrichtungen für die einzelnen Regionen zur künftigen Deckung der Nachfrage müssen deshalb für jede einzelne Region fallweise erarbeitet werden.

Ansätze zur Bewältigung dieses Problems sind in den bereits erwähnten Untersuchungen von EMNID und CZINKI und in der jüngsten Studie von KIEMSTEDT zu sehen[37]). Darüber hinaus sind erwähnenswert die Bilanzierung der Erholungsflächen in Niedersachsen[38]), die bei der BfLR laufenden Studien[39]), laufende Untersuchungen zur „Beschreibung des Wochenendverkehrs" von P. A. MÄCKE an der TH Aachen, die Studien und Forschungsprojekte der Kommission für wirtschaftlichen und sozialen Wandel, insbesondere mit ihrem Projekt „Probleme wachsender Freizeit für die regionale Infrastruktur unter besonderer Berücksichtigung der Ballungszentren...", und die Ergebnisse einer durch INSTRE beim SVR durchgeführten Untersuchung zum „Verhalten der Revierparkbesucher". Da man davon ausgehen kann, daß zwischen den Verhaltensweisen der Erholungsuchenden bei der Nutzung des Revierparks und dem der Nutzer von Erholungsschwerpunkten bestimmte Übereinstimmungen bestehen, können die Ergebnisse der SVR-Untersuchung voraussichtlich teilweise bei der Planung von Erholungsschwerpunkten verwendet werden.

Es muß jedoch hervorgehoben werden, daß eine öffentliche Förderung aller Infrastruktureinrichtungen für Erholungszwecke auf eine verbesserte Erforschung der Nachfrage nach Erholungsleistungen angewiesen ist, wenn umfangreiche Fehlinvestitionen vermieden werden sollen. Eine Reihe von Methoden, die einer verbesserten Freizeitforschung dienen können, wurde kürzlich vom Institut für Städtebau und Landesplanung der Universität Karlsruhe zusammengestellt und kritisch analysiert miteinander verglichen[40]). Als Ergebnis der Studie ist festzuhalten, daß die Systemmodelle wegen ihrer Komplexität und der Vielfalt der zu berücksichtigenden Einflüsse am brauchbarsten sind. Die wissenschaftliche Basis, das notwendige Datenmaterial zur Aufstellung der Modelle ist allerdings noch sehr schmal und deshalb sind die Modelle nur selten anwendbar. Hier liegt ein weiteres Feld der Forschungstätigkeit, insbesondere im Hinblick auf notwendige Befragungen der Bevölkerung. Einen Katalog vorhandener For-

---

[36]) Vgl. C. SCHNIEDERS: Unveröffentlichte Untersuchungen zum Thema „Richtwerte für die Bestimmung des Pro-Kopf-Flächenbedarfs für Erholungszwecke" beim ILS, Dortmund 1975.

[37]) Vgl. H. KIEMSTEDT: Landschaftsbewertung für Erholung im Sauerland, Bd. 1008 der Schriftenreihe des Instituts für Landes- und Stadtentwicklungsforschung des Landes Nordrhein-Westfalen (ILS), Dortmund 1975.

[38]) H.-J. DAHL; J. DIETZ: Erholungsgebiete in Niedersachsen. In: Neues Archiv für Niedersachsen, Bd. 22, H. 2, Göttingen 1972, S. 130—136.

[39]) Vgl. H. v. SCHILLING: Modell zur Schätzung des gegenwärtigen und künftigen Bedarfs an Naherholungsräumen, Informationen, 22. Jahrg., 5 (1972).

[40]) Vgl. G. HEBERLING: Modellansätze für die Freizeitplanung, Schriftenreihe des Instituts für Städtebau und Landesplanung der Universität Karlsruhe, H. 5, Karlsruhe 1974.

schungslücken hat kürzlich R. KRYMANSKI vorgelegt. Sie stellt in den Mittelpunkt ihrer Überlegungen die Forderung nach verbesserten und vertieften Forschungen u. a. im Bereich der Erfassung, Bewertung und planerischen Festlegung des zur Befriedigung der Nachfrage dienenden Freizeitangebotes[41]). Auf viele der in diesen Ausführungen enthaltenen Vorschläge hat auch schon die Akademie für Raumforschung und Landesplanung 1969 in ihrem Untersuchungsbericht „Wissenschaftliche Aspekte des Fremdenverkehrs" (FuS, Bd. 53) hingewiesen. All diese Bemühungen und Wünsche sind auf das Ziel einer besseren Information über die derzeitige und künftige Nachfrage nach Freizeit und Erholung ausgerichtet. Noch sind zu wenig konkrete Informationen über die heutige Nachfrage nach Erholungsangeboten vorhanden, um damit die meisten der über die künftige Nachfrageentwicklung bestehenden Vorstellungen aus dem spekulativen Bereich in die realistischen Projektionen und Prognosen zu überführen.

IV. Vorausgeschätzte künftige Entwicklungen der Nachfrage

1. Bestimmungsfaktoren für die künftige Entwicklung von Freizeit und Erholung

Die Frage, in welchem Tempo sich in Zukunft die Freizeit ausdehnen wird, kann nicht generell mit der zu erwartenden Verkürzung der Arbeitszeit beantwortet werden. Determiniert wird die Entwicklung der Freizeit von der Wahl der Wirtschaftssubjekte zwischen Freizeit und Einkommen, also von der Wahl zwischen Freizeit und Arbeitszeit[42]). Wegen der Vielfalt der Entscheidungsmöglichkeiten gibt es hier auch nur einige Hypothesen, u. a. im Rahmen der Wahlhandlungstheorie. Das individuelle Arbeitsangebot (vgl. Abb. 9) richtet sich zunächst an das für die Regeneration unbedingt erforderliche Freizeitminimum. Darüber hinaus wird soviel Arbeit wie möglich angeboten.

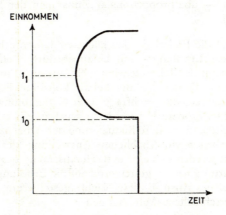

Abb. 9: Individuelles Arbeitsangebot

---

[41]) Vgl. R. KRYMANSKI: Naturorientiertes Erholungsverhalten, Information zur Raumentwicklung, 9 (1974), S. 347—353.
[42]) Vgl. B. KÜLP; R. MUELLER: Alternative Verwendungsmöglichkeiten wachsender Freizeit, a.a.O., S. 149.

Steigt das Lohneinkommen so stark an (1_0), daß das bei höchstem Arbeitsangebot realisierte Einkommen über dem Existenzminimum liegt, so wird das Wirtschaftssubjekt über das Freizeitminimum hinausgehende Freizeit nachfragen, d. h. das Arbeitsangebot geht bei Lohnsteigerung zurück. Steigt aber das Lohneinkommen stärker an, so wird von einem gewissen Punkt ab (1_1) zusätzliches Arbeitsangebot wieder vorteilhaft. Inwieweit sich diese Hypothesen bestätigen, kann nur im konkreten Einzelfall bewiesen werden. Die Schwellenwerte, ab wann diese oder jene Entscheidung vom einzelnen Wirtschaftssubjekt vollzogen wird, sind generell nicht bestimmbar. Festzuhalten bleibt jedoch: der Einkommenseffekt wirkt nachfrageerhöhend auf die Freizeit oder angebotsverringernd bzw. angebotssteigernd. Die Aufteilung des Zeithaushaltes in Arbeitszeit und Freizeit wird danach — unter Beachtung noch vorhandener Restriktionen (gesetzliche, tarifvertragliche, unternehmerische Vereinbarungen und Regelungen) — von den Präferenzen der einzelnen Wirtschaftssubjekte bestimmt[43]).

Gesamtwirtschaftlich ergeben sich Möglichkeiten zur Verlängerung der Freizeit bzw. Verkürzung der Arbeitszeit durch verstärkten Kapitaleinsatz und technischen Fortschritt und dadurch bedingte Steigerung der Produktivität. In vielen wissenschaftlichen Untersuchungen wurde analysiert, in welchem Verhältnis der Produktivitätszuwachs auf Freizeit und Einkommen aufgeteilt worden ist. Dabei wurde für die USA als langfristiger Trend eine Produktivitätsaufteilung von $2/3$ (Einkommenserhöhung) zu $1/3$ (Freizeitverlängerung) herausgefunden, wobei allerdings beachtet werden muß, daß in den letzten Jahren ein Trendwandel eingetreten ist, der die angeführte Relation auf $9/10$ (Einkommenssteigerung) zu $1/10$ (Freizeitsteigerung), also zugunsten der Einkommenssteigerung verschoben hat. KÜLP, der in seiner Analyse und Prognose unterstellt, daß die Bundesrepublik Deutschland sich noch nicht in dieser Entwicklungsphase befindet[44]), legt seinen Überlegungen deshalb die Relation $2/3 : 1/3$ zugrunde und schließt daraus, daß für die Bundesrepublik in diesem Jahrzehnt eine Freizeitentwicklung zu erwarten ist, wie sie in den USA schon in den zurückliegenden Jahrzehnten zu beobachten war. Die Bundesregierung steht den vielzitierten Prognosen — wie dies der Raumordnungsbericht 1974 hervorhebt — überproportionaler Zunahmen der Freizeit allerdings sehr skeptisch gegenüber[44]).

Unterstellt man, daß die Freizeit in den nächsten Jahren erheblich anwächst, dann wird voraussichtlich das Erholungs- und Urlaubsbedürfnis entsprechend zunehmen. Wie sich gezeigt hat, steigt die Reiseintensität nicht nur mit dem Haushaltseinkommen, sondern auch mit der Größe der Wohngemeinde kontinuierlich an. Die Großstädter entfliehen ihren Wohnungen, die Nachfrage nach Naherholung wächst, das Urlaubsbedürfnis nimmt zu. Die größere Urlaubsdauer wird zu einer Vermehrung und Verlängerung der Ferienreisen, die weitere Reduzierung der Arbeitszeit und die Einführung des schulfreien Sonnabends zu erheblicher Ausweitung des Naherholungsurlaubs führen. Darüber hinaus werden sich eine evtl. Herabsetzung des Pensionsalters und zunehmende Lebenserwartung nachfragesteigernd auf die Erholungs- und Urlaubsbedürfnisse auswirken[45]). Welches Ausmaß diese Nachfragesteigerung annehmen wird, darüber bestehen sehr unterschiedliche Auffassungen.

[43]) Vgl. B. KÜLP; R. MUELLER: Alternative Verwendungsmöglichkeiten wachsender Freizeit, a.a.O., S. 149.
[44]) Vgl. Raumordnungsbericht 1974 der Bundesregierung, Bundestagsdrucksache 7/3582, Bonn-Bad Godesberg 1975, S. 102.
[45]) Vgl. Wirtschaftsministerium Baden-Württemberg (Hrsg.): Fremdenverkehrs-Entwicklungsprogramm, Raidwangen, o. J., S. 18 ff.

Bei all diesen grundlegenden Überlegungen darf nicht vergessen werden, daß die Beziehungen zwischen der Nachfrageentwicklung nach Freizeitbetätigung und Erholungsleistungen einerseits und der Einkommensentwicklung andererseits sehr eng und deshalb besonders konjunkturempfindlich sind. Dies haben die Erfahrungen der Jahre 1967/68 deutlich gezeigt. Es bleibt abzuwarten, ob sich ähnliche Erscheinungen 1974/75 zeigen. An den langfristigen Entwicklungen ändern derartige konjunkturelle Einbrüche wenig; sie werden nur ein wenig zeitlich hinausgeschoben.

2. *Quantitative Schätzungen zur Freizeit- und Erholungsentwicklung*

Die Nachfrage nach Freizeit- und Erholungseinrichtungen hängt, wie sich gezeigt hat, entscheidend von den Arbeitszeitentwicklungen ab, da Arbeitszeit und Freizeit in einem komplementären Verhältnis zueinander stehen. Zur Verdeutlichung der Projektionen und Prognosen über die künftige Arbeitszeit und Freizeitentwicklung werden in Tabelle 2 die Daten von 1966, wie sie von Czinki/Zühlke erhoben wurden, den Schätzungen verschiedener Autoren für die Jahre 1980, 1985 und 2000 gegenübergestellt. Wenn auch die Daten — wegen unterschiedlicher Annahmen — nicht alle voll vergleichbar sind, so zeigt diese Gegenüberstellung doch das Ausmaß der zu erwartenden Freizeitsteigerung an.

Zwei bemerkenswerte Unterschiede müssen jedoch herausgestellt werden. Während Czinki, Fourastie, Servan-Schreiber und Kahn den Produktionszuwachs sehr stark auf die Freizeit durchschlagen lassen, bezieht Külp in seine Überlegungen die Herabsetzung des Pensionierungsalters und eine längere Schulausbildung ein. Beachtenswert ist ferner die relativ positive und hohe Einschätzung der mittelfristigen Freizeitentwicklung bis 1980 und 1985 mit ihren hohen Abweichungen und die verhältnismäßig gleiche Vorhersage für das Jahr 2000. Im Hinblick auf die Wirkungen und Konsequenzen dieser Prognose ist es relativ gleichgültig, ob die vorhergesagte Entwicklung sich im Jahre 2000 oder 2010 bestätigen wird, von Bedeutung ist lediglich, daß in der Freizeit- und Erholungsentwicklung im Hinblick auf die Nachfrage nach Erholungsleistungen künftig weiterhin ein starker Nachfragedruck zu erwarten sein wird, wobei noch nicht klar ist, in welche Richtung die Nachfrage sich entwickelt. Um dies zur Verbesserung der Infrastrukturplanung herauszufinden, ist es unbedingt erforderlich, künftig die raumrelevanten Verhaltensweisen, den menschlichen Verhaltensbereich, stärker im Hinblick auf Regelmäßigkeiten und Verhaltensmuster zu untersuchen und diese mit interdisziplinärem Ansatz zu analysieren[46]). Forschungsvorhaben hierzu wurden von der „Kommission für wirtschaftlichen und sozialen Wandel" eingeleitet. Auch die Bundesregierung beabsichtigt zur Entwicklung einer „Fremdenverkehrspolitischen Konzeption" sich den Fragen der Determinanten des Tourismus näher zuzuwenden und diese eingehend erforschen zu lassen.

3. *Konsequenzen für die Freizeitgestaltung*

Auf die Frage, welche Konsequenzen die vorhersehbare Entwicklung der Arbeitszeit auf die Freizeitgestaltung und damit auf die Nachfrage nach Erholungsleistungen

---

[46]) Zu den Möglichkeiten und Grenzen der Freizeitprognosen vgl. J. Maier: Zur Vorausschätzung von Freizeit und Erholung, Raumforschung und Raumordnung, 5 (1974), S. 202—207; zu den Folgerungen für die Freizeitforschung vgl. Bayerisches Staatsministerium für Landesentwicklung und Umweltfragen (Hrsg.): Freizeitverhalten, a.a.O., S. 26.

Tabelle 2: Entwicklung der im Arbeitsjahr eines Berufstätigen zu erwartenden Freizeit

Arbeitszeit — Freizeit	Zustand 1966 nach Czinki/Zühlke[a]	Prognosen für 1980, 1985, 2000					
		Czinki[b] für NW 1980	Czinki[b] für NW 1985	Külp/Müller[c] für BRD 1980	Fourastié[d] für 2000	Servan-Schreiber[e] für 2000	R. Krymanski[f] nach Kahn u. Wiener f. 2000
Arbeitswoche (Tage × Std.)	5 × 8,5	—	—	alternativ	4 × 7,5	4 × 7	4 × 7,5
Arbeitsstunden/Woche	ca. 42,5	—	—	37—35—34	30	28	30
Arbeitswochen/Jahr	—	—	—	—	40	39	39
Urlaubswochen/Jahr	3	—	—	9—11—12	12	13	13
Arbeitstage/Jahr	240	—	—	—	160	147	147
Freie Tage*)	125	—	—	—	205	218	218
Arbeitsstunden/Jahr	2040	1500	1250	1590—1440 —1360	1200	1030	1100
Freizeitstunden/Jahr**)	2710	3500	3700	—	3510	3640	—
Arbeitszeit : Freizeit	1 : 1,25	1 : 2,33	1 : 2,96	—	1 : 3	1 : 3,5	—
Pensionierungsalter	—	—	—	55—53—52	—	—	—
Verlängerung d. Schulzeit	—	—	—	4— 5— 6	—	—	—

*) Einschließlich Wochenende und Feiertage.
**) Arbeitstage mit 4 Stunden (8 Std. für Schlaf und 2 Std. persönliche Pflege, 1 Std. Arbeitsweg und 9 Arbeitsstunden), Freizeittage mit 14 Stunden (8 Std. für Schlaf und 2 Std. für persönliche Pflege) Freizeit.

Quellen: [a] Vgl. L. CZINKI; W. ZÜHLKE: Erholung und Regionalplanung, Analyse der Erholungswesens unter besonderer Berücksichtigung des Ruhrgebietes, Raumforschung und Raumordnung, 4 (1966), S. 159.
[b] Vgl. L. CZINKI: Wochenendfreizeit in den Freiräumen Nordrhein-Westfalens, a.a.O., S. 21 und 22.
[c] Vgl. B. KÜLP; R. MUELLER: Alternative Verwendungsmöglichkeiten wachsender Freizeit, a.a.O., S. 35.
[d] Vgl. J. FOURASTIE: Die 40 000 Stunden, Düsseldorf 1966, S. 7f.
[e] J. J. SERVAN-SCHREIBER: Die amerikanische Herausforderung, Hamburg 1968, S. 55. Zitiert nach K. MEYER: „Daten zur Raumplanung", Hannover 1969, S. III. K. 1(5).
[f] R. KRYMANSKI: Die Nützlichkeit der Landschaft, Düsseldorf 1971, S. 70; H. U. KAHN; A. WIENER: Ihr werdet es erleben, Voraussagen der Wissenschaft bis zum Jahr 2000, Molden Verlag 1968.

haben wird, gibt es aus den oben aufgezeigten Gründen keine wissenschaftlich nachprüfbaren Aussagen, sondern nur Hypothesen[47]):

a) im Nahbereich der Wohnung:
Zunahme der Schwarzarbeit, höhere Nutzung der Massenmedien (Rundfunk, Fernsehen), Aufschwung der „Do-it-yourself-Welle", stärkere Beteiligung am Vereinsleben und am politischen Geschehen;

b) für Naherholung und Wochenend:
Erhöhte Frequenz von Freizeit- und Naherholungsanlagen, Ausweitung des Wochenendverkehrs, steigender Erwerb von Zweitwohnungen, Zunahme der sportlichen Betätigung (Segeln, Skifahren, Golf, Wandern, Radfahren);

c) für Verlängerung des Jahresurlaubs:
Zunahme der Reiseaktivitäten, der Reiseintensität und Tendenz zum Zweit- und Dritturlaub, Bildungsurlaub gewinnt an Bedeutung;

d) für Verkürzung der Lebensarbeitszeit (Berufstätigkeit):
Ausweitung der allgemeinen Schulbildung, längere Weiterbildungszeit, Herabsetzung des Pensionsalters.

Gleichgültig, welche Konsequenzen eintreten werden, sie alle bedingen große Veränderungen und Folgewirkungen im Verhalten der Wirtschaftssubjekte, und diese ziehen wiederum Folgeprobleme im Bereich der Infrastruktur nach sich. Die Anpassung der Individuen in ihrem Wahlverhalten gegenüber dem Gut Freizeit geschieht über den Markt. Er regelt Angebot und Nachfrage (und versucht beide ins Gleichgewicht zu bekommen). Dem Markt jedoch weitgehend entzogen ist das Angebot im Bereich der öffentlichen Infrastruktur, insbesondere der Verkehrsinfrastruktur. Hier muß die öffentliche Hand planend, lenkend und fördernd eingreifen.

Die Nachfrage nach Infrastruktureinrichtungen und den dazugehörigen Flächen wird insbesondere ausgelöst durch die *Freizeitgestaltung im Rahmen der Nah- und Wochenenderholung* und der *Verlängerung des Jahresurlaubs*.

V. Nachfrage und Nachfrageveränderungen nach Einrichtungen der Erholungsinfrastruktur und Flächen für Erholungszwecke

Der Beirat für Raumordnung beim Minister für Raumordnung, Bauwesen und Städtebau hat kürzlich Vorschläge für „Indikatoren der Umweltqualität" entwickelt, die Soll-Mindestwerte für die anzustrebende Ausstattung der Erholungsinfrastruktur beinhalten. Danach werden für den räumlichen Ausgleich der Lebensbedingungen benötigt:

Freifläche insgesamt	0,5 ha/E.	Sonstige Freiflächen	0,03 ha/E.
Mindestwaldfläche	0,1 ⎫ Anteil an	Freibäder	76 qm/E.
	⎬ Gesamt-		
Höchstwaldfläche	0,7 ⎭ fläche	Hallenbäder	10 qm/E.
Wasser- und Wintersportfläche	0,02 ha/E.	Sportplätze	400 qm/E.
Badefläche	0,01 ha/E.	Sporthallen	200 qm/E.

Wie die Gegenüberstellung ausgewählter Bedarfs- und Tragfähigkeitszahlen für Flächen für Freizeit und Erholung zeigt (vgl. Tabelle 3), weichen die Werte oft stark

---

[47]) Vgl. hierzu H. NASE: Freizeit, Bundesarbeitsblatt, 7 (1974), S. 397.

Tabelle 3: *Bedarfs- und Tragfähigkeitswerte für Freizeit- und Erholungsflächen*

Kategorien	Bedarfszahlen und Tragfähigkeitszahlen	Quellenhinweise
I. Innerstädtische Grün- und Sportflächen		
Gesamtbedarf an Grünflächen	30— 40 qm/E.	Nederlandse Rijksplanologische Dienst, Hansestadt Hamburg
Sportfläche	8 qm	Rijksplanologische Dienst
Stadtparke	8 qm	Rijksplanologische Dienst
Park für Stadtregion — Revierpark	65 qm	Rijksplanologische Dienst
II. Intensivgebiete der Naherholung		
Revierpark	15— 105 Bes./ha	SVR
Strand	2000—3500 Bes./ha	Holländische Untersuchungen
Attraktionspunkte	400 Bes./ha	,, ,, u. a.
Wochenendhäuser	60— 100 Bes./ha	SVR, Agrar- und Hydrotechnik, Essen
Spiel- u. Liegewiesen	50— 100 Bes./ha	Holl. Untersuchungen, Agrar- u. Hydrotechnik, Essen
Camping	100— 300 Bes./ha	SVR, Holl. Richtwerte, Gesellschaft f. Landeskultur, Bremen
Wassersport	3 Boote/ha auf Flüssen 6 Boote/ha auf Seen	Holländische Untersuchungen
Waldrand	100— 230 Bes./ha (bis 50 m Tiefe)	
Zentr. Erholungsschwerpunkt	1500 Bes./ha	Ges. f. Landeskultur, Bremen
Parkplätze	350— 400 Pkw	Ges. f. Landeskultur, Bremen
Freibad — Strandbad	1000—2000 Bes./ha	Agrar- u. Hydrotechnik, Essen
Tennis	30 Bes./ha	
III. Extensivgebiete der Naherholung		
Offene, gr. Erholungsr.	30— 100 Bes./ha	Ges. f. Landeskultur, Bremen
Freizeitpark mit extensivem Ergänzungsber.	28 Bes./ha	
Strand — Heide	5— 15 Bes./ha	Ges. f. Landeskultur, Bremen

Noch Tabelle 3:

Kategorien	Bedarfszahlen und Tragfähigkeitszahlen	Quellenhinweise
Watt	0,5 Bes./ha	Ges. f. Landeskultur, Bremen
Wandergebiete	25 Bes./ha	Agrar- u. Hydrotechnik, Essen
Skilaufen	75 Bes./ha	
Wassersport	12 Bes./ha	
Segeln	0,83 Bes./ha	U. H. MOSTERIN: Entwicklung des Flächenbedarfs ..., Münster 1973.
Reiten	0,31 Bes./ha	
Autofahr. z. Vergnügen	0,03 Bes./ha	
Golf	2,56 Bes./ha	

Quelle: Diese Zusammenstellung beruht überwiegend auf Werten, die von L. CZINKI zusammengetragen wurden in: Voraussichtlicher Bedarf an Erholungsflächen in NRW, Agrar- und Hydrotechnik GmbH, Essen 1970, Tab. 7 und Tab. 24, zitiert nach R. KRYMANSKI: Die Nützlichkeit der Landschaft, Düsseldorf 1971, S. 130f.

voneinander ab und zeigen große Toleranzen[48]). Generell läßt sich anhand örtlicher Untersuchungsergebnisse feststellen, daß in verdichteten Gebieten die für Freizeit und Erholung erforderlichen Flächen geringer veranschlagt werden als in dünnbesiedelten ländlichen Räumen.

Geht man der Frage nach, welche zusätzliche Nachfrage in den nächsten Jahren befriedigt werden muß, so müssen nicht gleich die Zahlen der Tabelle 3 den Ausbauplannungen zugrunde gelegt werden, denn sie stellen nach den derzeitigen Erkenntnissen Idealwerte dar. Nach Schätzungen aus dem Jahre 1971 soll die Steigerung des *Wochenendausflugsverkehrs* bis 1980 z. B. um 40—50% zunehmen[49]). Ob damit allerdings auch die Nachfrage nach Flächen zunehmen wird, ist deshalb fraglich, weil die Nachfrage u. U. durch eine stärkere Frequentierung des Raumes aufgefangen werden kann, wenn dadurch nicht die Höchstbelastungswerte überschritten werden. Die Frage nach der Erschließung und dem Ausbau neuer Naherholungsgebiete hängt vom regionalen Angebot ab. Reicht dieses nicht aus, wird der Nachfrager weite Fahrten in Kauf nehmen, um seine Bedürfnisse zu befriedigen, wodurch zusätzliche Belastungen im Straßenverkehr auftreten. Wenn es gelingt, die Städte wirtlicher zu machen und in Verdichtungsgebieten Naherholungsschwerpunkte zu schaffen (z. B. in der Form von Revierparks), dann kann voraussichtlich ein großer Teil der zusätzlichen Nachfrage der nächsten Jahre dadurch aufgefangen und auch das soziale Kontaktbedürfnis vieler Menschen befriedigt werden. Die vorhandenen Naherholungskapazitäten in der Landschaft würden damit auch für die raumextensive Nachfrage entlastet, die besonderen Wert auf die psychosoziale Distanz legt.

---

[48]) Vgl. hierzu C. SCHNIEDERS: Richtwerte für die Bestimmung des Pro-Kopf-Flächenbedarfs für Erholungszwecke, unveröffentlichtes Manuskript, erarbeitet im ILS Dortmund.

[49]) Vgl. H. HOFFMANN: Entwicklungstendenzen des Inlandstourismus. In: Freizeit und Erholung in diesem Jahrzehnt, Schriftenreihe für ländliche Sozialfragen, H. 67, 1973, S. 31; L. CZINKI: Wochenendfreizeit in den Freiräumen Nordrhein-Westfalens, a.a.O., S. 87.

Wegen der individuellen Unterschiede in den Präferenzen der Wirtschaftssubjekte läßt sich die zu erwartende Entwicklung der Wochenendfreizeit schlecht abschätzen. Sicher aber ist, daß neben stärkeren Wochenendfreizeitbetätigungen in der Stadt auch entferntere, noch im Einzugsbereich liegende Erholungsgebiete in der Nachfragegunst der Wochenendausflügler steigen werden, insbesondere im Zusammenhang mit Kurzurlauben übers Wochenende. Welche Flächen z. B. durch Freizeitwohnen oder Freiraumaktivitäten in Anspruch genommen werden, zeigt Tabelle 3[50]). Dabei wird deutlich, daß der Flächenanspruch der extensiven Erholungsarten bedeutend höher ist als der der intensiven Freizeitaktivitäten. Besondere planerische Beachtung im Rahmen der Wochenenderholung muß die gesteigerte Nachfrage nach mobilen und festen Zweitwohnungssitzen finden[51]), die hier nicht näher diskutiert werden kann.

Durch eine zu erwartende stärkere Differenzierung der Naherholungs- und Wochenendfreizeit werden sich intensivere Nutzungsarten um die Städte und Erholungsschwerpunkte konzentrieren. Tätigkeiten mit größerem Raumbedarf werden einen weiten Radius um die Städte in Anspruch nehmen. Von dieser Entwicklung wird das Fremdenverkehrsgewerbe in den Erholungsräumen, z. B. denen des Landes Nordrhein-Westfalen, dann profitieren, wenn sie sich auf diese Entwicklung einstellen.

Die *Verlängerung des Jahresurlaubs* wird diese Entwicklung unterstützen. Neben dem längeren großen Jahresurlaub, der in zunehmendem Ausmaße — wie oben aufgezeigt — ins Ausland verlegt wird, entstehen neue räumliche Nachfragen durch Zweit- und Dritturlaube, die aus Distanzüberwindungs- und Kostengründen überwiegend im Inland verbracht werden. Durch den wachsenden Anteil der Nachfrage nach Auslandsurlaubsreisen wird die inländische Nachfrage entlastet, und es werden Kapazitäten zur Befriedigung des erwartenden steigenden Raumbedarfs für Urlaubszwecke frei.

Um einen Eindruck von der künftigen Inlandsnachfrage zu bekommen, hat die ASG eine einfache Modellrechnung aufgemacht: Wenn man davon ausgeht, daß die Reiseintensität bis 1985/1990 auf ca. 60% ansteigt, Zweiturlaube auf 10% und Dritturlaube auf 3% zunehmen, der Anteil der Auslandsaufenthalte bei Erst- und Haupturlaub 60%, beim Zweiturlaub 40% und bei Dritturlaub 20% beträgt, dann werden in 10 oder 15 Jahren etwa 12,5 Mio., später 15 Mio. Urlaube im Inland verbracht[52]). Wird dann noch ein Aufschlag von etwa 3% für Urlaube von Ausländern in der Bundesrepublik Deutschland einkalkuliert, dann wird der Urlaubszuwachs im Inland in den nächsten 10—15 Jahren etwa 20% oder etwa 1—2% pro Jahr betragen. Wenn der Jahresurlaub über das erwartete Ausmaß hinaus zunehmen wird, könnte evtl. mit einer Steigerung der Inlandsnachfrage gerechnet werden.

Diese nüchternen Werte bedeuten nun, daß die Nachfrage nach Urlaub und Erholung in inländischen Urlaubsgebieten nicht nennenswert ansteigen wird. Deshalb erscheint es sinnvoll, mit dem Ausbau neuer Urlaubsgebiete und den dazugehörigen Infrastruktureinrichtungen sehr vorsichtig zu sein und das Augenmerk und die Förderung des Ausbaus auf die traditionellen Feriengebiete zu lenken, um Nachfrager zum Zwecke einer besseren Ausnutzung der vorhandenen Gebiete und Einrichtungen dafür zu interessieren

---

[50]) Vgl. darüber hinaus aber auch K. GANSER: 1,5 Mill. Hektar für die Infrastruktur, a.a.O., S. 116—118; U. H. MOSTERIN: Die Entwicklung des Flächenbedarfs für verschiedene Typen von Erholungs-, Freizeit- und Naturschutzgebieten, Münster 1973, S. 102.

[51]) S. a. hierzu C. SCHNIEDERS: Untersuchung über den möglichen Einfluß von Zweitwohnungen auf die Finanz- und Wirtschaftsstruktur einer Gemeinde, hrsg. vom Institut für Landes- und Stadtentwicklungsforschung des Landes Nordrhein-Westfalen (ILS), Bd. 1004 der Schriftenreihe „Landes- und Stadtentwicklungsforschung", Dortmund 1975.

[52]) Siehe hierzu unveröffentlichte Untersuchungsergebnisse der Agrarsozialen Gesellschaft e. V. (ASG), Göttingen, vom Frühjahr 1975.

und dem Trend (vgl. Tabell 1) des Nachfragerückgangs an der Nord- und Ostsee und im Alpenraum entgegenzuwirken. Strukturveränderungen im Hinblick auf eine Verdrängung der langfristigen Urlauber durch Wochenend- und Kurzurlauber sollten möglichst früh erkannt und die Planungen und Maßnahmen auf den erwünschten Effekt ausgerichtet werden.

VI. Zusammengefaßte Ergebnisse und Anregungen

1. Die Landesregierung Nordrhein-Westfalen mußte Freizeit- und Erholungsplanungen in Angriff nehmen und Maßnahmen zur Verwirklichung dieser Pläne einleiten, ohne ausreichende Kenntnis der Nachfrage. Die auf diesem Forschungsgebiet für NW durchgeführten Analysen haben erste Hinweise gegeben, sie werden laufend durch neue Analysen vertieft, aber das ganze Land umfassende, interdisziplinäre Freizeitforschung gibt es — trotz guter Teilergebnisse — bisher leider noch nicht. Selbst wenn es sie gäbe, muß stark bezweifelt werden, ob, wegen sich schnell wandelnder Bedürfnisse und Präferenzen bei hoher Elastizität der Nachfrage, wesentlich bessere Schätzungen der Erholungsnachfrage, Erholungsentwicklungsprognosen überhaupt möglich sind. Dennoch sollte die bessere Erforschung der Erholungs- und Urlaubserfordernisse und -bedürfnisse stärker als bisher betrieben werden.

Freizeitpolitik im weitesten Sinne muß erst noch in ihrer gesellschafts- und wirtschaftspolitischen Bedeutung voll begriffen und nicht nur als Spezialgebiet der regionalen Wirtschaftspolitik und Raumordnung abgetan werden. Zu diesem Zweck ist es notwendig, Untersuchungen über das Erholungsverhalten der Bevölkerung durchzuführen, die konkrete Angaben über die Erholungsuchenden, die Erholungsziele, zurückgelegte Entfernungen, Verkehrsmittel und Anfahrtzeiten liefern. Nur mit Hilfe derartiger Angaben ist es für die regionalen und gemeindlichen Instanzen möglich, über Projekte der Erholungsinfrastruktur, ihre Kapazität, ihren Standort und die Priorität des Ausbaus zu entscheiden. Darüber hinaus sind die verhaltensbestimmenden Faktoren, wie Bedürfnisse, Wünsche, Motivierungen etc. zu identifizieren und zu analysieren. Eine derartige Freizeitforschung sollte — wie eine Marktanalyse — herauszufinden versuchen, welche Formen der Erholung bevorzugt werden und welche Faktoren und Motive diese Entscheidungen beeinflussen. Nur so läßt sich die Entwicklung der Nachfrage zuverlässiger abschätzen.

2. Die bereits vorhandenen Forschungsergebnisse auf dem Gebiet der Zeitbudgetforschung, der ökonomischen Analyse der Freizeitentwicklung der Zukunftsforschung, lassen den Schluß zu, daß die für den einzelnen frei verfügbare Zeit zunimmt. Nur über das mittel- und langfristige Ausmaß der Freizeitentwicklung gibt es bisher sehr unterschiedliche Auffassungen. Die Entwicklung der tatsächlich verfügbaren Freizeit wird determiniert von der Wahl der Wirtschaftssubjekte zwischen Arbeitszeit und Freizeit und der Produktivitätsentwicklung. Nach vorliegenden Schätzungen soll die jährliche Arbeitszeit von rd. 2000 Arbeitsstunden 1966 bis 1980/85 auf 1300 bis

1500 Arbeitsstunden und bis zum Jahre 2000 auf 1000 bis 1200 Arbeitsstunden absinken. Die Freizeitstunden sollen nicht in demselben Ausmaß zunehmen, sondern nur von 2700 (1966) auf 3500 (1980) und 3500 bis 3650 Stunden im Jahr 2000 ansteigen. Neben diesen Voraussagen wäre allerdings auch mal zu prüfen, ob dann die tatsächlich verfügbare Freizeit des einzelnen trotz kürzer werdender Arbeitszeit in den letzten 10 Jahren — wegen zunehmender eigener Handwerks- und Dienstleistungstätigkeit im Haushalt — überhaupt zugenommen hat.

3. Mit zunehmender Bedeutung der Freizeit steigt — wie nachgewiesen werden konnte — auch der Flächenbedarf für Freizeit und Erholung. Er steigt aber voraussichtlich bei weitem nicht so stark an, wie dies aufgrund der Freizeitentwicklung angenommen werden könnte. Grund für diesen relativen Nachfragerückgang inländischer Erholungsnachfrage ist die Substitutionskonkurrenz ausländischer Erholungsangebote, die eine Abwanderung der Nachfrage bewirkt und eine jährliche Zunahme der Erholungsnachfrage auf dem Inlandsreisemarkt um nur 1—2% erwarten läßt. Nicht ausreichend berücksichtigt werden konnte bei dieser Schätzung die Nachfrage, die sich aus verlängerten Wochenend- und Kurzurlauben (Zweit- und Dritturlaub etc.) ergibt. Der Nachfragedruck in Nah- und Wochenenderholungsgebieten ist derzeit wegen der „Unwirtlichkeit der Städte" besonders groß.

4. Um die „Unwirtlichkeit der Städte" zu vermindern, bemüht sich das Land Nordrhein-Westfalen zur Zeit, die Voraussetzungen für eine angemessene Freizeitentfaltung der Menschen in den Wohngebieten der Städte zu schaffen, so u. a. durch Ausbau von Fußgängerbereichen, Schaffung zusätzlicher Freiflächen durch Anlage von Tiefgaragen oder Parkhäusern, Bau von Freizeit- und Gemeinschaftshäusern und aktive Stadtbildpflege[53]. Darüber hinaus hat das Land die gesetzlichen Voraussetzungen für den Ausbau schnell erreichbarer, verkehrsgünstig gelegener Schwerpunkte vor allem für die Tageserholung insbesondere in Verdichtungsräumen geschaffen. Die meisten der im Nordrhein-Westfalen-Programm 1975 ausgewiesenen 38 „Tageserholungsanlagen" in Verdichtungsräumen und 30 „Wochenend- und Ferienerholungsanlagen" in Erholungslandschaften sind im Ausbau, neue große Seen, Baggerseen und Talsperren sind fertiggestellt oder in Ausführung. Die von der öffentlichen Hand geschaffenen offenen und wetterunabhängigen Anlagen für Freizeit sollen zugleich Kristallisationspunkte und Anreiz für private Erholungs- und Fremdenverkehrsinvestitionen sein.

5. Mit diesen Ausbaumaßnahmen wird in Nordrhein-Westfalen derzeit ein gewaltiges regional ausgeglichenes Angebot von Nah- und Wochenenderholungsanlagen geschaffen. Die Städte werden wieder freundlicher gestaltet. Bezogen auf die Nachfrage und den Flächenbedarf für Erholungsleistungen bedeutet dies, daß ein großer Teil der bisherigen Nachfrage an den Raum außerhalb der Städte dadurch befriedigt werden kann. Nachfrage wird gebunden. Die Naherholungsräume und die Anfahrtwege werden entlastet. Kapazitäten werden frei. Im Hinblick auf dieses zusätzlich zu erwartende Angebot an Freizeiteinrichtungen unter Berücksichtigung der vorhandenen Kapazitäten und unter Beachtung der u. U. relativ geringen inländischen zusätzlichen Nachfrage nach Erholungsleistungen ist künftig genau zu prüfen, ob und wo zu-

---

[53] Vgl. W. WEYER: Künftige Freizeitpolitik des Landes Nordrhein-Westfalen im Städtebau, Städte- und Gemeinderat 12 (1974), S. 412—423.

sätzliche Erholungsgebiete ausgewiesen, ausgebaut und angemessen versorgt werden sollen[54]). Es ist zu fragen, ob es nicht derzeit sinnvoller ist, vorhandene Fremdenverkehrsorte besser auszubauen und anzuschließen, um gegebene Kapazitäten besser nutzen zu können und die private Fremdenverkehrswirtschaft zu Investitionen zu ermuntern. Neue Gebiete sollten darüber hinaus möglichst nur an außergewöhnlich attraktiven Orten (neuen Talsperren etc.) geplant werden. Dringend erforderlich bleibt allerdings in vielen Verdichtungsbereichen des Landes eine bessere verkehrliche Anbindung der Erholungsgebiete.

6. Bevor das Angebot an Erholungseinrichtungen über das bisher geplante und in Ausführung befindliche Ausmaß hinaus vergrößert wird, sollte sehr eingehend mit den anderen Bundesländern und dem Bund geprüft werden, ob es tatsächlich keine Möglichkeit gibt, die traditionellen Freizeit- und Ferienzeitregelungen zu entzerren, um so eine bessere Kapazitätsauslastung der vorhandenen inländischen Tourismuseinrichtungen zu erreichen. Was nützt es dem Urlauber, wenn er mehr Zeit für Urlaub erhält, aber dieses mehr an Urlaubstagen wegen verstopfter Straßen benötigt, um mit zerfetzten Nerven seinen Urlaubs- und Heimatort zu erreichen. Der Ausbau der Verkehrsinfrastruktur sollte deshalb bei der weiteren Erschließung und dem Ausbau vorhandener Fremdenverkehrsgebiete den Vorrang haben. Die großen Schulferien z. B. könnten von Mai bis September mit entsprechender Parallelverschiebung durchlaufen. Nicht nur die Friseure könnten montags frei haben. Durch eine derartige Entzerrung der Spitzenbelastungen ergäbe sich für die Nachfrager — bei entsprechenden Reaktionen der Anbieter — unter Umständen auch ein beachtlicher Einkommenseffekt, bei den Anbietern ein großer Kapazitäts- und ein sehr beachtlicher Einkommenseffekt. Weiterhin wäre es sehr bedeutsam, wenn dadurch auch die Möglichkeit bestünde bzw. eröffnet würde, Einrichtungen auszubauen, die geeignet sind, die Saison zu verlängern und damit zur Verbesserung der wirtschaftlichen Grundlage des Fremdenverkehrsgewerbes beizutragen.

7. Mit diesen Bemerkungen und Anregungen zur Analyse und Befriedigung der Nachfrage nach Freizeit und Erholung sollte lediglich ein Einblick in die umfassenden Fragestellungen der Freizeitforschung gegeben werden. Einer „Freizeit-Ideologie", die den Menschen zu einer sinnvoll genutzten Freizeit verhelfen will, soll hier jedoch am Ende der Ausführungen entschieden Absage erteilt werden. Der Staat hat nicht das Recht, seinen Bürgern vorzuschreiben, wie sie ihre Freizeit „sinnvoll" zu verbringen haben. Der öffentlichen Hand bleiben im Bereich der Freizeitpolitik eigentlich nur drei Aufgaben vorbehalten:[55])

1. Menschen durch Bildung und Ausbildung zum Leben in Freiheit und in der „Freizeitgesellschaft" zu befähigen,

2. räumliche, materielle und institutionelle Voraussetzungen für die freie Entfaltung der Bürger zu schaffen und

3. die Umwelt vor dem Bürger für den Bürger zu schützen.

---

[54]) Vgl. hierzu H. RABEN; D. UTHOFF: Die Raumrelevanz touristischer Großprojekte, Raumforschung und Raumordnung, 33 Jahrg., H. 1 (1975), S. 18—29.
[55]) Vgl. hierzu W. WEYER: Freizeit und Erholung in Nordrhein-Westfalen, a.a.O., S. 293.

Wesensmerkmal der Freizeit ist die Freiheit der Entscheidung. Dieses Recht sollte verteidigt werden, weil die Freiheitssphäre in unserer Gesellschaft schon sehr eingeschränkt ist und manch weitere Einschränkungen nicht zu vermeiden sein werden. Was der Mensch mit seiner Freizeit macht, wie er sich erholt, sollte man wirklich der Entscheidung jedes einzelnen überlassen[56]). Der Staat sollte lediglich die erforderlichen Rahmenbedingungen schaffen. Solange die Freiheit der Entscheidung erhalten bleiben kann, wird es jedoch keine exakten Vorhersagen, keine wesentlich besseren Prognosen über die Nachfrageentwicklung im Bereich der Freizeit und Erholung geben. Diesen Mangel sollte der Staat zum Wohle seiner Bürger trotz Verpflichtung zur Daseinsvorsorge gelassen in Kauf nehmen.

---

[56]) Vgl. H.-G. NIEMEIER: Wochenend- und Ferienerholung, a.a.O., S. 180.

Die Landschaftsbewertung für Erholung im Sauerland
– Zur Weiterentwicklung eines raumplanerischen Entscheidungsinstruments – [1])

von
Hans Kiemstedt, Berlin

I. Anlaß und Zweck des Arbeitsvorhabens

Im Jahre 1972 wurde von der Staatskanzlei des Landes Nordrhein-Westfalen — Abteilung Landesplanung — ein Forschungsauftrag an das Institut für Landschafts- und Freiraumplanung der TU Berlin vergeben. Das Ziel war „die Entwicklung eines komplexen Bewertungsmodells zur Auswahl geeigneter Räume für die Erholung — angewandt auf die Kreise Meschede, Brilon, Olpe, Wittgenstein"[2]). Anlaß für diesen Auftrag war das Landesentwicklungsprogramm für Nordrhein-Westfalen, das Entscheidungshilfen in doppelter Hinsicht erforderte. Erstens sollten die für die Erholung der Bevölkerung geeigneten Räume gesichert und weiterentwickelt werden. Zweitens ging es darum, die begrenzten finanziellen Mittel möglichst gezielt einzusetzen, um in strukturschwachen Gebieten eine Verbesserung der wirtschaftlichen Situation durch den Fremdenverkehr zu erreichen.

II. Ausgangslage und Rahmenbedingungen

1. Bei der Bearbeitung sollten die bisherigen Ansätze und Erfahrungen der Standortbewertung für Erholung integriert und möglichst weiterentwickelt werden. Das betraf zunächst den Erholungsbegriff.

Die ersten Verfahren der Landschaftsbewertung für Erholung konnten noch von einem relativ allgemeinen[3]) und z. T. ideologieverdächtigen[4]) Erholungsverständnis ausgehen, dessen räumliche Konsequenzen sich erst allmählich abzuzeichnen begannen. In dem Maße, wie sich diese typische Daseinsfunktion der industriellen Gesellschaft mit spezifischen Raumansprüchen und -konflikten entwickelte, hat die empirische Sozialforschung hier zu einer weitgehenden Differenzierung verholfen. Sie unterscheidet nach verschiedenen sozialen Gruppen und spezifischen Aktivitäten und ordnet die Erholung unter den weitergefaßten Begriff des Freizeitverhaltens ein.

---

[1]) Vortrag vor der LAG Nordrhein-Westfalen am 12. 10. 1973 in Düsseldorf, überarbeitet und abgeschlossen im September 1975.

[2]) Landschaftsbewertung für Erholung im Sauerland. Schriftenreihe Landes- und Stadtentwicklungsforschung des Landes Nordrhein-Westfalen, Band 1 008/I u. II (Teil I — Textband, Teil II — Kartenband), Dortmund 1975.

[3]) Z. B. H. KIEMSTEDT: Zur Bewertung der Landschaft für die Erholung. Beiträge zur Landespflege, Sonderheft 1, Stuttgart 1967.

[4]) R. KRYSMANNSKI: Die Nützlichkeit der Landschaft. Beiträge zur Raumplanung, Bd. 9, Düsseldorf 1971, S. 58 ff.

2. Die Berücksichtigung verschiedener Ansprüche an den Raum bedeutet zugleich, daß der Katalog der Standortfaktoren für eine Eignungsbewertung erheblich ausgewertet werden mußte. Das war bereits in der Kritik am ursprünglichen V-Wert-Ansatz herausgestellt worden[5]). Für das hier zu erläuternde Forschungsvorhaben folgerte daraus, über die natürliche Landschaftsausstattung hinaus auch kulturelle und infrastrukturelle Kriterien mit einzubeziehen. Damit waren nicht nur die sog. „freie Landschaft", sondern auch die Ortschaften als Kristallisationspunkte der touristischen Infrastruktur Gegenstand der Bewertung.

3. Über diese Punkte hinaus haben die praktischen Planungserfahrungen und die entscheidungstheoretischen Diskussionen der zurückliegenden Jahre zu einer weiteren Klärung des Aufbaues und Ablaufes von Bewertungsverfahren geführt. Danach muß jedes Bewertungsverfahren einem Anspruchsrahmen genügen, der sich z. B. in einem Schema darstellen läßt[6]), wie es Abb. 1 zeigt.

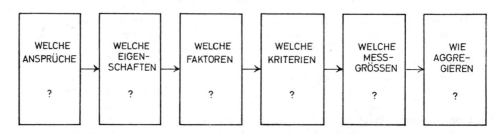

Abb. 1: Abfolge eines Bewertungsverfahrens

Damit ist gemeint, daß zunächst der Zweck der Bewertung eindeutig dargelegt werden muß. Als erster Schritt sind demnach die *Ansprüche,* für die bewertet werden soll, genau zu definieren. Es bedarf keiner weiteren Erläuterung, daß schon an dieser Stelle eine Vielzahl von Standortbewertungen Mängel zeigt.

Aus der Festlegung der Raumansprüche lassen sich als Zweites die *Eigenschaften* ableiten, die ein Gebiet aufweisen muß, wenn es als geeignet angesehen werden soll. Von hieraus erfolgt eine — je nach Planungsmaßstab unterschiedliche — Differenzierung im Sinne einer Aufspaltung genereller *Eignungsfaktoren* bis zu *meßbaren Kriterien.* Erst wenn gesagt wird, mit welcher Meßskala — nominal, ordinal, kardinal — und mit welchen Meßgrößen — z. B. Rangordnungsstufen oder absoluten Zahlenwerten — die Kriterien erfaßt werden sollen, kann ein Verfahren als operabel gelten. Hier soll jedoch gleichzeitig festgehalten werden, daß damit nicht einer Quantifizierung um jeden Preis das Wort geredet wird, zumal rationale und nachvollziehbare Werturteile und Messungen nicht unbedingt ihren Ausdruck in Zahlen finden müssen. Eine ent-

---

[5]) H. KIEMSTEDT: Erfahrungen und Tendenzen in der Landschaftsbewertung. In: Zur Landschaftsbewertung für die Erholung, Forschungs- und Sitzungsberichte der Akademie für Raumforschung und Landesplanung, Bd. 76, Hannover 1972, S. 33—34.

[6]) Vgl. A. BECHMANN und H. KIEMSTEDT: Die Landschaftsbewertung für das Sauerland als Beitrag zur Theoriediskussion in der Landschaftsplanung. Raumforschung und Raumordnung, 32. Jg., H. 5, 1974, S. 190—202.

scheidende Frage ist schließlich, welche Überlegungen der *Aggregierung* der verschiedenen einzelnen Bewertungskriterien zu einer Gesamtaussage zugrunde liegen. Mit anderen Worten: Wie und mit welchem Gewicht werden die Teilbewertungen zusammengefaßt?

Es liegt auf der Hand, daß dieser so skizzierte Bewertungsablauf im Verfahren möglichst nachvollziehbar bleiben sollte. Andererseits ist damit allein noch kein ausreichender Fortschritt erzielt. Obwohl bei einer großen Zahl jüngerer Bewertungsverfahren auf dem Sektor Freizeit und Erholung das Schwergewicht darauf gelegt wurde, die Datenmenge zu vervollständigen, zu systematisieren und ihre Behandlung transparent zu halten[7], wird nicht nur dadurch die Qualität eines Entscheidungsrahmens bestimmt. Mindestens ebenso wichtig ist die Ableitung des Zieles. Ein noch so eindrucksvolles methodisches Gebäude bleibt unbefriedigend, wenn der Bewertungszweck nicht akzeptiert werden kann oder die einzelnen Werturteile — z. B. Klima wichtiger als Wasser — nicht begründet werden[8].

Spätestens an diesem Punkt muß die Subjektivität der Beurteilung zur Sprache kommen. Sie kann nicht abgeleugnet und muß sogar akzeptiert werden. Jedoch gibt es sehr wohl unterschiedliche Verfahren, die dieser allen Bewertungsschritten anhaftenden Subjektivität mehr oder weniger angemessen sind. Autoren, die nach der klassischen Nutzwertanalyse mit einem System festgelegter Punktzahlen arbeiten und auch noch der Versuchung erliegen, kardinale Rechenoperationen anzuschließen, spiegeln hier jedenfalls eine Pseudogenauigkeit vor[9].

Der Landschaftsbewertung im Sauerland waren demnach folgende Aufgaben gestellt:

Inhaltlich:

a) Klärung der Ansprüche, für die bewertet werden sollte;

b) Begründung der auf diese Ansprüche bezogenen Bewertungen (Wertfunktionen);

Technisch:

c) Berücksichtigung verschiedener Aktivitäten mit unterschiedlichen Raumansprüchen;

d) Einbeziehung natürlicher, kultureller und infrastruktureller Standortfaktoren;

e) Komplexheit des Verfahrens und zugleich Transparenz. Eine Vielzahl von Aspekten war zusammenzufassen. Zugleich sollte das Entscheidungsmaterial differenziert zur Verfügung stehen;

f) Verhältnismäßigkeit der Bewertungsoperationen. Ablösung des oft mißverstandenen kardinalen Punktsystems durch ordinale Aussagen über Rangordnungen.

---

[7] Z. B. G. Turowski: Bewertung und Auswahl von Freizeitregionen. Schriftenreihe des Instituts für Städtebau und Landesplanung, H. 3, Karlsruhe 1972, oder R. Marks: Zur Landschaftsbewertung für die Erholung. Natur und Landschaft, 50. Jg., H. 8/9, 1975, S. 222—228.

[8] Das gilt selbst z. T. für die neue umfangreiche Studie: Ermittlung von aktuellen und potentiellen Erholungsgebieten in der BRD. Schriftenreihe für Landschaftspflege und Naturschutz, H. 9, Bonn-Bad Godesberg, 1974.

[9] Z. B. D. Farcher: Landschaftsbewertung in Tieflagen und im Hochgebirge. Das Gartenamt, 20. Jg., H. 6, 1971, S. 260—271.

III. Konsequenzen für das Bewertungsverfahren

1. Ableitung der Ansprüche und Aktivitäten

Der Untersuchungsraum, die Mittelgebirgslandschaft des Sauerlandes, grenzt unmittelbar südwestlich an das hochindustrialisierte und dicht bevölkerte Rhein-Ruhrgebiet an. Die mittleren Entfernungen zwischen Ziel- und Quellgebiet betragen zwischen 100 und 200 km. Das Sauerland gehört deshalb zu den wichtigsten Naherholungsräumen des Rhein-Ruhr-Reviers und wird auch in starkem Maße als Urlaubsgebiet aufgesucht. Aus diesem Grunde erschien es nicht sinnvoll, bei der Standortbewertung zwischen Wochenend- und Ferienerholung zu unterscheiden, sondern nur nach unterschiedlichen Freizeit- und Erholungsaktivitäten zu fragen.

Die offenbare Rolle des Bearbeitungsraumes für die Bevölkerungsagglomeration der Rhein-Ruhr-Schiene bestimmte auch die Auswahl der *Hauptzielgruppe,* für deren Bedürfnisse die Landschaft bewertet werden sollte: Die sozial schwächeren Schichten der Arbeiter, Angestellten und Familien mit Kindern des nahegelegenen Industriereviers stellen die Haupt-Nachfragegruppe für das Untersuchungsgebiet dar. Für sie steht in der Freizeit nach wie vor die Erholung im Sinne schlichter Regeneration von den Belastungen des Alltags im Vordergrund. Aus diesem Grunde ist es auch gerechtfertigt und zutreffender, wenn hier bei Berücksichtigung der sozialwissenschaftlichen Erkenntnisse und entgegen dem schon modisch gewordenen Freizeit-Vokabular von einer Landschaftsbewertung für *Erholung* gesprochen wird.

Diese Festlegung auf besonders bedürftige Bevölkerungsschichten hat zwar schon früh die Zustimmung des Auftraggebers gefunden, ist jedoch ebenso schnell auf Kritik gestoßen[10]. Dabei wurde gerade auf das sehr differenziert vorliegende Zahlenmaterial über Häufigkeiten und Anteilsquoten unterschiedlicher sozialer Gruppen am Ausflugs- und Ferienverkehr verwiesen. Die Auswahl einer bestimmten Bevölkerungsgruppe wurde als planerisch nicht gerechtfertigte Beschränkung und Festlegung einer bestimmten Entwicklungsrichtung bezeichnet.

Demgegenüber ist aber festzustellen, daß mit der Übernahme oder Fortschreibung der derzeitigen Beteiligungsquoten und Prioritäten ebenso eine Fixierung vorgenommen würde, nämlich die Entscheidung zur Fortsetzung der bisherigen Trends. Dann jedoch ergibt sich die Frage, ob eine solche Entwicklung wünschenswert ist. Dabei zeigt sich zugleich, daß der Planer wie der Wissenschaftler, der die Entscheidungsinstrumente erarbeitet, nicht daran vorbei kommen, Werturteile zu treffen oder zumindest dazu Stellung zu nehmen. Ein sog. „wertneutraler" Entscheidungsrahmen hätte in diesem Falle zu keiner Aussage geführt.

Die Bestimmung der genannten Zielgruppe stützt sich auf die ebenso einfachen wie eindeutigen Tatsachen, daß die sozial schwächeren Schichten
— den Hauptteil der Bevölkerung im engeren Einzugsbereich des Sauerlandes stellen,
— Erholung am nötigsten haben und
— die geringsten Möglichkeiten besitzen, Erholung und Ausgleich in anderen, weiter entfernt liegenden Gebieten zu suchen.

---

[10]) Zum Beispiel in der Landesarbeitsgemeinschaft Nordrhein-Westfalen der Akademie für Raumforschung und Landesplanung und von seiten des Institutes für Landes- und Stadtentwicklungsforschung in Dortmund, Herbst 1973.

Daß es eindeutig benachteiligte Gruppen gibt, deren soziale und ökonomische „Randlage" durch gezielte raumordnungspolitische Maßnahmen auszugleichen ist, wird auch in den jüngsten Zielsetzungen für die Fremdenverkehrspolitik[11]) und in den ersten Ansätzen eines Regierungsprogramms für Freizeit und Erholung[12]) stärker betont.

Im Hinblick auf diese Zielgruppe wurden aus der großen Zahl von Freizeitaktivitäten und -ansprüchen, die von der empirischen Sozialforschung zusammengetragen wurden, folgende Aktivitäten als relevant ausgewählt und zu sog. „Aktivitätskomplexen" zusammenfaßt:

Baden / Schwimmen
Lagern / Spielen } Sommererholung am Wasser
Camping

Rudern / Paddeln
Segeln } Sommererholung auf dem Wasser
Dampferfahren

Spazierengehen / Wandern
Lagern / Spielen / Picknick } Waldfreiflächenbezogene Sommererholung
Besichtigungen von Sehenswürdigkeiten

Skilaufen / Skiwandern
Rodeln } Waldfreiflächenbezogene Wintererholung
Skiabfahrtslauf
Wandern / Spazierengehen

Andere Aktivitäten wie Fischen, Naturbeobachten, Radfahren und Klettern gehören zwar ebenfalls dazu. Jedoch schien es nicht angebracht, dafür eine eigene Standortbewertung durchzuführen. Die Aufstellung ist daher nicht als allgemeingültige Norm anzusehen. Die Auswahl ist einerseits an der Zielgruppe orientiert andererseits an den konkreten Möglichkeiten einer mitteleuropäischen Mittelgebirgslandschaft ausgerichtet.

Hauptauswahlkriterien waren vor allem:

— das Grundbedürfnis nach Entlastung durch Ruhe, Bewegung und sozialen Kontakt,
— der allgemeine Beliebtheitsgrad,
— sportmedizinisch-therapeutische Wirkung,
— Betätigung ohne spezielle Ausbildung, Ausrüstung und größere Kosten,
— geringere Tendenz und Abhängigkeit zur Tourismusindustrie im Hinblick auf den Effekt kommunaler Investitionen.

Trotz aller Bemühungen, die sich in einem entsprechend umfangreichen Textteil niederschlugen, konnte die Ableitung der Raumansprüche aus den Erholungsbedürfnissen einer bestimmten Bevölkerungsgruppe wegen mangelnder Unterlagen nicht voll befriedigen. Es ist jedoch zu vermuten, daß aus den sozialwissenschaftlichen, psychologischen und medizinischen Bereichen auch in absehbarer Zeit keine planungsrelevanten Aussagen geliefert werden können[13]). Damit bleiben diese Bewertungsschritte die am stärksten von politischen Maßstäben bestimmten Entscheidungen.

---

[11]) Vorgelegt u. a. vom Deutschen Fremdenverkehrsverband, Frankfurt, Mai 1974.

[12]) Antwort der Bundesregierung auf die kleine Anfrage betr. Förderung von Angeboten für Freizeit und Erholung. Drucksache 7/1948 vom 2. 4. 1974.

[13]) D. AFFELD: Zur Planungstauglichkeit sozialwissenschaftlicher Freizeitforschung. Informationen, 21. Jg., 1971, Nr. 24, S. 632—642.

2. Struktur und Bewertungsablauf

Die Struktur des Bewertungsverfahrens versucht den genannten Anforderungen mit den folgenden Eigenschaften Rechnung zu tragen.

a) Die Landschaftsbewertung beinhaltet drei Teile:

1. die Bewertung der Gewässer und Gewässer-Randzonen in Planquadraten von 500×500 m für die Aktivitätskomplexe „Sommererholung am und auf dem Wasser";

2. die flächenhafte Bewertung des Gesamtgebietes in Planquadraten von 2×2 km für die Aktivitätskomplexe „wald-freiflächenbezogene Erholung im Sommer und Winter";

3. die Typisierung der Ortschaften nach ihrer Ausstattung mit freizeit- und erholungswirksamer Infrastruktur.

Die drei Einzelbewertungen werden unabhängig voneinander durchgeführt Ihre Ergebnisse werden nicht zu einer Aussage zusammengefaßt.

b) Für die einzelnen Aktivitäten werden als erste Bewertungsstufe sog. Mindestanspruchsniveaus festgelegt. D. h. mit Hilfe weniger Kriterien und Schwellenwerte — also mit einem relativ geringen Bewertungsanspruch — werden diejenigen Gebiete ausgeschieden, für die eine differenzierte Benotung der Eignung nicht in Frage kommt.

c) Die Gebiete bzw. Planquadrate, die das Filter des Mindestanspruchsniveaus für eine bestimmte Aktivität passiert haben, erfahren darauf eine Benotung der Standorteignung nach 4 Güteklassen. Dabei werden die verschiedenen Einzelkriterien wie z. B. Wasserfläche, Relief und Waldrand stufenweise zusammengefaßt und benotet. Abb. 2 zeigt dazu den schematischen Ablauf und Tabelle 1 das Beispiel für die Aktivität „Wandern im Sommer".

Auf diese Weise wird die Landschaft für alle Aktivitäten einzeln bewertet. Die einzelnen Ergebnisnoten werden schließlich noch einmal zu einer Bewertungsaussage für Aktivitätskomplexe zusammengefaßt.

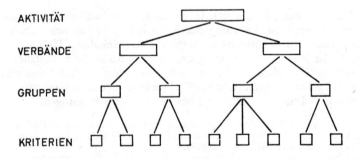

Abb. 2: Schema der Bewertungsstruktur einer Freizeitaktivität

Tabelle 1: *Kriterien und ihre stufenweise Zusammenfassung für die Aktivität „Wandern im Sommer"*

Kriterium	Gruppe	Verband	Aktivität
Wiesentäler Bergkuppen Reliefenergie	Großgliederung der Landschaft	Natürliche Grundausstattung der Landschaft	Landschaftsausstattung für Wandern im Sommer
Wald Laub- und Mischwald	Art und Ausbreitung des Waldes		
Zugänglicher Gewässerrand (See/Fluß)	Zugänglicher Gewässerrand		
Lichtungen Waldrand Große Waldbestände	Kleingliederung der Landschaft		
Bach Fluß Teich See	Art und Größe der Gewässer		
Forstwege Beschilderte Wanderwege	Innere Erschließung der Landschaft	Innere Erschließung d. Landschaft	
Höhenstufe über 450 m Höhenstufe über 650 m	Klimatische Höhenstufe	Klimatische Höhenstufe	
Restaurant / Café	Ausflugsrestaurants	Wanderziele/ Ausflugsrestaurants	
Landschaftliche Sehenswürdigkeiten Attraktionen Baudenkmäler	Wanderziele / Sehenswürdigkeiten		
Parkplätze Bahnstationen	Einrichtungen für den ruhenden Verkehr		

Über die verschiedenen Bewertungsfunktionen ausführlicher zu berichten, würde hier zu weit führen[14]). Festgehalten sei nur noch einmal, daß die Bewertung ihren quantitativen Ausdruck nicht in absoluten Punktzahlen findet. Die Einzelkriterien, wie auch ihre schrittweise Bündelung in „Gruppen", „Verbänden" und „Aktivitätskomplexen" wurden stattdessen auf einer Ordinalskala nach 4 Güteklassen eingestuft. Bei der Zuordnung und Gewichtung wurden die unterschiedlichen Beziehungen berücksichtigt, die zwischen den verschiedenen Kriterien bestehen. D. h. sie können sich

a) gegenseitig ergänzen und die Gesamtwirkung steigern (z. B. Wald und Relief),

b) einander auf gleichen Flächen ausschließen (z. B. Vegetationstypen, Wald oder Wasser),

c) teilweise in ihrer Wirkung ersetzen (z. B. verschiedene Wanderziele).

IV. Konkretisierung am Beispiel „Wandern im Sommer"

Die Bewertungsergebnisse wurden für die 3 Teile des Verfahrens — Gewässerzonen, Gesamtfläche und Ortschaften — und für die verschiedenen Aktivitäten kartographisch getrennt dargestellt. Darüber hinaus konnten, weil die Datenaufbereitung über EDV abgewickelt wurde, alle einzelnen Bewertungsschritte nach Gruppen und Verbänden für jede Erholungsaktivität gesondert ausgedrückt werden. Mit Hilfe dieses horizontal und vertikal gegliederten Unterlagenmaterials ist es möglich, auch sehr differenzierte Gebietsvergleiche durchzuführen und für jedes Planquadrat nachzufragen, aufgrund welcher Ausstattungsmängel oder -vorzüge die Standortbewertung zustandegekommen ist. Das soll hier an den beiliegenden Karten 301 und 310 (am Schluß dieses Bandes) für „Wandern im Sommer" deutlich gemacht werden.

Karte 310 zeigt die Gesamtbewertung. Wie in Tabelle 1 dargestellt, setzt sich diese Aussage aus einer größeren Zahl unterschiedlicher Eignungskriterien zusammen. Dadurch erklärt sich, daß nur in wenigen Planquadraten Spitzenwerte mit guter und sehr guter Bewertung auftreten, denn nur in wenigen Fällen wird der komplexe Kriterienkatalog ganz erfüllt. Das kann wiederum nicht verwundern, da die Entwicklungsbedürftigkeit des Sauerlandes der Ausgangspunkt für den Auftrag der Landesregierung war.

Wichtig ist jedoch auch, daß die großräumige, „deutlich feststellbare Qualität" für Wandern fast den gesamten Untersuchungsraum kennzeichnet. Ihr liegt eine — relativ — gute bis sehr gute natürliche Grundausstattung für alle Sommer-Erholungsaktivitäten zugrunde, was Karte 301 erkennen läßt. Diese natürlichen landschaftlichen Qualitäten stellen eine Art Basiseignung dar, die durch Erschließung, Gastronomie und andere attraktive Wanderziele bis zur — relativ — höchsten Eignungsstufe gesteigert werden kann.

Das Gebiet der *Hohen Bracht* (Planquadrat 23/13) mag hier für den interessierten Leser zur weiteren Verdeutlichung der Interpretationsmöglichkeiten dienen, wenn auch der Rückgriff auf das gestufte Kartenmaterial nur im Ansatz demonstriert werden kann (vgl. dazu Tab. 1) und nur mit Hilfe der gesamten Unterlagen möglich ist, vgl. Anmerkung 2, Teil II.

---

[14]) Vgl. dazu A. BECHMANN und H. KIEMSTEDT: Die Landschaftsbewertung im Sauerland, a.a.O., S. 194 ff.

In der Gesamtbewertung für diesen Raumausschnitt ist — ebenso wie für den Gesamtkomplex „Wald — freiflächenbezogene Erholung im Sommer" — keine Gütenote ausgewiesen. Die natürliche Grundausstattung ist „nur" mit „gut" bewertet. Der Blick in den entsprechenden Kartensatz würde zeigen, daß zunächst das „Mindestanspruchsniveau" durch einen bestimmten Wald-Freiflächenanteil und eine gewisse Erschließung erfüllt ist. Auch die landschaftliche Großgliederung und der Waldbestand sind günstig eingestuft. Jedoch fehlen Gewässerflächen und Uferzonen fast völlig. Ebenso ist die landschaftliche Kleingliederung mit nutzbaren Randeffekten an Lichtungen und Waldrändern nur schwach ausgeprägt.

Andere Kriterienbündel wie Erschließung, Wanderziele und klimatische Höhenstufen sind zwar gut erfüllt, „doch vermögen sie den Mangel der im Bewertungsverfahren hoch eingestuften landschaftlichen Vielfalt nicht soweit auszugleichen, daß in der Aktivitätsbewertung eine hohe Note erreicht wird"[15]).

V. Aspekte der Anwendung und Weiterentwicklung

Daß sich die Landschaftsbewertung des Sauerlandes nicht in *einer* „Endziffer" niederschlägt, sondern als horizontal und vertikal gegliedertes Paket von unterschiedlich komplexen Teilergebnissen, erschien für die planende Verwaltung nur auf den ersten Blick und aus der bisherigen Entscheidungspraxis heraus kompliziert und nachteilig.

Zwar war man auf Landesebene zunächst an den am meisten zusammengefaßten Aussagen über Aktivitätskomplexe im Vergleich mit der Ortstypisierung interessiert, um einzelne Räume und Regionen im großen Überblick untereinander vergleichen zu können. Umgekehrt aber testeten die Lokalexperten auf Landkreis- und Gemeindeebene die Bewertungsaussagen an konkreten Beispielen und konnten dazu auf die verschiedenen Teilaussagen des Verfahrens über Geländequalität, klimatische Höhenstufen oder infrastrukturelle Einrichtungen zurückgreifen. Auf diese Weise wurde das gesamte Material zur wichtigen Argumentationshilfe für die Diskussion zwischen den verschiedenen politischen Ebenen über die Förderungs- und Entwicklungsprioritäten im Untersuchungsgebiet.

Interpretationstechnisch war dabei zu beachten, daß nicht nur ein Planquadrat für sich allein, sondern nur im Zusammenhang mit den umliegenden gesehen werden kann. Das schon aus dem Grunde, weil die starre Einteilung in Planquadrate die bekannten Verzerrungen bei der Datenerhebung mit sich bringt.

Die Anwendung der EDV hätte sich nur für diesen Untersuchungszweck nicht gelohnt. Sie geschah zur Erprobung der Methode und der Programme und vor allem im Hinblick auf die Weiterentwicklung auch für größere Räume. Bei der Ausdehnung auf größere Gebietseinheiten wird ein Vorteil des jetzigen Verfahrens aufgegeben werden müssen. Er besteht darin, daß die Benotung der einzelnen Kriterienausprägungen — z. B. Länge des Waldrandes — durch Häufigkeitsverteilungen aus dem innerregionalen Vergleich abgeleitet und nicht an einem globalen — und damit problematischen — Maßstab orientiert ist.

---

[15]) Landschaftsbewertung für Erholung im Sauerland, Teil I, a.a.O., S. 150.

Einige wesentliche Bewertungsaspekte konnten aus verschiedenen Gründen bei der Untersuchung im Sauerland noch nicht berücksichtigt werden. Dazu gehören als erstes die Auswirkungen anderer Raumansprüche auf die Erholung. Sie sind in allen bisherigen Standortbewertungsverfahren höchstens insoweit einbezogen, als sie zu Qualitätsminderungen einzelner Standortfaktoren, z. B. der Wassergüte, geführt haben. Andere Restriktionen, wie z. B. Besitzverhältnisse oder Geruchsbelästigungen, bleiben zumeist außer Betracht. Diese Lücken konnten auch in dieser Arbeit noch nicht zufriedenstellend gefüllt werden.

Das gleiche gilt für die Einflüsse von Erholungs- und Freizeitaktivitäten auf die Landschaftsqualität als ihre eigene Grundlage und auf andere Nutzungsansprüche im Raum. Die Landschaftsplanung muß sich mittlerweile die Frage gefallen lassen, ob sie nicht durch zu einseitige Standorteignungsbewertungen für Freizeitaktivitäten oder Erholungsnutzungen dazu beiträgt, daß die letzten, z. T. erhaltenswerten Landschaftsreservate der Zerstörung ausgeliefert werden, wenn nicht gleichzeitig die Belastbarkeit des Landschaftspotentials im Hinblick auf bestimmte andere Ansprüche, z. B. des Naturschutzes, mit beachtet werden.

Die genannten Punkte zielen zum einen daraufhin, daß Landschaftsbewertungen für Erholung oder allgemeiner für Freizeitansprüche nicht als eine isolierte Stufe im Planungsprozeß durchgeführt werden sollten. Sie erhalten erst im Rahmen einer vollständigen Fachplanung ihren Stellenwert, die dann auch die Frage nach dem quantitativen Flächenbedarf aufzugreifen hat. Auf der anderen Seite bedeuten die Interdependenzen gegenüber anderen Raumansprüchen, daß diese Fachplanung ihre Einordnung und Relativierung durch die koordinierende Gesamtplanung finden muß.

Rechtliche Konsequenzen landesplanerischer Flächenzuweisungen

von

Hans-Gerhart Niemeier, Düsseldorf

Es entspricht dem Verständnis der Landesplanung im System des Aufbaus von Staat und Verwaltung, daß diese niemals unmittelbar Flächen bestimmte Funktionen zuweisen kann. Sie kann dies weder durch freiwillige Übereinkünfte mit den Eigentümern von Flächen, noch durch zwangsweises Vorgehen gegen diese, im äußersten Fall etwa durch Enteignung. Das ist z. T. gesetzlich festgelegt. So haben nach § 3 Abs. 3 des Raumordnungsgesetzes des Bundes (ROG) vom 8. April 1965 (BGBl. I S. 306) die neun Grundsätze des § 2 ROG und die von den Ländern aufgestellten weiteren Grundsätze, z. B. die 15 Grundsätze des Art. 2 des Bayerischen Landesplanungsgesetzes vom 6. Februar 1970 (GuVBl. S. 9), die 14 Grundsätze des § 2 des rheinland-pfälzischen Landesplanungsgesetzes vom 14. Juni 1966 (GuVBl. S. 177), das schleswig-holsteinische Gesetz über Grundsätze zur Entwicklung des Landes (Landesentwicklungsgrundsätze) vom 13. April 1971 (GuVBl. S. 157) oder auch Abschnitt I des nordrhein-westfälischen Gesetzes zur Landesentwicklung (Landesentwicklungsprogramm) vom 19. März 1974 (GV. NW. S. 96) dem einzelnen gegenüber keine Rechtswirkung. In Wiederholung und Erweiterung dieser Formulierung des ROG heißt es in § 8 Abs. 4 des hessischen Landesplanungsgesetzes in der Fassung vom 1. Juni 1970 (GuVBl. S. 360), daß das Landesraumordnungsprogramm, der Landesentwicklungsplan und die regionalen Raumordnungspläne dem einzelnen gegenüber keine Rechtswirkung haben. Hier ist also die mangelnde Auswirkung auf den einzelnen nicht nur auf abstrakte Grundsätze der Raumordnung und Landesplanung beschränkt, sondern auf das gesamte Planwerk der Landesplanung bis hin zur untersten Stufe der Regionalplanung ausgedehnt worden.

Rheinland-Pfalz formuliert in § 2 Abs. 2 seines schon genannten Landesplanungsgesetzes wiederum etwas eingeschränkter, nämlich nun auf die Raumordnungsgrundsätze eingeengt, daß sie dem einzelnen gegenüber keine Rechtswirkung haben, erklärt aber zusätzlich, daß die Grundsätze nicht unmittelbar die Nutzung des Grund und Bodens regeln. Hier ist die Absicherung, man könnte auch sagen die Selbstbeschränkung der Landesplanung sofort doppelt ausgesprochen. Landesplanung gilt nicht subjektiv für den einzelnen, sie gilt aber auch nicht für die Objekte der Landesplanung, den Raum, die Fläche, den Grund und Boden.

Zu demselben Ergebnis kommt man bei der Prüfung der Frage, für wen denn nun Landesplanung gelte, wenn man also nach den Adressaten von Planungen und Maßnahmen der Landesplanung fragt. Sie werden in den Landesplanungsgesetzen mehr oder minder im Wortlaut übereinstimmend dahin umschrieben, daß es nur Behörden und öffentliche Planungsträger sind. § 4 Abs. 5 ROG hat den vollständigsten Versuch in dieser Beziehung unternommen und nennt — um der Vollständigkeit willen eben recht umständlich —: die Behörden des Bundes, die Behörden der Länder, die Gemeinden, die Gemeindeverbände, die öffentlichen Planungsträger, die bundesunmittelbaren und die der Aufsicht der Länder unterstehenden Körperschaften, Anstalten und Stiftungen des öffentlichen Rechts im Rahmen der ihnen obliegenden Aufgaben. Schleswig-Holstein versucht in § 4 Abs. 2 seines Landesplanungsgesetzes eine Erweiterung, indem es vorschreibt, daß die Träger der öffentlichen Verwaltung darauf hinzuwirken haben, daß die juristischen Personen des Privatrechts, an denen sie beteiligt sind, zur Verwirklichung der Raumordnungspläne beizutragen haben. Das müßte sich eigentlich von selbst verstehen, da ja die Vertreter der Verwaltung in den Leitungsgremien solcher privatrechtlichen juristischen Personen nicht nur weisungsgebunden, sondern auch als Behördenangehörige den Raumordnungsplänen verpflichtet sind.

Komprimiert ausgedrückt ist also festzustellen, daß Landesplanung ein behördeninterner Vorgang ist und daß sie nicht in der Lage ist, Flächenzuweisungen selbst und unmittelbar auszusprechen, so daß im Grundsatz auch keine rechtlichen Konsequenzen von Flächenzuweisungen auf sie zukommen können, da es solche nicht gibt. Es lohnt sich natürlich, darüber nachzudenken, wieso sich die öffentliche Verwaltung einen anscheinend in seinen Wirkungsmöglichkeiten beschränkten, immerhin doch auch teueren Zweig leistet. Im Zusammenhang mit Gesetzen zur kommunalen Neugliederung in Nordrhein-Westfalen wurde im Hinblick auf einige besonders weitgehende Eingemeindungsvorschläge gesagt: Man „sollte ... doch ein für allemal mit dem komplizierten Apparat der Landesplanung Schluß machen und die Landesentwicklung den Selbststeuerungskräften von Wirtschaft und Politik überlassen, schlechter können die Ergebnisse dann auch nicht mehr werden ... Eine Landesplanung, an die sich die Landespolitik nicht hält, ist überflüssig"[1]).

Diese harte, sicher überspitzt ausgedrückte Kritik hat natürlich ihre Wurzel darin, daß es der Landesplanung rechtlich an Durchschlagskraft fehlt. Das hat historische und rechtssystematische Gründe. Verwaltungsgeschichtlich wird man die Sache wohl so sehen müssen, daß der Raum der Verwaltung abgedeckt war, als die Landesplanung sich in den 50er Jahren unseres Jahrhunderts entschloß, aus ihrer theoretischen und unverbindlichen Gutachtertätigkeit herauszutreten und Verwaltungszweig zu werden. Die bereits existente und funktionierende Verwaltung, namentlich die spezialisierte raumplanende oder, vorsichtiger ausgedrückt, raumbeanspruchende Verwaltung trat der Landesplanung mit Vorbehalten, Ressentiments, Mißtrauen gegenüber. Sie sollte nicht mehr tun dürfen als nun eben nicht zu vermeiden war. Denn jede Verwaltung plant; Planung gehört zu jeder sachlichen Zuständigkeit, die eine Verwaltung hat. Der junge Verwaltungszweig Landesplanung war also zunächst nur froh und dankbar im Streit der Ressorts, wenn man seine Organisation anerkannte, staatlicherseits durch ein Gesetz anerkannte. So waren die ersten Landesplanungsgesetze der Bundesrepublik fast lupenreine Organisationsgesetze.

Dazu kommt allerdings ein viel schwerwiegender sachlicher Grund. Planung und erst recht Landesplanung ist keine vierte Gewalt im Staat neben Legislative, Exekutive und Justiz. Vielmehr hat jeder Verwaltungszweig seine Planungsaufgaben. Also war und ist es nicht möglich, einen gesonderten Verwaltungszweig Planung zu errichten. Es kann vielmehr nur darauf ankommen, alle Planungen aller Verwaltungszweige zu koordinieren und zu integrieren.

---

[1]) Mitteilungen des nordrhein-westfälischen Städte- und Gemeindetages 1974, S. 275.

Das gilt in verstärktem Maß von den raumbeanspruchenden Verwaltungen, da ihre Basis, eben der Grund und Boden, ganz offensichtlich nur begrenzt zur Verfügung steht. Planung der öffentlichen Hand als Gesamtplanung ist also besonders für den Raum erforderlich. Angesichts der zahlreichen raumbenötigenden Verwaltungsstellen ist dies aber eben nur möglich als zusammenfassende, Ansprüche ausgleichende und vor- oder übergeordnete Planung, wenn man nicht in zentralisierten Dirigismus verfallen will.

Es ist aber nun doch sehr die Frage, ob es für die Landesplanung in Zukunft bei dieser etwas reservierten, abgekapselten, im Einfluß zurückdrängbaren Situation bleiben wird, bleiben kann, bleiben darf. Die Diskussion um die Entwicklungsplanung, die ihren Grund z. T. auch in der mangelnden Durchschlagskraft der Landesplanung hatte, sei hier nicht wieder aufgegriffen oder fortgeführt. Sie dürfte für die Landesplanung nicht nur positiv ausgegangen sein, sondern hat für sie auch zu neueren Erkenntnissen geführt. Im übrigen sind die Versuche zu einer Gesamtentwicklungsplanung oder Gesamtproblemanalyse, zum mindesten einstweilen, abgebrochen worden. Auch hat das NWP '75, abgesehen von einigen Finanzierungsschwierigkeiten, die daran geknüpften Integrationserwartungen nicht voll erfüllt, wenn man es auch, wohl mit Recht, nur als embryonalen Entwicklungsplan bezeichnet hat[2]).

Es sprechen einige Anzeichen dafür, daß die Wirkungen landesplanerischer Programme und Pläne rechtsintensiver werden. Dies ist einmal die Folge der Tatsache, daß die Parlamente stärker in die landesplanerische Tätigkeit, in die Programm- und Plangestaltung eingeschaltet wurden und werden, als dies bisher der Fall war[3]). Die Gesetzesform, in der dies zwangsläufig geschieht, hat natürlich andere, weitergehende Rechts-, d. h. Bindungswirkungen als die bisher überwiegend übliche Erlaßform. Wenn man nun demnächst in solche Gesetze auch Flächenzuweisungen aufnimmt, dann ist der Grundsatz, daß Landesplanung nicht unmittelbar Grund und Boden betreffe oder betreffen dürfe, aufgeweicht. Dafür seien einige Beispiele genannt.

Nach § 27 Abs 1 des baden-württembergischen Landesplanungsgesetzes in der Fassung vom 25. Juli 1972 (GBl. S. 459) wird der Landesentwicklungsplan — dieses Land kennt für das gesamte Land nur diese eine Planart — durch Gesetz für verbindlich erklärt. Wegen Ablaufs der Legislaturperiode hat man dann allerdings das Gesetz über die Verbindlichkeitserklärung des Landesentwicklungsplans vom 11. April 1972 (GBl. S. 169) erlassen und dadurch die Landesregierung ermächtigt, den Landesentwicklungsplan abweichend vom Landesplanungsgesetz für verbindlich zu erklären. Die Landesregierung hat von dieser Ermächtigung durch Verordnung vom 11. April 1972 (GBl. S. 169), also vom gleichen Tage wie das Ermächtigungsgesetz Gebrauch gemacht. Der Landesentwicklungsplan Baden-Württemberg vom 22. Juni 1971 (GBl. 1972 S. 170) ist also Gesetz. Der Plan enthält in seinem 3. Teil Ziele der Landesplanung für räumliche Bereiche, immerhin 21 Seiten des Gesetzblattes umfassend. Darin sind u. a. immer wieder Erholungsräume genannt und umschrieben, wenn auch nicht parzellenscharf abgegrenzt. Es werden also im Gesetz bestimmte Wälder, Höhen, Berge genannt. Es werden

---

[2]) OSSENBÜHL: Welche normativen Anforderungen stellt der Verfassungsgrundsatz des demokratischen Rechtsstaates an die planende staatliche Tätigkeit? Dargestellt am Beispiel der Entwicklungsplanung. Gutachten für den 50. Deutschen Juristentag Hamburg 1974. Verhandlungen des fünfzigsten Deutschen Juristentages Bd. I (Gutachten) Teil B, München 1974, S. 42.

[3]) Näheres s. NIEMEIER: Entwicklungstendenzen im Landesplanungsrecht. In: Raumplanung — Entwicklungsplanung, Forschungs- und Sitzungsberichte der Akademie für Raumforschung und Landesplanung, Bd. 80, Hannover 1972, S. 4ff.

darin besondere Naherholungsräume ausgewiesen. Nun ist allerdings Verbindlichkeit im Landesplanungsrecht etwas anderes als Verbindlichkeit im übrigen Rechtssystem. Verbindlichkeit eines Planes ist auch nur Behördenverbindlichkeit. Aber für die Anpassungspflicht einer Gemeinde nach § 1 Abs. 3 BBauG liegt doch schon, zum mindesten taktisch, aber auch psychologisch ein Unterschied darin, ob solch eine Zuweisung durch Gesetz oder nur durch Erlaß ausgesprochen worden ist. Es ist sogar wahrscheinlich, daß im Laufe der Entwicklung die landesplanerische Verbindlichkeit sich der normativen Verbindlichkeit nähern wird.

Ein anderes Beispiel sind die durch Gesetz vom 13. April 1971 (GuVBl. S. 157) festgelegten schleswig-holsteinischen Landesentwicklungsgrundsätze. Darin sind namentlich genannt und damit gesetzlich festgelegt die Unterzentren, Mittelzentren und Oberzentren sowie die Stadtrandkerne I. Ordnung. Allerdings war es bei der Novellierung des schleswig-holsteinischen Landesplanungsgesetzes die umstrittenste Frage, ob man die Festlegung der zentralen Orte nicht doch den Plänen der Exekutive zu überlassen hätte[4]. Man kann natürlich noch die Auffassung vertreten, daß solche Festlegungen keine Flächenzuweisungen sind. Aber die Zentren und Stadtrandkerne haben eben doch unterschiedliche Funktionen, und damit sind Auswirkungen für den Grund und Boden verbunden. Dabei darf ferner nicht außer Acht gelassen werden, daß eine Fülle von Siedlungsbereichen eben nicht zentraler Ort irgendeiner Stufe ist, also entwicklungsmäßig vielleicht benachteiligt ist, so daß die mittelbare Flächen-Nichtzuweisung durch die Landesplanung ebenso problematisch ist wie die Flächenzuweisung.

Als drittes Beispiel sei Nordrhein-Westfalen genannt. Im nunmehr in Gesetzesform gefaßten Landesentwicklungsprogramm vom 19. März 1974 (GV. NW. S. 96) ist es bewußt vermieden worden, konkrete örtliche Festlegungen zu treffen, also Orts- oder Gemeindenamen, Waldgebiete oder Flüsse zu nennen. Grund dafür war, die Vermischung von Legislative und Exekutive nicht noch weiter zu fördern, die Landesregierung nicht zu einem vom Parlament völlig abhängigen Ausschuß zu machen. Die örtlichen Festlegungen sollten der Exekutive, d. h. den Landesentwicklungsplänen, überlassen werden. Die bisherigen beiden Landesentwicklungspläne — I vom 17. Dezember 1970 (MBl.NW. 1971 S. 200) und II vom 3. März 1970 (MBl. NW. S. 494) — treffen nun allerdings eine Fülle von örtlichen Festlegungen. Sie teilen das Land ein, und zwar genau abgegrenzt in Ballungskerne, Ballungsrandzonen und Ländliche Zonen; sie legen Gemeinden mit zentralörtlicher Bedeutung in verschiedenen Stufen, städtische Verflechtungsbereiche und Entwicklungsschwerpunkte ebenfalls verschiedener Kategorien fest. Dabei ist wiederum auch die negative Seite, der Nichtzentrale Ort, der Nicht-Entwicklungsschwerpunkt deutlich zu sehen, u. U. sogar deutlicher, da konsequenzenreicher als die positiven Festlegungen. In diesen Festlegungskatalog gehört nun auch die Dritte Durchführungsverordnung zum nordrhein-westfälischen Landesplanungsgesetz in der Fassung vom 20. Februar 1973 (GV. NW. S. 228) mit ihren Vorschriften über die inhaltliche Gestaltung der Regionalpläne, also der Gebietsentwicklungspläne der Landesplanungsgemeinschaften. Für sie ist ein Maßstab von 1 : 50 000 vorgeschrieben, also nicht sehr klein, wenn man bedenkt, daß Flächennutzungspläne im allgemeinen einen Maßstab von 1 : 10 000 haben und daß für die Landesentwicklungspläne der Normal-Maßstab 1 : 200 000 vorgesehen ist. Bei einem Maßstab von 1 : 50 000 kann man schon recht viel erkennen; schon das ist für Flächenzuweisungen nicht ohne Interesse.

---

[4] Kühl/Koch: Neues Landesplanungsrecht in Schleswig-Holstein. Informationen aus dem Institut für Raumordnung, Jg. 1971, S. 362.

Wichtiger ist allerdings, was in den Gebietsentwicklungsplänen dargestellt werden muß, nicht nur soll. Es seien nur die Bereiche genannt, die für eine genauere Flächenzuweisung die Aufmerksamkeit verdienen. Einschneidend ist, daß nicht nur Wohnsiedlungsbereiche schlechthin auszuweisen, sondern diese vielmehr zu unterteilen sind in Bereiche mit hoher Siedlungsdichte (mindestens 90 Einwohner pro ha), mit mittlerer Siedlungsdichte (zwischen 40 und 110 Einwohner pro ha) und mit niedriger Siedlungsdichte (höchstens 50 Einwohner pro ha). Gewiß, die Einwohnerzahlen sorgen für Überlappungsmöglichkeiten in den Regionalplänen, und die Gemeinde muß für nähere Abgrenzungen sorgen; aber die mittelbare Flächenzuweisung geht doch schon sehr ins Detail. Es müssen aber weiter noch genannt werden

Bereiche mit Wasserflächen,

Bereiche für den Schutz der Landschaft,

Bereiche für eine besondere Pflege und Entwicklung der Landschaft,

Bereiche für die oberirdische Gewinnung von Bodenschätzen,

Bereiche für Aufschüttungen größeren Umfangs,

Bereiche für Einrichtungen des Hochschulwesens,

Zentrale Schulstandorte von regionaler Bedeutung,

Standorte für Einrichtungen des Krankenhauswesens von regionaler Bedeutung,

Standorte für Versorgungsanlagen,

Standorte für Anlagen der Behandlung oder Beseitigung von Abwasser,

Standorte für Abfallbeseitigungsanlagen,

Standorte für Flugplätze unter Angabe des Flugplatzgeländes und der Bereiche mit Planungsbeschränkungen,

Richtfunkstrecken und Richtfunkstellen der Deutschen Bundespost, die allerdings besonders genaue Festlegungen erfordern,

Bereiche für besondere öffentliche Zwecke, womit besonders militärische Anlagen gemeint sind.

Es sei betont, daß es sich hierbei nicht um eine Anweisung an die Gemeinden für die Gestaltung ihrer Bauleitpläne handelt, sondern um eine Anweisung an die Träger der Regionalplanung darüber, was sie in ihren Plänen darzustellen haben. Trotzdem bleibt es dabei, daß die Pläne der Landesplanung keine Wirkung gegen Dritte haben, daß die Gemeinden diese ziemlich konkreten Inhalte erst in ihre Bauleitpläne transformieren müssen.

Es ist eine erhebliche Weiterentwicklung des Inhalts von Gebietsentwicklungsplänen gegenüber der ersten Fassung der Dritten Durchführungsverordnung vom 16. Februar 1965 (GV. NW. S. 39) festzustellen. Diese unterschied nämlich nur, soweit es hier in Betracht kommt,

Siedlungsbereiche, untergliedert nach Wohnsiedlungs- und Gewerbe- und Industrieansiedlungsbereichen,

Freizonen, untergliedert nach landwirtschaftlichen, forstwirtschaftlichen und wasserwirtschaftlichen Bereichen sowie nach Erholungsbereichen, Bereichen für Natur- und Landschaftsschutz und für den Abbau von Bodenschätzen,

Flugplätze,

Bereiche für Versorgungsanlagen von überörtlicher Bedeutung.

Auch konnte ursprünglich der Maßstab bis zu 1 : 200 000 gehen, also dem normalen Maßstab der Landespläne. Demgegenüber geht die Fassung von 1973 durch Maßstabvergrößerung — hier ist es wirklich eine Vergrößerung — und weitere Differenzierung der darzustellenden Bereiche recht weit in die zwar nicht rechtliche, so doch sachliche unmittelbare Flächenzuweisung hinein.

Zur Frage der Intensivierung der Flächenzuweisungen durch die Landesplanung sei auch noch hingewiesen auf § 19 Abs. 2 des Landesplanungsgesetzes vom 3. Juni 1975 (GV. NW. S. 450)[5]. Danach kann die Landesregierung verlangen, daß die Gemeinden Bauleitpläne entsprechend den Zielen der Raumordnung und Landesplanung aufstellen, wenn dieses zur Verwirklichung von Planungen mit hervorragender Bedeutung für die überörtliche Wirtschaftsstruktur oder allgemeine Landesentwicklung erforderlich ist.

Voraussetzung ist, daß die betroffenen Flächen auf der Grundlage eines Landesentwicklungsplanes in Gebietsentwicklungsplänen dargestellt sind. Das korrespondiert mit § 35 Buchstabe d) des Landesentwicklungsprogramms, wonach in einem Landesentwicklungsplan Gebiete für flächenintensive Großvorhaben (einschließlich Standorten für die Energieerzeugung), die für die Wirtschaftsstruktur des Landes von besonderer Bedeutung sind, festzulegen sind. Hier interessiert nicht die Einschränkung der Planungshoheit der Gemeinden, sondern die Tatsache, daß die Gemeinde zur Planung gezwungen werden kann. Bei § 1 Abs. 3 BBauG ist es doch so, daß zwar die Gemeinde ihre Bauleitplanung den Zielen der Raumordnung und Landesplanung anzupassen hat. Aber ob sie Bauleitpläne überhaupt macht, ist ihre Sache. Hier ist nun ein Zwang zur Planung festgelegt worden, bei der Fläche und Nutzung bereits höheren Orts ausgewiesen wurden.

In diesen Zusammenhang gehört auch der Landesentwicklungsplan III, der Gebiete mit besonderer Bedeutung für Freiraumfunktionen, also für Wasserwirtschaft und Erholung, festlegen soll. Er unterscheidet sich allerdings der Größe und dem Umfang der dargestellten Gebiete nach von den bisher erörterten Flächenzuweisungen. Eine Schwierigkeit liegt besonders darin, daß für den Plan III die für die Landesplanung notwendige Transformation in Pläne von Gemeinden und von Fachplanungsträgern fehlt oder weithin fehlt.

Da die Pläne der Landesplanung dem einzelnen gegenüber keine Rechtswirkung haben und da sie nicht unmittelbar die Nutzung des Grund und Bodens regeln, muß der Landesentwicklungsplan III nämlich erst von der Wasserwirtschaft aufgrund der Wassergesetze von Bund und Land, durch die Gemeinden aufgrund des Bundesbaugesetzes und durch die für Naturschutz und Landschaftspflege zuständigen Behörden aufgrund des Landschaftsgesetzes in rechtserhebliche Festsetzungen an Grund und Boden transformiert werden.

Spätestens hier wird also die obengestellte Frage, ob es auch in Zukunft bei der abgekapselten, reservierten Haltung der Landesplanung gegenüber unmittelbaren Flächenzuweisungen bleiben kann und bleiben darf, doch sehr kritisch. Es handelt sich bei den Räumen des Planes III im wesentlichen um Außenbereich im Sinne des Bundesbaugesetzes, so daß die vollständige Abdeckung mit Bebauungsplänen voraussichtlich einige Zeit auf sich warten lassen wird. Die Wasserwirtschaft wird für absehbare Zeiten kaum

---

[5]) Inkrafttreten 1. Januar 1976.

in der Lage sein, das gesamte Land in rechtserheblichen Wasserwirtschaftsplänen zu erfassen. Selbst nach Erlaß des Landschaftsgesetzes vom 18. Februar 1975 (GV. NW. S. 190)[6]) wird es doch langer Jahre bedürfen, bis die vorgesehenen Landschaftspläne alle Ausweisungen des Planes III abdecken.

Für eine ziemlich lange Zeit, die für den Schutz der Freiflächen aller Voraussicht nach Verluste mit sich bringen wird, ist also der Plan III lediglich eine behördeninterne Anweisung für konkrete Einzelfälle. Er wird, natürlich auch wenn er von den Gebietsentwicklungsplänen der Träger der Regionalplanung übernommen und differenziert wird, eine gewisse Bedeutung für die Baugenehmigungsbehörden haben. Er wird einen Rahmen abgeben für die Planungen der Wasserwirtschaft. Er wird kaum Bedeutung haben für die Art der landwirtschaftlichen Nutzung und für die Forstwirtschaft.

Zusammenfassend ist also festzustellen: Der sachliche, allerdings nicht der rechtliche Unterschied zwischen mittelbarer und unmittelbarer Flächenzuweisung wird immer mehr aufgelockert. Da die Landesplanung in immer stärkerem Maße in der Konkretisierung der Flächenzuweisungen fortschreitet, wird die notwendige Rechtstransformation der landesplanerischen Pläne entweder immer mehr nur weisungsgebundene Ausführungshandlung, wobei jedoch die Verantwortung bei dem Ausführenden und nicht bei der veranlassenden Landesplanung liegt, oder aber die Pläne bleiben leges imperfectae, d. h. sie stoßen ins Leere.

Wenn schon die Wirkungsweise landesplanerischer Festlegungen, Festsetzungen, Ausweisungen oder Zuweisungen z. Z. in einem gewissen Wandel zu sein scheint, dann ist es nicht erstaunlich, daß die rechtlichen Konsequenzen noch weniger durchdacht oder auch nur in etwa gelöst sind. Die klassische Rechtswissenschaft vertritt den Standpunkt, daß es im System des Rechts keine Lücken gibt, daß also alle Fragen aus dem geltenden System durch Auslegung rechtsimmanent gelöst werden können. Das gilt aber nicht für Recht im Werden, für neue Rechtsmaterien, die erst allmählich durch Wissenschaft, Gesetzgeber und Judikatur aufgebaut werden müssen. Mit Recht kommt deshalb das Planungsgutachten zum Juristentag 1974 zu dem Ergebnis, daß der Schatz vorhandener Erfahrungen und der Stand der Erkenntnisse und Erörterungen im Bereich der Entwicklungsplanung noch nicht einmal den Stand erreicht habe, daß man zu Gesetzesvorschlägen kommen könne. Der Planungsbereich sei noch nicht reif zur Kodifikation[7]).

Die gegenwärtig erkennbaren Probleme wird man unter den Gesichtspunkten des Rechtsschutzes, der Plangewährleistung und der Entschädigung zusammenfassen können.

Die Frage des Rechtsschutzes ist, ob sich der einzelne gegen landesplanerische Pläne wehren kann, etwa gegen das Landesentwicklungsprogramm oder gegen den Landesentwicklungsplan III. Dabei ist zu beachten, daß in der Bundesrepublik der Rechtsschutz im wesentlichen als gerichtlicher Rechtsschutz ausgebaut worden ist. Grundlage dafür ist Art. 19 Abs. 4 GG, wonach dem, der durch die öffentliche Gewalt in seinen Rechten verletzt wird, der Rechtsweg offen steht. Diese Rechtsschutzgarantie ist für den deutschen Bürger also an die Voraussetzung geknüpft, daß er in seinen Rechten verletzt ist. Das kann aber durch landesplanerische Programme und Pläne nach geltendem Recht dank der mittelbaren Wirkung dieser Programme und Pläne niemals geschehen. Etwaige Verletzungen der Rechte einzelner sind erst durch die Ausführungsplanung möglich.

---

[6]) Inkrafttreten 1. April 1975.
[7]) OSSENBÜHL, a.a.O., S. 205.

Das führt zu dem wahrscheinlich doch oft unbefriedigenden Ergebnis, daß die Basis von fachplanerischen Entscheidungen, also die eigentliche Veranlassung der Rechtsschädigung, nicht angreifbar ist und die im Interesse der Landesentwicklung tätige, die Landesplanung willig befolgende Durchführungsplanung sich Prozessen aussetzt. Das hat auch eine nicht zu unterschätzende gute Seite, da es der Landesplanung eine objektivierte, von Interessen unabhängige Arbeit ermöglicht. Man ist geneigt, an die aus der Wirtschaft bekannte Unterscheidung von Management und Linie zu denken.

Auch die Frage, ob das Bundesverfassungsgericht angerufen werden kann, muß verneint werden. In Betracht kämen hier nur die Fälle des § 13 Nr. 6, 8a und 11 des Gesetzes über das Bundesverfassungsgericht vom 3. Februar 1971 (BGBl. I S. 105 — BVerfGG —).

Nach § 13 Nr. 6 in Verbindung mit §§ 76 bis 79 BVerfGG hat das Bundesverfassungsgericht zu entscheiden bei Meinungsverschiedenheiten oder Zweifeln über die förmliche oder sachliche Vereinbarkeit von Bundesrecht oder Landesrecht mit dem Grundgesetz oder die Vereinbarkeit von Landesrecht mit sonstigem Bundesrecht. Doch in diesem Fall sind nur antragsberechtigt die Bundesregierung, eine Landesregierung oder ein Drittel der Mitglieder des Bundestages. Es wäre also denkbar, daß das Landesentwicklungsprogramm oder die Dritte Durchführungsverordnung zum Landesplanungsgesetz auf diese Weise einer verfassungsgerichtlichen Nachprüfung im Hinblick darauf unterzogen werden könnte, ob sie gegen Art. 28 Abs. 2 GG und § 2 BBauG, also gegen die Planungshoheit der Gemeinden, verstoßen. Das kann für den einzelnen zur Folge haben, daß, vielleicht nur für eine gewisse Zeit, sein Grundstück von einer mittelbaren Flächenzuweisung durch die Landesplanung befreit wird. Aber der Betroffene selbst kann sich gegen einen landesplanerischen Plan, besonders gegen einen Regionalplan, der demnächst eine unmittelbare Flächenzuweisung durch einen Fachplanungsträger zur Folge haben wird, nicht wehren.

Nach § 13 Nr. 8a in Verbindung mit §§ 90 bis 96 BVerfGG kann jedermann Verfassungsbeschwerde einlegen mit der Behauptung, durch die öffentliche Gewalt in seinen Grundrechten und in einigen anderen, hier nicht in Betracht kommenden Rechten verletzt worden zu sein. Voraussetzung dafür ist, daß das verletzte Recht und die verletzende Handlung oder Unterlassung bezeichnet werden. Auch hier wird durch die ausschließliche Behördenwirksamkeit der landesplanerischen Tätigkeit die Anrufung des Bundesverfassungsgerichts versagt.

Nach § 13 Nr. 11 in Verbindung mit §§ 80 bis 82 BVerfGG hat auf Antrag eines Gerichts das Bundesverfassungsgericht über die Vereinbarkeit eines Bundesgesetzes oder eines Landesgesetzes mit dem Grundgesetz oder die Vereinbarkeit eines Landesgesetzes oder sonstigen Landesrechts mit einem Bundesgesetz zu entscheiden. Es handelt sich hier um den sog. Vorlagebeschluß. Aber er gibt den Planbetroffenen kein Recht zur Anrufung des Bundesverfassungsgerichts. Allerdings könnte ein Gericht durch einen Vorlagebeschluß eventuell doch einmal das Gesetz zur Landesentwicklung oder das Landesplanungsgesetz mit seinen Durchführungsverordnungen, besonders der Dritten, dem Bundesverfassungsgericht unterbreiten.

Es bleibt die Verwaltungsgerichtsbarkeit. Gegenstand der verwaltungsgerichtlichen Klage sind aber nur Verwaltungsakte oder konkrete Rechtsverhältnisse, um die es sich bei landesplanerischen Plänen eben nicht handelt (§§ 42, 43 der Verwaltungsgerichtsordnung vom 21. Januar 1960 — BGBl. I S. 17 — in der Fassung des Gesetzes vom 26.

Mai 1972 — BGBl. I S. 841). Allerdings kann nach § 47 der Verwaltungsgerichtsordnung die Landesgesetzgebung bestimmen, daß das Oberverwaltungsgericht über die Gültigkeit einer landesrechtlichen Verordnung oder einer anderen im Range unter dem Landesgesetz stehenden Rechtsvorschrift entscheidet, daß die Rechtsvorschrift durch ein Verfassungsgericht nachgeprüft werden soll. Da die Landesentwicklungspläne meiner Auffassung nach Verwaltungserlasse sind, also im Rang unter dem Landesgesetz stehen, könnte ein solcher Plan durch einen Vorlagebeschluß des Oberverwaltungsgerichts in Münster verfassungsrechtlich kontrolliert werden. Doch das Land Nordrhein-Westfalen hat in seinem Gesetz zur Ausführung der Verwaltungsgerichtsordnung von der angeführten Ermächtigung des § 47 der Verwaltungsgerichtsordnung keinen Gebrauch gemacht.

Festgestellt werden muß also, daß der einzelne keinen Rechtsschutz gegen landesplanerische Programme und Pläne hat.

Ein weiteres Rechtsproblem der landesplanerischen Flächenzuweisungen ist die Planungsgewährleistung. Es ist in der Wissenschaft stärker erörtert, allerdings vorwiegend unter dem Gesichtspunkt des Vertrauens von Wirtschaftsunternehmungen auf staatliche Planungen[8]). Diese Frage hat auch schon einige Male höchste Gerichte einschließlich des früheren Reichsgerichts beschäftigt[9]). Ihre Urteile sind als Gefrierfleischurteil, Knäckebrotentscheidung usw. in den juristischen Sprachgebrauch übergegangen.

Für landesplanerische Pläne liegt die Schwierigkeit für jeden Vertrauensschutz darin, daß einerseits gerade sie flexibel, also abänderbar sein müssen, andererseits aber naturgemäß darauf angelegt sind, daß sie auch in die Tat umgesetzt, d. h. von Fachplanungsträgern übernommen und ausgeführt werden. Die Plangewährleistung richtet sich also einerseits auf den Fortbestand der Pläne und andererseits auf ein Planungsgebot. Beides ist im System und in der Rechtswirkung landesplanerischer Pläne nicht enthalten. Da derjenige, der sich auf einen landesplanerischen Plan verläßt, dies weiß oder wissen muß und auch durch die Verwaltung darüber aufgeklärt werden muß, kann es also kaum oder überhaupt nicht Plangewährleistungsansprüche geben. Hiervon zu trennen ist natürlich die etwa notwendige Beseitigung von Gebäuden oder sonstigen Anlagen; das gehört ins Enteignungsrecht, ist also juristisch geklärt.

Die Entschädigung im Zuge von landesplanerischen Maßnahmen ist in den Landesplanungsgesetzen nur für zwei Fälle geregelt, nämlich aus Anlaß einer Untersagung raumordnungswidriger Planungen und Maßnahmen oder aus Anlaß der von der Landesplanung veranlaßten Änderung eines gemeindlichen Bebauungsplans[10]). Im ersten Fall ist bei einer Fristüberschreitung durch das Land Schadenersatz zu leisten. Im zweiten Fall ist das Land einer Gemeinde erstattungspflichtig, wenn diese aufgrund von §§ 40 bis 44 BBauG von einem Dritten in Anspruch genommen worden ist oder wenn sie selbst Aufwendungen, etwa für die Erschließung aufgrund eines rechtskräftigen Bebauungsplans, gemacht hat (§§ 24 und 25 Landesplanungsgesetz NW).

---

[8]) S. BURMEISTER: Zur Staatshaftung für Planschäden der Wirtschaft, Die Verwaltung 1969 S. 21 ff.; HOPPE: Nachbarklage — Plangewährleistungsanspruch — Planbefolgungsanspruch, DVBl 1969, S. 246 ff.; KRIELE: Plangewährleistungsansprüche? DöV 1967, S. 531 ff.; OSSENBÜHL: Vertrauensschutz im sozialen Rechtsstaat, DöV 1972, S. 25 ff.; v. SIMSON: Planänderung als Rechtsproblem, Planung I, Baden-Baden 1965, S. 405 ff.; zum folgenden s. bes. OSSENBÜHL, a.a.O., — s. Anm. 2 — S. 196 ff.

[9]) RGZ 139, 177; BGHZ 45, 83; BVerfGE 30, 392.

[10]) Einzelheiten s. NIEMEIER: Entschädigung aufgrund von Maßnahmen der Landesplanung. Abhandlungen der Akademie für Raumforschung und Landesplanung, Bd. 54, Hannover 1968, S. 15 ff.

Mit diesen beiden Fällen ist das eigentliche Problem der sich eventuell an landesplanerische Flächenzuweisungen anknüpfenden Entschädigungsfolgen noch nicht einmal gestreift. Aber hier gilt ganz besonders, daß etwaige Lücken im Gesetz nicht aus dem System dieser beiden Fälle gelöst werden können, weil es noch kein System ist. Hier muß der Gesetzgeber sprechen, aber die Fragen sind eben noch zu ungeklärt, als daß er dies könnte.

Man wird differenzieren müssen, ob es sich um Schäden für eine Gemeinde oder für einen einzelnen Grundstückseigentümer handelt, die mittelbar durch einen Landesentwicklungsplan verursacht worden sind. Bei Einzelgrundstücken kann ein Schaden, ein wirklicher Schaden nur nach Transformation in einen Fachplan etwa aufgrund des Landesentwicklungsplans III entstehen. Soweit es sich um entstandene Baurechte handelt, sind Bundesbaugesetz bzw. Enteignungsrecht, u. U. mit einer Eintrittspflicht des Landes, maßgebend. Soweit es sich um Grundstücke im Außenbereich handelt, können Nutzungschancen verringert oder sogar vernichtet werden. Für diese Grundstücke ist die Sozialpflichtigkeit des Eigentums weiter gezogen als für Bauland. Hier kann nur im Einzelfall entschieden werden, ob ein enteignungsgleicher oder -ähnlicher Tatbestand gegeben ist.

Völlig anders liegen die Verhältnisse für Gemeinden, denen etwa aufgrund des Landesentwicklungsplans II (Entwicklungsschwerpunkte — Entwicklungsachsen) eine Weiterentwicklung erschwert oder ganz verbaut wird oder die aufgrund des Landesentwicklungsplans III weitgehend Gemeinden der ruhigen Erholung oder der Wasservorratsgebiete geworden sind. Eine Entschädigung im Sinne eines Schadensersatzes kann es hier nicht geben, da nur etwaige zukünftige Steuervorteile und ähnliche zukünftige Gewinne nicht mehr erreicht werden können. Hier ist nur ein Ausgleich möglich, und er sollte gegeben werden, damit auch diese Gemeinden den gleichen Lebensstandard bieten können wie Entwicklungsgemeinden. Die kommunale Gebietsreform einschließlich der Kreisreform wird hier schon einiges gemildert haben und weiter mildern können. Ein endgültiger Ausgleich ist deshalb notwendig, da diese Gemeinden im Rahmen der von der Landesplanung angestrebten räumlich-funktionalen Arbeitsteilung Aufgaben für andere Gemeinden erfüllen.

Deshalb ist der richtige Ansatzpunkt für die gesetzliche Regelung dieses Ausgleichs der kommunale Finanzausgleich. Im jährlichen Finanzausgleichsgesetz des Landes haben wir bereits neben dem Hauptansatz einen Schüleransatz, einen Grenzlandansatz und einen Bäderansatz. Alle drei Sonderansätze haben einen gewissen landesplanerischen Untergrund. Es wird das Ziel sein müssen, den Bäderansatz zu einem Erholungsgemeinden-Ansatz zu erweitern und einen Wasserhaushaltsansatz neu zu schaffen. Daß das berechnungstechnisch und auch verhandlungstaktisch nicht einfach zu lösen ist, liegt auf der Hand.

Die hier skizzierte Problematik bewegt natürlich auch außerdeutsche Länder. Im Raumordnungsgesetz des Königreichs der Niederlande in der Fassung des Gesetzes vom 27. Oktober 1972 (Staatsblad S. 578) ist in Art. 49 festgelegt: „Wenn und soweit sich herausstellt, daß ein Betroffener durch die Bestimmungen eines Widmungsplanes Schaden erleidet oder erleiden wird, der aus Billigkeitsgründen nicht oder nicht ganz zu seinen Lasten gehen kann und für den die Entschädigung nicht oder nicht ausreichend durch Kauf, Enteignung oder anders gesichert ist, erkennt der Gemeinderat ihm auf seinen Antrag hin eine nach Billigkeit zu bestimmende Entschädigung zu." Ein Widmungsplan ist ein Gemeindeplan für das Gemeindegebiet, das nicht zu im Zusammenhang bebauten Ortsteilen gehört. In ihm ist, soweit dies für eine sinnvolle Raumordnung erforderlich ist, der Zweckbestimmung der vom Plan erfaßten Flächen festzulegen, und es sind erforderlichenfalls Vorschriften über die Flächen- und Gebäudenutzung zu machen (Art. 10). Die Widmungspläne betreffen also gerade die Flächen, die auch der Landesentwicklungsplan III im Auge hat. Es wird aber hier nur auf den etwa geschädigten Grundstückseigentümer abgestellt. Er hat auch keinen Anspruch, sondern es entscheidet die Billigkeit über Grund und Höhe der Entschädigung.

In der Schweiz ist ein Bundesgesetz über die Raumplanung in der Beratung. Man meint, daß die Differenzen vielleicht noch im Laufe des Jahres 1974 bereinigt werden könnten. Jedenfalls heißt es in Art. 59 Abs. 4 des Entwurfs, daß an Gemeinwesen und Bewirtschafter, deren Gebiet oder deren Grundstücke als Erholungsräume beansprucht werden, vom Bund Entschädigungen geleistet werden können. —

Das Ergebnis scheint auf den ersten Blick unbefriedigend zu sein, weil einerseits die Landesplanung keine unmittelbaren Flächenzuweisungen aussprechen kann, aber andererseits — fast als Ersatz dafür — die mittelbaren Flächenzuweisungen von ihr immer intensiver ausgestaltet werden. Doch es muß bei beiden Prinzipien bleiben. Der Landesplanung das Recht zu geben, alle Flächen des Landesgebiets unmittelbar zu verplanen, würde eine bedenkliche Machtzusammenballung darstellen. Ein solches Recht würde zudem unseren gesamten Staatsapparat umwälzend neu gestalten, da der Zusammenhang zwischen Sachaufgabe und zugehöriger Fachplanung zerschnitten werden müßte. Andererseits ist aus Gründen der Landesentwicklung die Intensivierung der mittelbaren Flächenzuweisungen unumgänglich.

Dabei liegt die Bereinigung von Härten weniger im rechtlichen zu regelnden Schadenersatz. Für diese Fragen sollte man nicht schon jetzt nach einer abstrakten Gesetzesnorm suchen. Vielmehr sollte für private Unternehmen oder für Grundstückseigentümer die Lösung eher in einem zu vereinbarenden Billigkeitsausgleich liegen, während für Gemeinden — und da liegt das drängendere Problem — eine Erweiterung der Gedanken des kommunalen Finanzausgleichs im Hinblick auf die Landesentwicklung anzustreben ist.

Der Landesplanung ist damit gedient, wenn ihr Handeln und die Folgen ihres Handelns nicht voll und ganz verrechtlicht werden, denn darunter müßte ihre Elastizität zwangsläufig leiden. Darauf aber ist sie angewiesen. Gewisse Unsicherheiten oder Schwierigkeiten dürften eher in Kauf zu nehmen sein als eine allzu enge und allzu starre gesetzliche Ordnung bis in alle Einzelheiten.